Arquitectura islámica

en Andalucía

Marianne Barrucand · Achim Bednorz

Arquitectura islámica

en Andalucía

TASCHEN

KÖLN LONDON MADRID NEW YORK PARIS TOKYO

© 1992 Benedikt Taschen Verlag GmbH
Hohenzollernring 53, D–50672 Köln
Redacción y producción: Rolf Taschen, Colonia
Traducción: J. Pablo Kummetz, Colonia
Cubierta: Jiménez & Casagrande, Francfort del Meno

Printed in Hungary
ISBN 3–8228–7586–4
E

Contenido

Introducción

Desde la época del romanticismo la fantasía de los nórdicos se ha visto excitada una y otra vez por el contraste entre las desoladas ruinas de los castillos en las colinas de las áridas tierras montañosas y los palacios en las ciudades, testimonio de un refinado arte del buen vivir, con sus patios frescos, sus fuentes murmurantes y sus aromáticas flores. Desde que en 1832 Washington Irving, uno de los primeros y más afables admiradores de España, publicó sus mundialmente famosos «Cuentos de La Alhambra», las personas que viajan por Andalucía van siempre en busca de un mundo de ensueños y fantasías en el cual Almanzor, Boabdil y Carmen viven, aman y sufren de acuerdo con otras leyes. Para los europeos del norte la palabra «Andalucía» significa un lugar que posee el encanto del Oriente islámico sin sus peligros. Sus usos y costumbres en la actualidad todavía les parecen ocasionalmente medievales, sus paisajes y ciudades les recuerdan Africa del Norte y el Cercano Oriente, pero al final su modernización los protege de cualquier sorpresa desagradable.

Andalucía es una tierra en la cual el Islam y la cristiandad se enfrentaron hasta las últimas consecuencias. Una tierra de cruzadas, en la cual el gran inquisidor sucedió al imán, y en la que las procesiones de penitentes atravesaban las calles de los antiguos suqs. Mas a pesar de toda la intolerancia, de todo el odio entre las dos religiones y culturas, se han desarrollado formas de vida comunes que desbordan toda fantasía.

En la segunda mitad del siglo XIX, el punto de vista romántico cedió el paso al enfoque científico. En la primera mitad del siglo XX se lograron elaborar magníficas recopilaciones en el campo del lenguaje, la historia, la literatura y el arte andaluz; ampliadas y enriquecidas una y otra vez, todavía son valederas y de ninguna forma han sido superadas. En la actualidad la antigua España islámica es objeto de intensas investigaciones. Sin embargo, todavía es muy temprano para formular una nueva interpretación global. No obstante, siempre queda la tarea de incorporar los resultados de la investigación de los últimos decenios al panorama todavía válido que nos dejaron los antiguos maestros.

Desde el punto de vista geográfico y administrativo, el nombre de Andalucía designa en la actualidad la región suroeste de España, que comprende las provincias de Almería, Málaga, Cádiz, Huelva, Sevilla, Córdoba, Jaén y Granada. Se pueden diferenciar claramente tres unidades geomorfológicas: en el centro, limitado por colinas, el valle fangoso y arenoso del Guadalquivir, que desemboca monótono y pantanoso en el Atlántico; en el norte, la Sierra Morena, la falda sur de la meseta ibérica, una tierra montañosa escasamente poblada, cuya única riqueza proviene de algunas minas de cobre, carbón, mercurio y plomo; y en la región sur, la impresionante Cordillera Bética, que se extiende desde Gibraltar en el oeste hasta Cabo de la Nao en el este. Las cadenas subbéticas separan al Valle del Guadalquivir de una serie de valles internos paralelos, que son secos en el este cerca de Guadix y Baza, pero irrigados y en consecuencia extraordinariamente fértiles cerca de Granada (La Vega). Elevadas cadenas montañosas en el sur (Sierra de Ronda, Sierra Nevada, Sierra de los Filabres) dejan lugar en la costa a pequeñas planicies regadas. La región más importante desde el punto de vista económico e histórico es el fértil Valle del Guadalquivir, en el cual han surgido las grandes ciudades de Córdoba, Sevilla y Cádiz.

Originalmente Al Andalus comprendía la totalidad de la España islámica, que entre los siglos VIII y X ocupaba la mayor parte de la Península Ibérica. Su frontera norte seguía en algunas partes el curso del Duero, mientras su frontera este casi alcanzaba los Pirineos. Ello significa que al menos teóricamente los testimonios materiales de la cultura islámica se debieran encontrar en todo ese territorio. Por tanto, en este texto, «andaluz» se tomará como sinónimo de «islámico-ibérico» e «islámico-hispánico», y «Andalucía» designa aquí la Iberia islámica.

El origen del nombre Al Andalus fue hasta hace poco un misterio. Apareció por primera vez cinco años después de la conquista islámica en una moneda bilingüe con la inscripción latina «Span(ia)» y la árabe «Al Andalus».[1] Historiadores y geógrafos árabes posteriores remitieron el nombre a un pueblo de primitivos habitantes «antediluvianos», mientras los eruditos europeos «de alguna manera» lo relacionaron con los vándalos: de vandal se había formado Al Andalus. Esta derivación imposible tampoco fue aceptada como convincente por razones históricas, ya que los vándalos sólo vivieron por corto tiempo en Andalucía (411–429) antes de embarcarse hacia Africa del norte. Heinz Halm[2] ha demostrado recientemente que «Al Andalus» es sim-

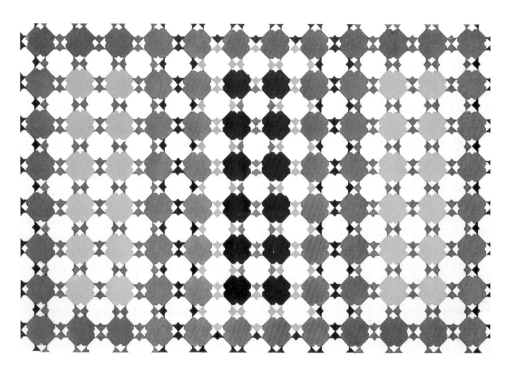

Granada, la Alhambra, dibujo policromo de un mosaico de loza fina

plemente una arabización del nombre visigodo de la antigua provincia romana Bética: los visigodos dominaron esas tierras desde 468 hasta 711 antes de la conquista islámica. Al igual que sus antecesores germánicos, los nuevos señores se repartieron las tierras conquistadas mediante sorteos. Los premios que le tocaban a cada uno de ellos y las correspondientes tierras se llamaban «Sortes Gothica». En las fuentes escritas, todas en latín, aparece «Gothica sors» (singular) como designación del reino godo en su conjunto. Resulta plausible suponer que la correspondiente designación goda, «Landahlauts» («tierra de sorteo»), se transformó rápida y espontáneamente en «Al Andalus», con lo cual queda igualmente aclarado el notorio artículo árabe al-.

Los musulmanes o muslimes no sólo asumieron la tierra y el nombre de sus antecesores directos, sino también algunos elementos artísticos. La conformación del arte hispano-islámico, que por su parte le dio un impulso fructífero a otras tendencias artísticas, fue ante todo un proceso de fusión que unificó elementos visigodos, romano-ibéricos, romano-sirios, bizantinos y árabes en un estilo nuevo e independiente. El arte cristiano y judío en España se vuelve

incomprensible a partir del siglo VIII, si no se tiene en cuenta la porción islámica en su configuración. Ya en las iglesias mozárabes – las iglesias cristianas construidas bajo el dominio islámico –, no se puede pasar por alto la estrecha relación que tienen con la arquitectura islámica del momento. Pero todavía más marcada aparece esa influencia en las iglesias y los palacios construidos después de la Reconquista. Desde la decoración puramente islámica del convento Las Huelgas en Burgos, que nunca estuvo en manos de los muslimes, y desde la capilla de San Fernando en la mezquita mayor de Córdoba – ambas del siglo XIII –, pasando por el alcázar de Pedro el Cruel en Sevilla, proveniente del siglo XIV, y por los campanarios aragoneses del siglo XV, hasta las estaciones de ferrocarril del sur de España de finales del siglo XIX y principios del siglo XX, la arquitectura española se encuentra llena de arcos lobulados entrecruzados, desplazamiento decorativo de ladrillos y cerámica multicolor.

Cuando se quiere designar formas islámicas surgidas bajo dominación cristiana, se habla de estilo mudéjar. Puede tratarse de suntuosas catedrales o capillas de palacios, así como también de modestas iglesias de pueblo. En un principio la palabra mudéjar (del árabe «mudajjan», «domesticado») era una palabra despectiva, con la cual se designaba a los musulmanes desertores que permanecieron en España después de la Reconquista. El arte mudéjar es infinitamente multiforme, en cada región tiene sus propias características influido por las tradiciones locales, los gustos y no en último término por las posibilidades financieras de quienes encargaron el trabajo. El único denominador común de todo el arte mudéjar es la fuerte presencia de las formas artísticas islámicas. En todo caso el renacimiento de las formas del arte medieval que se dio en el sur de España a finales del siglo XIX no pertenece al fenómeno mudéjar, sino a las tendencias historicistas que hicieron posible, por ejemplo, la construcción del ayuntamiento de Hamburgo.

El arte andaluz en general, y la arquitectura en particular, no sólo dejaron testimonios duraderos en la España cristiana y en el mundo artístico influido

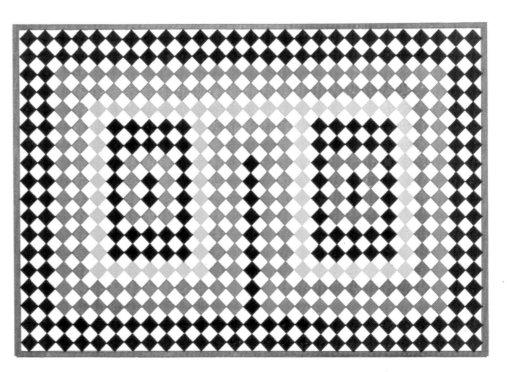

Granada, la Alhambra, dibujo policromo de un mosaico de loza fina

Tarifa, escuela y complejo de recreación dentro de las murallas «antiguas»
Las murallas almenadas, los estanques en los patios internos rectangulares, los edificios de un piso con galerías sombreadas, los mosaicos de loza fina policroma, los arcos de herradura y las palmeras pertenecen todavía en la actualidad a los elementos de la arquitectura de las viviendas en la España del sur.

Arcos de la Frontera, vista panorámica de la antigua ciudad
El primitivo asentamiento destruido por los vándalos floreció nuevamente bajo el dominio de los moros. En 1250 Alfonso X reconquistó Arcos.

Ruina de fortaleza en Arcos de la Frontera

por ésta, sino que también produjeron de manera constante un efecto en el mundo islámico. El intercambio y la interacción política entre Andalucía y Africa del Norte, que caracterizaron la época de la dominación islámica, provocaron durante siglos del lado norafricano creaciones artísticas de carácter epigonal. Durante los últimos siglos, casi todo el arte marroquí reproduce las ideas artísticas de Granada. Mientras que Túnez y Argelia se convirtieron en provincias del arte osmanlí después de la conquista turca, Marruecos permaneció sin equívoco alguno fiel al legado andaluz.

Así pues, la arquitectura hispano-islámica influyó de manera decisiva tanto en la Iberia no islámica como en el Africa del Norte islámica siglos después de su ocaso. ¿Cuáles son los factores de su propio desarrollo que bien pueden explicar esta dinámica póstuma? Antes de entrar al tema propiamente dicho, hagamos algunas observaciones sobre el problema de la situación particular del Islam hispánico:

A partir del siglo XIX se ha afirmado con frecuencia, desde una perspectiva puramente española, que la cultura andaluza es una creación específicamente ibérica. Durante largo tiempo la historiografía española ha estado dominada por la teoría de una hispanidad hasta cierto punto fundamental de todas las culturas surgidas en territorio español. Por otra parte, no cabe la menor duda que los musulmanes españoles se consideraban a sí mismos como musulmanes que vivían en la Península Ibérica y de ninguna manera como españoles islámicos. El nombre Ishbâniya sólo era válido para la porción cristiana del país, mientras que el nombre Al Andalus designaba la porción islámica y se refería geográficamente a un territorio que iba cambiando: en un principio a la mayor parte de la península, pero en el siglo XV ya sólo al pequeño reino de Granada. Con bastante seguridad se puede sostener que los musulmanes españoles carecían de un sentido de la nacionalidad ligado a un territorio determinado, ya que sus identificaciones más profundas se basaban en su confesión religiosa y su afinidad tribal. Las innumerables alianzas en épocas de peligro, que regularmente sostuvieron durante siglos con los cristianos, a semejanza de las que

Gormaz, ciudadela
Las instalaciones, con una longitud de unos 380 metros y una anchura máxima de 50 metros, se extienden sobre una loma rocosa que domina al valle del Duero. Su planta se adapta al relieve del terreno. Vigilaba una amplia planicie en la región fronteriza norte de la España islámica, en la época de su mayor expansión.

Teruel, vista panorámica y detalles de la Torre del Salvador
La más famosa de las torres mudéjar de la ciudad proviene del siglo XIII. En la época mora, Teruel perteneció durante un tiempo al pequeño reino de Albarracín, hasta que en 1171 fue reconquistada por Alfonso II de Aragón. Se dice que pertenecen al estilo mudéjar formas islámicas surgidas bajo el dominio cristiano.

se dieron en el Cercano Oriente durante el período de Las Cruzadas, no modifican el hecho de que el «otro» era fundamentalmente el no-musulmán, fuese éste español o no.

No obstante Al Andalus fue percibida en el mundo islámico como una unidad claramente individualizada, y sus habitantes exaltaron con orgullo la belleza de su suelo natal en su poesía, la cual por lo demás desarrolló formas totalmente específicas. Al igual que la literatura hispano-islámica, también la arquitectura encontró sus propias formas. Pero ni la literatura se puede comprender desconociendo la lengua árabe, ni la arquitectura se puede desligar de su relación con el arte islámico de la construcción. Las funciones y formas arquitectónicas están en primer lugar determinadas por el Islam, su hispanidad es por el contrario secundaria. Además, la riqueza de las formas de la arquitectura andaluza del siglo XI hasta comienzos del siglo XIII está determinada por Africa del Norte, de manera que el concepto de arte hispano-maghrebí o hispano-morisco ha sido generalmente aceptado.

Ya Luciano designaba como moros (del griego «mauros», «oscuro») a los primitivos habitantes del Africa Occidental blanca. En la actualidad la palabra se usa para designar pura y simplemente a la población de Africa del Norte, que se compone esencialmente de aborígenes beréberes e inmigrantes árabes. En el mundo árabe Maghreb (árabe: «poniente») es el nombre para Marruecos y Argelia, mientras que en francés se ha convertido en un concepto que abarca a todos los Estados de Africa del Norte con excepción de Egipto.

Se puede discutir largamente sobre la clasificación más acertada de esta arquitectura: si es morisca o hispano-islámica o hispano-maghrebí. Pero debe quedar claro que ninguno de estos calificativos puede hacer plena justicia a una realidad en la cual, sobre la base del Islam, elementos árabes, hispánicos y beréberes se mezclaron e influyeron entre sí con distinta intensidad, alcanzando puntos culminantes excepcionales.

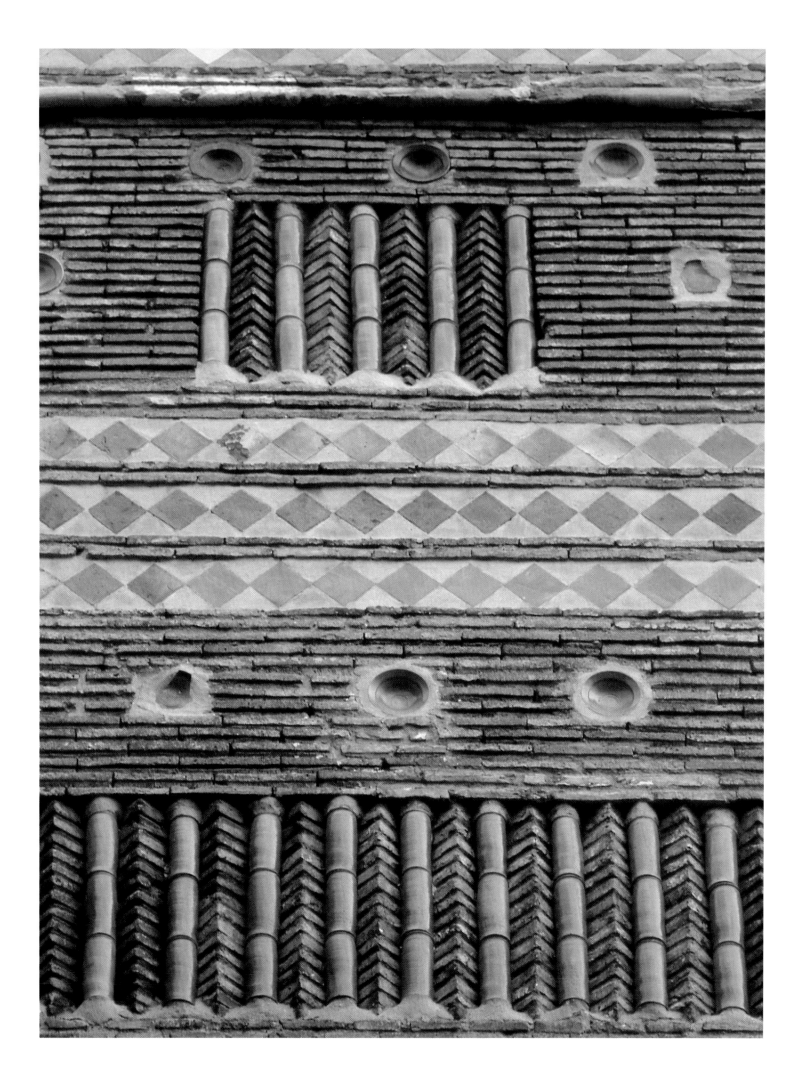

710-912

La historia política hasta finales del siglo IX

El reino visigodo a principios del siglo VIII

A comienzos del siglo VIII la debilidad del otrora poderoso reino visigodo era evidente. Una pequeña capa infinitamente rica, compuesta por la aristocracia germana y los descendientes de la nobleza administrativa ibero-romana, se enfrentaban a una población rural empobrecida y una masa creciente de esclavos y siervos. La agudización progresiva de las tensiones económicas y sociales se manifestaba, entre otras cosas, por las leyes cada vez más despiadadas que se dictaban contra los esclavos fugitivos, las cuales no bastaban, sin embargo, para detener su huída. También se desató la persecución legal de los judíos. Las ciudades se fueron empobreciendo y fueron perdiendo sus antiguos privilegios y su antiguo poderío. Es verdad que el monarca disponía de notables riquezas, pero también lo era que carecía de poder. Las intrigas de la corte y el parricidio habían creado una situación caótica, cuyas causas en parte radicaban en el carácter electoral de la vieja monarquía goda que no reconocía sucesión hereditaria al trono. El único criterio de selección era la pertenencia a la nobleza goda. Cada clan rival tenía su propio grupo de seguidores que, cuando ganaban los contrarios, era casi totalmente exterminado. Además parece ser que la monarquía no disponía de un ejército regular y confiable. Teóricamente cada adulto libre debía prestar servicio militar al gobernante, pero hacia finales del siglo VII éste ya no disponía de los medios para hacer efectiva esa obligación. Por esa razón los pretendientes al trono volvieron sus ojos a poderes externos, con el fin de realizar sus ambiciones. Atanagildo llamó a los bizantinos en su ayuda, Sisenando acudió a los francos, Froya a los vascos y finalmente en el año 711 Akhila y sus hermanos, los hijos de Vitiza, pidieron ayuda a los musulmanes del norte de Africa para luchar contra el usurpador Rodrigo.[3]

Si bien el reino godo terminó ahogado en sangre y carcomido por la miseria, sería falso valorarlo de manera exclusivamente negativa. A pesar de todo, fue la época de la primera unificación administrativa de España, la época de la cristianización y de la romanización lingüística y jurídica de la Península Ibérica. Los visigodos probablemente desempeñaron en lo fundamental el papel de catalizadores. La historiografía ulterior ha glorificado esta época como el comienzo del sentimiento nacional español.[4] Todavía en la actualidad quedan unas cuantas iglesias, la mayoría de ellas modestas, tanto basílicas y construcciones centrales como sencillas salas cuadradas, que dan testimonio de la arquitectura sacra visigoda.[5] Están erigidas en bonito ladrillo casero, según el noble «more gothico», como lo solía llamar San Isidoro de Sevilla, para diferenciarlo del «more gallicano», una combinación de ladrillo con argamasa y madera. Si bien el plan y el diseño de las construcciones sacras dejan entrever influencia oriental, en la técnica de construcción sale a relucir claramente la herencia romana. En cualquier caso, algunas formas arquitectónicas son propias, de manera particular el arco en forma de herradura que reaparece en tantas ocasiones. Las decoraciones representan una de las muchas ramas de las formas tardías del arte provincial romano; no obstante su indudable monotonía, evidente en cualquier observación superficial, cuenta con notables variantes locales. De esa manera la ornamentación geométrica de las construcciones visigodas tienen algo marcadamente popular. Tanto en ellas como en las decoraciones vegetalizadas y figurativas existe una tendencia a llenar las superficies y un manejo muy descuidado del volumen. El repertorio de formas vegetalizadas, con sus acantos, hojas de parra y de laurel, tiene seguramente origen romano, aun cuando la calidad técnica no se pueda comparar de ningún modo con la de los primeros tiempos.

Otros famosos testimonios materiales de esta cultura son los utensilios litúrgicos, con clara influencia bizantina y copta, y la corona votiva de oro, recargada con piedras preciosas. En estos últimos, así como en los más modestos objetos de metal de uso diario, como hebillas, brazaletes, agujas, pasadores y anillos, se hace más evidente la tradición germánica con su inclinación por los colores alegres y la abstracción, mientras en la arquitectura y escultura predomina la influencia romana.

El arte visigodo recibió las más variadas influencias. En él se fundieron elementos populares germánicos y de la corte bizantina, así como otros elementos raveneses, iberoromanos e incluso afro-romanos. Se fundieron para crear un lenguaje artístico muy sencillo pero independiente, que por su parte conformaría de manera decisiva al arte hispano-islámico.

La conquista islámica

El mensaje religioso

Mahoma comenzó a darse a conocer en La Meca a principios del siglo VII como un profeta entre otros. Sin embargo, su mensaje monoteísta e igualitario de la salvación eterna a través del Islam, la «resignación» ante la voluntad de Dios, encontró rápidamente un eco que elevó a su pregonero a una posición excepcional. El Corán (qur'ân), el texto sagrado de esta nueva religión, es la Palabra de Dios, y como Dios mismo, eterna. Le ha sido revelada a Mahoma por medio del Arcángel Gabriel, para que la pregone entre los hombres («¡Iqra'!»,«¡recítala!», le ordena el arcángel al profeta). El nuevo mensaje promete a todos los hombres la salvación eterna, siempre y cuando crean en Alá, Dios único y misericordioso, y cumplan con sus preceptos. Estos se basan esencialmente en los «cinco pilares de la religión»: la profesión de fe («sólo Dios es Dios y Mahoma su profeta»), la oración que se hace cinco veces al día (salât), el impuesto religioso (zacât), la observación del mes de ayuno (ramadân) y el peregrinaje a Meca una vez en la vida (hadj). Por contraposición al politeísmo que en ese entonces dominaba Arabia, los preceptos de Alá no parecieron muy exigentes. Además, Mahoma prometió a los caídos en la Guerra Santa contra los infieles el ingreso directo al Paraíso, promesa descrita de modo minucioso

y festivo en el Corán, mientras los otros mortales tendrían que esperar hasta el Juicio Final. El creciente éxito de sus prédicas obligó a Mahoma en septiembre de 622 a huir de sus enemigos en La Meca y refugiarse en el «Oasis Yatrib», unos 360 kilómetros hacia el norte. Con posterioridad el oasis recibió el nombre de Madîna.[6] Con ese asentamiento quedó fundado el primer Estado islámico, a cuya cabeza se encontraba el Profeta, quien de esa manera ostentó simultáneamente el poder espiritual y temporal.

El mensaje de Mahoma se dirigió en un primer momento más a los habitantes de La Meca que a todos los árabes. Pero probablemente el mismo profeta, al final de su vida, incluyó a toda la humanidad en su programa de salvación. Entretanto, el Corán, la Palabra de Dios, se difundió a la humanidad en árabe, asegurando de esa manera la posición preponderante de los árabes en la nueva religión a pesar de su carácter universal.

La Meca, ciudad natal del Profeta y santuario del Islam
La ciudad ya era con anterioridad al Islam un centro comercial y de peregrinaje. La Kaaba, la construcción cuadrada recubierta con una tela negra en el centro del amplio patio, se convirtió desde el comienzo del Islam en su centro religioso. Según el Corán, fueron Abraham e Ismael quienes insertaron la sagrada piedra negra en los muros del templo. La Meca se encuentra ubicada en una región desértica y vive de la multitud de peregrinos que la visitan. Su actual arquitectura ya no tiene relación alguna con el antiguo Islam. En las múltiples restauraciones únicamente se ha respetado la forma original de la Kaaba.

Gibraltar, Jabal Târiq (la montaña de Târiq)
Târiq ibn Ziyâd, un musulmán nuevo de probable origen beréber, era gobernador de los califas sirios en Tánger y dirigió la conquista islámica de España. Aun cuando no pudo disfrutar de los resultados de sus heroicas acciones militares, su nombre se volvió inmortal. Gibraltar, famosa en la Antigüedad por ser una de las Columnas de Hércules, fue durante muchos siglos – hasta los tiempos más recientes –, una base estratégica en la costa española, ya que permite controlar la salida del Mediterráneo al Atlántico.

La expansión islámica

El eco de la nueva religión se vio ampliado varias veces por la rápida fortuna de las armas. Seguramente tienen razón quienes ven en la Guerra Santa una conceptualización de las acostumbradas razias de la península arábiga. En todo caso, las motivaciones religiosas se conjugaron con otras de carácter económico y político, proporcionándole al movimiento una dinámica que en corto tiempo lo llevó a conquistar una extensa porción de Asia y África del Norte.

Pero la Guerra Santa de ninguna manera perseguía únicamente que se eligiera entre «la espada o la muerte». El Corán le otorgaba a la «Gente del Libro» (Ahl al-kitâb) una posición particular como «protegidos» (dhimmî). En otras palabras, los monoteístas que poseyeran textos revelados, podían continuar ejerciendo sin obstáculo su religión en el imperio islámico, mediante la paga de un impuesto especial por cabeza. De esa manera las tribus politeístas de Arabia no tenían otro opción que la de convertirse, pero en las regiones bizantinas conquistadas las cosas se veían de otra forma. Allí resultaba más fácil y también más provechoso, mantener las estructuras sociales y administrativas existentes y extraer impuestos. En el caso de conversión, cada vez más frecuente, por simples razones económicas, los nuevos musulmanes o muslimes (mabblâ, plural mabbâlî) quedaban bajo la protección y dependencia de una tribu árabe ya islamizada. Esta relación creó estrechas ligas entre los señores y los nuevos muslimes, todavía efectivas muchas generaciones después, lo que produjo consecuencias de gran importancia en especial en la España posterior a 750.

La expansión islámica no se llevó a cabo de acuerdo con las reglas de una planificación centralizada de la conducción de la guerra en sentido moderno. Más bien avanzó a saltos, impulsada a menudo por las tribus vencidas e islamizadas. En un principio dirigió sus energías hacia el norte y hacia el este, es decir hacia Siria e Irak-Irán. Entre 640 y 642 fue tomado Egipto. Distintas expediciones lanzadas desde allí hacia el occidente no tuvieron en un comienzo éxito perdurable. Hasta que en 670 se fundó Kairuan como punto de apoyo para la lucha contra las tribus beréberes allí existentes, las cuales ofrecían una fuerte resistencia. En 698 fue tomada la Cartago bizantina y a principios del siglo VIII los ejércitos árabes y beréberes aliados avanzaron sobre Argelia hacia Marruecos. La máxima conducción de estos ejércitos combinados quedó en manos árabes. A partir de 708 las regiones conquistadas en el Maghreb quedaron bajo la autoridad del gobernador de Ifrîqiya (nombre árabe dado a Túnez), Mûsâ ibn Nusayr, un sirio, responsable directo ante el califa en Damasco.

De Marruecos los ejércitos islámicos no se dirigieron al sur, donde hubiesen encontrado regiones de geografía y ambiente conocidos, sino hacia el norte, donde evidentemente les esperaban riquezas mucho mayores, que sin embargo sólo podían alcanzarse atravesando un estrecho, cosa que en principio parecía difícil de lograr.

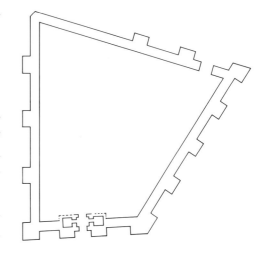

La conquista de España

En el verano de 710, una pequeña tropa al mando del beréber Tarîf ibn Mâlik, desembarcó al oeste de Gibraltar, en el lugar que más tarde recibió el nombre de Tarifa. Esta primera expedición resultó muy prometedora; en la primavera de 711 el estrecho fue cruzado por un ejército de 7.000 guerreros, a bordo de naves proporcionadas por la facción visigoda de Akhila. Este ejército, mayoritariamente beréber, estaba dirigido por Târiq ibn Ziyâd, un liberto de Mûsâ ibn Nusayr, probablemente beréber aunque según otras fuentes de origen persa. Su nombre se conservó en la palabra Gibraltar («Jabal Târiq», la mon-

AL LADO Y ARRIBA:
Tarifa, alcazaba y su planta
Tarifa, una fortaleza del siglo X, desempeñó un papel esencial en el sistema defensivo de la costa sur.
IZQUIERDA:
Vista de la costa africana desde Tarifa

taña de Târiq). Anteriormente Târiq había sido nombrado por Mûsâ gobernador en Tánger, por lo que seguramente estaba muy bien enterado de los problemas internos del reino godo en descomposición. Por la época en que desembarcó Târiq, Rodrigo combatía a los vascos en el norte. Regresó sin demora al sur pero fue derrotado sin mucha dificultad por el ejército islámico – a cuyo lado se encontraban sus opositores visigodos –, el 19 de julio de 711 en las proximidades de Algeciras, a orillas del río Barbate. Después de esa victoria, Târiq no encontró más resistencia organizada: ese mismo verano conquistó Córdoba y Toledo, la capital visigoda. En el verano de 712 el propio Mûsâ ibn Nusayr cruzó el estrecho con un ejército de 18.000 hombres, la mayoría árabes. Conquistó primero Sevilla y sus alrededores y luego Mérida. En el verano de 713 se encontró otra vez con Târiq, mientras su hijo conquistaba Niebla y Beja. Las fuentes árabes destacan la envidia de Mûsâ por los éxitos de Târiq. En todo caso, Mûsâ se trasladó principescamente a Toledo y se alojó en el palacio visigodo, famoso por sus riquezas. El verano siguiente, la conquista de España prosiguió con el avance de Mûsâ sobre Soria y el valle del alto Duero hasta Oviedo, mientras la campaña de Târiq llegaba al valle del alto Ebro y penetraba en Galicia. Entre tanto, debido a intrigas de la corte en Damasco, Mûsâ y Târiq fueron llamados por el califa a Siria para que se justificaran. España quedó bajo la autoridad de 'Abd al-'Azîz, hijo de Mûsâ. Este probablemente terminó sus días en una prisión siria y Târiq también desapareció de la escena en el oriente.

Durante el gobierno de 'Abd al-'Azîz fueron conquistados lo que en la actualidad son Portugal, en el oeste, y Cataluña y Narbona, en el este. Málaga, Elvira (más tarde llamada Granada) y Murcia se sometieron. El contrato con el príncipe godo de Murcia fue respetado: se garantizó la soberanía goda, la libertad de cultos y la autonomía económica a cambio de un tributo anual. Parece ser que 'Abd al-'Azîz contrajo nupcias con la viuda de Rodrigo. Residió en Sevilla, donde fue asesinado en 716 por órdenes del califa. Para esa época la conquista islámica de España había finalizado en términos generales.

Los acontecimientos de los cuarenta años siguientes son bastante confusos. Las fuentes árabes informan de innumerables disputas, choques y revueltas entre los distintos grupos de conquistadores. Habían llegado a la península en asociaciones cerradas y como tales se habían asentado, es decir, habían mantenido su cohesión tribal como grupos. En consecuencia, la población de Andalucía era extremadamente heterogénea, su sociedad se encontraba desunida y el gobierno central era incapaz de imponer sus pretensiones de mando. Los árabes del sur se enfrentaban a los árabes del norte (el famoso conflicto tribal entre los kalbíes y los qaysíes), medineses contra damascenos, beréberes contra árabes. Los gobernadores eran cambiados a cada momento, permaneciendo la mayoría apenas unos seis meses en el cargo. La lejanía y el aislamiento de Andalucía, que carecía de fronteras con otro Estado islámico, imposibilitaban una efectiva intervención de Damasco. A pesar de ello, en esa época se emprendieron campañas hacia el este: desde Narbona hacia Aviñón y en el valle del Ródano hasta Lyon; y de Pamplona sobre Burdeos hacia Poitiers. La batalla de Tours y Poitiers (732), en la cual Carlos Martel derrotó decisivamente a los musulmanes, ocupa en los libros de historia franceses un lugar que posiblemente corresponda al significado que tuvo desde el punto de vista cristiano. Desde la perspectiva árabe parece sobrevalorada, debido a que no fue ni la primera ni la última campaña árabe en Francia. De todas maneras, Pipino

reconquistó en 751 Narbona, con lo cual llegaron a su fin las incursiones árabes más allá de los Pirineos.

El movimiento cristiano comenzó a organizarse en Asturias bajo la dirección de Alfonso I (739–757), recuperando pronto a partir de ese lugar toda Galicia y también parte de Castilla la Vieja, hasta el Duero aproximadamente. Pero Alfonso I careció del poder necesario para mantener las regiones despobladas al sur de Asturias. Surgió así una especie de tierra de nadie entre las fortalezas meridionales del reino asturiano y la parte septentrional de Al Andalus. El Duero constituyó poco más o menos la delimitación fronteriza, si bien poco nítida, y durante siglos esos territorios sufrieron las permanentes incursiones tanto del norte como del sur.

Los antiguos historiadores cristianos trazaron una línea recta desde Alfonso I hasta la caída de Granada en 1492. Para ellos, en este reino asturiano-gallego ya se encuentra el embrión de la destrucción de Al Andalus. Por el contrario, para la historiografía islámica, aquel sólo fue, como muchos otros, un problema fronterizo.

Regiones de influencia islámica en la Península Ibérica

PAGINA DOBLE SIGUIENTE:
Buitrago, fachada norte de la ciudadela
Buitrago, una ciudad fortificada sobre el camino de Madrid a Burgos, mantenía vigilancia sobre uno de los pasos más importantes de la Sierra del Guadarrama. Los musulmanes construyeron allí una ciudad fortificada como contención contra las invasiones cristianas provenientes del otro lado del paso. Después de la reconquista cristiana, a finales del siglo XI, los muros de Buitrago fueron reconstruidos, mas los ejércitos islámicos nunca lograron penetrar nuevamente tan al norte. De la ciudadela sólo quedaron su muralla exterior con sus cinco torres, algunas de las cuales se pueden apreciar aquí.

La familia de los omeyas

A su muerte en 632, Mahoma no dejó ningún hijo ni determinaciones claras sobre su sucesión. Los primeros califas (khâlifa, representante [del Profeta]) fueron elegidos más o menos sin querellas entre sus seguidores. En el año 760, Mu'âwiya, miembro de una de las más ricas familias de La Meca, que se había convertido al Islam relativamente tarde, logró hacerse del poder e impuso la sucesión dinástica. La primera dinastía islámica de los omeyas ya no gobernó al imperio mundial islámico desde Medina, sino desde Damasco. Hacia 740 dicho imperio se extendía desde España hasta Paquistán.

Los cismas religiosos, las querellas interárabes, el descontento social, los problemas económicos, las sangrientas discordias familiares y la incompetencia, se agregaron al hecho de que el imperio se había vuelto tan grande que imposibilitaba una administración centralizada efectiva. Precisamente el desarrollo español de 711 a 755 puso de manifiesto que Damasco no comprendía los acontecimientos periféricos.

'Abd al-Rahmân I

En 750 los omeyas fueron derrocados por los abasíes y casi todos fueron asesinados. Sólo uno de sus descendientes, Abû'l-Mutarrif 'Abd al-Rahmân b. Mu'âwiya, quien en ese entonces apenas contaba con veinte años de edad, pudo escapar. Su madre era una beréber nafza del norte de Marruecos, lo cual explica por qué 'Abd al-Rahmân huyó de inmediato hacia Africa del Norte. Después de deambular cuatro años, decidió probar su suerte en España. En Jaén y Elvira se habían asentado muchos seguidores (mawûalî) de los omeyas, llegados con la caballería siria. El fugitivo acudió a ellos y pudo ganar su apoyo. Otros grupos árabes y también beréberes andaluces se le agregaron. 'Abd al-Rahmân utilizó como arma efectiva el prestigio de la antigua familia gobernante, con lo cual acrecentó grandemente la valoración que se hizo de sus extraordinarias cualidades personales. Los habitantes de la lejana provincia de Al Andalus no habían participado en las sublevaciones del Cercano Oriente y todavía se sentían profundamente comprometidos con la dinastía destronada. En todo caso 'Abd al-Rahmân pudo imponer sus pretensiones de sucesión sobre el gobernador y sus seguidores, y en mayo de 756 fue proclamado emir de Al Andalus en la mezquita mayor de Córdoba.

Bajo el gobierno de 'Abd al-Rahmân, Córdoba se convirtió en la capital de Al Andalus. La muralla de la ciudad fue restaurada y se construyeron varias pequeñas mezquitas. En 784/85, 'Abd al-Rahmân ordenó construir a orillas del Guadalquivir un nuevo palacio del emir (dâr al-imâra) y poco tiempo después (785/86) una mezquita mayor nueva a su lado. 'Abd al-Rahmân, «el Inmigrante» (al Dâkhil), permaneció toda su vida ligado a Siria, su tierra natal. Al noroeste de Córdoba hizo construir un palacio de verano en medio de jardines, al cual denominó al-Rusâfa, como recuerdo de la famosa residencia omeya en Palmira. En los poemas que 'Abd al-Rahmân nos legó, se puede apreciar su nostalgia por Siria:

«Vi en Rusâfa una vez una palmera
en tierra occidental lejos del país de las palmeras.
Le hablé: como yo, estás lejos y eres extranjera,

echas de menos a los niños y a las personas queridas.

No creciste en la tierra de tu suelo natal,

como tú, yo también estoy lejos de mi hogar.»[7]

No obstante, ni él ni ninguno de sus sucesores intentaron jamás reconquistar su anhelada patria siria. Con el tiempo, Al Andalus se convertiría para ellos en una verdadera patria de destino. La literatura andaluza es inagotable en alabanzas a 'Abd al-Rahmân, el «Halcón de los Omeyas». Pone en labios de Abû Dja'far al-Mansûr, el califa abasí de Bagdad, la siguiente sentencia: «el Halcón de los quraysh es 'Abd al-Rahmân b. Mu'âwiya: navegó por los mares, atravesó el desierto y llegó hasta tierra no árabe. Sin ayuda fundó ciudades, reunió tropas y organizó los servicios administrativos. Aquí perdió un trono, allá ganó un imperio, con la sóla fuerza de su razón y su corazón valiente... 'Abd al-Rahmân fundó por sí mismo – sólo tenía por ayudante su causa, por amigo su voluntad – el emirato Al Andalus, conquistó fortificaciones fronterizas, condenó a muerte a los herejes y ante él se inclinaron lo tiranos insubordinados.»[8]

Gracias a que gobernó durante un tiempo bastante largo, pudo instaurar un Estado poderoso, bien organizado y próspero, con el cual se inició una época de esplendor de más de 200 años, que posteriormente fue unánimemente glorificada como modelo irrepetible.

El nuevo Estado omeya

El lugar que 'Abd al-Rahmân ocupó en el mundo islámico fue novedoso y especial, ya que por un lado no pretendió en ningún momento el título de califa ni tampoco desarrolló ninguna ideología de dominación, pero por otro gobernó como soberano independiente, que no estaba obligado a rendir cuentas ante nadie.

Los problemas que el nuevo emirato Al Andalus le planteó durante todo el período de su gobierno fueron en primera línea los provocados por una tierra que por sus propias características físicas, es decir, sus comarcas variadas y pequeñas, dificultaba al extremo una administración centralizada. Las continuas revueltas de diferentes grupos de población convirtieron a la organización del ejército y a la creación de un aparato administrativo confiable en condiciones ineludibles para la paz interna.

La heterogeneidad de la población andaluza condujo inevitablemente a conflictos. Entre la misma capa superior árabe se enfrentaban como enemigos los árabes de la primera ola (los «baldiyyûn») y los llegados posteriormente, los «sirios» (los «shâmiyyûn»), habiendo sido económicamente más favorecidos estos últimos. A ello se agregaban los miembros de la familia omeya sobrevivientes, que a instancias de 'Abd al-Rahmân habían abandonado el Oriente y habían venido a España. Pero además las antiquísimas querellas entre los árabes del norte y los árabes del sur tampoco habían desaparecido. La enemistad entre los diferentes grupos árabes tenía sus raíces tanto en discordias tribales como en diferentes intereses económicos y sociales. Los beréberes islámicos habían conquistado España conjuntamente con los árabes, pero eran tratados con desprecio por estos últimos y habían sido empujados por las capas árabes superiores hasta las regiones más pobres y periféricas de Al Andalus. Por eso se habían visto obligados a asentarse fundamentalmente en la cuenca del Ebro, en los alrededores de Valencia, en la meseta sur y en Extremadura.[9] Por el contrario, los árabes se habían reservado las grandes ciudades y los valles más fértiles: las vegas y las huertas. Los beréberes tampoco constituían un grupo de población homogénea, ya que se diferenciaban por su pertenencia a distintas tribus y por las formas de vida tradicional que habían tenido en su suelo natal de Africa del Norte: nómadas, seminómadas y campesinos.

Al parecer, la población cristiana se había convertido en gran parte voluntariamente a la religión de los conquistadores,[10] había aprendido el idioma árabe, había adoptado costumbres árabes y en alguna medida había arabizado sus nombres. Un ejemplo de la rápida adaptación de la capa cristiana superior lo dio Sara la Goda: esta nieta de Vitiza emprendió el viaje de Sevilla a Damasco donde visitó la corte del califa omeya Hishâm, el cual la recibió con todos los honores. Allí conoció al joven 'Abd al-Rahmân y contrajo nupcias con un mahometano con el cual regresó a Andalucía y del cual tuvo dos hijos. Después de su muerte se casó con un dignatario de 'Abd al-Rahmân – quien entre tanto había tomado el poder en Córdoba – y tuvo de éste otro hijo, cuyos descendientes pertenecieron a la más distinguida aristocracia árabe.[11]

El grupo de los nuevos musulmanes o muslimes aparece en las fuentes como «musâlimûn» o como «muwalladûn», siendo la primera palabra utilizada en la mayoría de los casos para los nuevos muslimes y la segunda para sus descendientes. La minoría que permaneció cristiana, los «musta'ribûn» (los «arabizados»), que han quedado registrados como mozárabes en la historiografía europea, gozaban al igual que la minoría judía como «dhimmîs» de la protección de la autoridad estatal y llegaron a constituir en grandes ciudades como Toledo, Córdoba, Sevilla y Mérida, comunidades relativamente numerosas. En comparación con estas comunidades se tiene bastante menos información sobre las comunidades mozárabes del campo.[12] Los grupos judíos habían apoyado activamente la invasión árabe y vivieron durante largo tiempo sin ninguna molestia bajo la protección oficial en la ciudades, desempeñando un papel económico importante como comerciantes. Parece ser que el árabe fue su lenguaje coloquial, pero casi no se tiene información de conversiones al Islam.

Debido a la anterior disparidad, los distintos grupos de población con frecuencia lucharon entre sí, pero a menudo también estuvieron dispuestos a realizar alianzas para enfrentarse conjuntamente a las supremas autoridades omeyas. El sistema del ejército anterior, que descansaba sobre el servicio militar general de los musulmanes, había revelado ser insuficiente desde hacía bastante tiempo, por lo que 'Abd al-Rahmân, copiando a sus predecesores sirios, comenzó a crear un ejército de esclavos, compuesto por norteafricanos e infieles europeos.

El fundamento del sistema administrativo fue instaurado desde los comienzos de la conquista islámica, y probablemente 'Abd al-Rahmân no le hizo cambios substanciales. Alrededor del territorio central se extendía un amplio cinturón, que sólo se podía controlar insuficientemente desde el gobierno central en Córdoba, pero que no estaba dividido en provincias sino en «marcas» (territorio fronterizo). La «marca superior» con su capital Zaragoza, gobernada por los Banû Qâsî, de origen godo; la «marca media» con su capital Toledo y finalmente la «marca inferior» que comprendía Portugal y Extremadura y tenía por centro Mérida. Las marcas no eran administradas por un gobernador civil, un wâlî, sino por un qâ'id, un «margrave». El territorio central estaba dividido en circunscripciones administrativas (kuwar, singular: kûra), a cuya cabeza se encontraba un gobernador (wâlî o 'âmil) nombrado por el gobierno central, que residía en la capital de la circunscripción (qâ'ida). 'Abd al-Rahmân gobernaba en Córdoba con la ayuda de una capa de funcio-

Mérida, alcazaba la Conventual
La fortaleza omeya tiene torres a los flancos, que se conectan con el muro principal por medio de una arcada. Probablemente más tarde, pero todavía en la época islámica, fueron anexadas a ese muro principal. El agrupamiento de sillares a tizón en la mampostería de este último es característico de la técnica arquitectónica omeya.

narios que casi no aparece mencionada en las fuentes árabes relativas a esa época. El juez supremo (qâdî) y el hâjib, que simultáneamente era primer ministro y ministro del tesoro, desempeñaban papeles muy importantes. La palabra comúnmente utilizada en el Oriente para designar al primer ministro, visir (wazîr), se convirtió en Al Andalus en un título honorífico al que no correspondía ningún cargo gubernamental.[13] El soberano se rodeaba de consejeros, los cuales constituían un gremio privilegiado que podía hacer preguntas al príncipe, pero al cual éste de ninguna manera tenía que rendir cuentas. No obstante, este grupo adquiría importancia en el momento en que se daba el cambio de gobernante, ya que el primer y más importante juramento de fidelidad al pretendiente del trono era el de los miembros de su familia y los cortesanos.

En términos generales, los cargos de la corte en Córdoba parecen haber sido intercambiables y haber estado relativamente poco definidos. Las funciones militares, jurídicas, policiacas, fiscales y otras funciones administrativas no exigían ninguna preparación específica y podían pasar de una mano a otra. Los funcionarios de la corte provenían de las familias de la aristocracia árabe y eran responsables directamente ante el emir. Este gobernaba como un soberano absoluto y en ningún momento delegaba su poder en una casta especial de funcionarios, como la que se había formado en el imperio abasí. En este sentido, el Estado andaluz estuvo más emparentado con la antigua Siria de los omeyas que con el contemporáneo califato abasí de Bagdad.[14]

Los sucesores de 'Abd al-Rahmân I

Dejando de lado las acostumbradas campañas de verano contra los cristianos, el gobierno del piadoso Hishâm I transcurrió pacíficamente. En su tiempo se realizó la introducción de la escuela de derecho malikí en Al Andalus. Con eso se favoreció el crecimiento de una capa religioso-jurídica superior, muy conservadora, que fue ganando cada vez más influencia política y se opuso con toda energía a la penetración de corrientes religiosas extranjeras en Al Andalus.

Bajo al-Hakam I, quien se tomó la molestia de hacer sentir sus pretensiones de dominio, estallaron revueltas en las más diversas regiones del imperio, en Zaragoza, Huesca, Mérida, Lisboa y sobre todo en Toledo, donde la sublevación de los muwalladûn fue sofocada de manera particularmente sangrienta e insidiosa, pasando su mal recuerdo a la historia con el nombre de la Jornada del Foso. Se dice que al-Hakam convidó en el año 797 supuestamente a unos 5.000 nobles toledanos a una cena de reconciliación en el alcázar, habiéndolos asesinado en ese sitio y lanzado sus cuerpos al foso del castillo.

En la misma Córdoba se originó el famoso «motín del Arrabal». El populoso barrio situado en la ribera sur del puente romano, frente a la mezquita mayor, se había convertido en un foco de agitación; entre 805 y 818 los disturbios se repitieron una y otra vez y fueron finalmente ahogados en un baño de sangre. Muchos de los que en esa ocasión fueron desterrados se trasladaron a Marruecos, donde participaron de manera activa y meritoria en la construcción de la ciudad de Fez, de lo cual sigue dando testimonio en la actualidad el llamado «Barrio de los Andaluces» («Madînat Al Andalusiyyîn»).

Las dificultades que al-Hakam tenía en su propia tierra, no le dejaron tiempo para emprender campañas contra sus vecinos cristianos. Durante su gobierno, Barcelona fue conquistada por los francos, cuyas incursiones se extendieron hasta Huesca, Lérida y Tortosa.

En la historiografía, al-Hakam pasa por ser un gobernante piadoso, consciente de sus deberes, que se sometió a los juicios de los qâdî, aun cuando éstos fueran contra sus propios intereses. Sin embargo, al fin de cuentas, parece haber sido un gobernante muy impopular. De todas formas, es a la brutal energía de su padre que su hijo y sucesor, 'Abd al-Rahmân II, debe agradecer el hecho de haber encontrado un país relativamente tranquilo al ascender al poder.

En efecto, la época de 'Abd al-Rahmân II se caracterizó por una relativa calma y prosperidad. Las ocasionales revueltas periféricas en Toledo y Mérida y las incursiones normandas por el Tajo y Guadalquivir no significaron ningún peligro serio para su gobierno. La victoria sobre los normandos, quienes eran considerados como un peligro colectivo, acrecentó el prestigio del emir. A partir de ahí, no sólo se dedicó a la fortificación de Sevilla, sino también a la creación de arsenales y desarrolló cierto interés por la guerra marítima, tradicionalmente vista con desconfianza por los árabes. De todas maneras los piratas andaluces – totalmente independientes del gobierno central – desempeñaban desde hacía ya bastante tiempo un papel en el Mediterráneo, por ejemplo en la conquista aghlabí de Sicilia (conquista de Palermo en 831) o en la islamización de Creta (825/26–960/61).

Frente a los pequeños principados en Africa del Norte, 'Abd al-Rahmân II se arrogó en cierto sentido el papel de protector contra los poderosos vecinos.

Córdoba, rueda hidráulica en el Guadalquivir
Estas grandes ruedas elevadoras de agua con paletas y recipientes de barro movibles se utilizaban ya en la Edad Media en amplias regiones del mundo islámico y se encuentran en muchos lugares incluso en la actualidad.

De esa manera mantuvo relaciones amistosas con los rustamíes de Tahar y los salihíes de la Costa del Rif, con su capital Nakur. El hecho de que una delegación bizantina llegara a Córdoba, tratando de convencer a Al Andalus para que atacara a los abasíes en Irak, muestra que el país había entrado en el escenario de la política mundial. La respuesta negativa del emir revela el inconmovible odio de los omeyas a la dinastía abasí, pero al mismo tiempo una sabia valoración de las posibilidades reales.

A pesar de la enemistad política entre el Al Andalus y el califato abasí, las relaciones culturales entre el oriente y el occidente islámico eran intensivas, y en Córdoba se admiraba mucho las cortes de Bagdad y Sâmarrâ. El muy conocido cantante iraquí Ziryâb, un liberto persa del califa abasí al-Mahdî, que se trasladó de la corte de Bagdad hacia Córdoba, actuaba como un indiscutible *arbiter elegantiarum* en la corte de 'Abd al-Rahmân II. No sólo introdujo una nueva forma de escribir las notas y nuevos instrumentos musicales, sino que también dio a conocer nuevas recetas de cocina, modales en la mesa, peinados, modas de vestido, tipos de tela y el ajedrez.[15] Otras costumbres persas también se difundieron en aquellos tiempos por Andalucía: el festejo del año nuevo y del solsticio de verano (fiesta persa que posteriormente se transformó en España en la fiesta de San Juan) y sobre todo el juego de polo.

Se le adjudica a al-Rahmân II el establecimiento del monopolio real de la moneda y siguiendo el modelo bizantino y abasí, la manufactura real de telas de lujo así como una reorganización y aumento de eficacia de todo el aparato administrativo.[16] En su tiempo también se orientalizó el protocolo de la corte: éste se volvió más rígido, más formal y suntuoso, mientras el contacto entre el príncipe y el pueblo se hizo menos frecuente. Los esclavos, entre ellos muchos eunucos, desempeñaron un papel cada vez más importante en la corte.

Tiempos de crisis (852–912)

Los sesenta años siguientes depararon al emirato omeya varias crisis peligrosas: los mozárabes y los muwalladûn, siempre dispuestos a sublevarse, se rebelaron cuando Muhammad I ascendió al trono. En las marcas superiores (Tudela y Zaragoza), los esfuerzos independentistas de Mûsâ ibn Mûsâ ibn al-Qâsî adquirieron dimensiones amenazantes; en las marcas inferiores (Mérida, Badajoz), el también muwallad Ibn Marwân ibn al-Jillîqî se liberó del dominio de Córdoba. En Sevilla, Elvira y Almería prominentes familias intentaron oponerse a la autoridad de Córdoba. Pero la sublevación más peligrosa y famosa fue la de 'Umar ibn Hafsûn, en pleno corazón de Andalucía. Las inaccesibles tierras montañosas al sur de Granada y Córdoba, entre Ronda y Antequera, estaban habitadas por beréberes y muwalladûn, o sea, por grupos social y económicamente subyugados, que habían seguido con atención los sucesos en las marcas y habían obtenido de ese ejemplo el ánimo para luchar por su propia independencia. 'Umar ibn Hafsûn surgió entre ellos como un dirigente simultáneamente capaz, valiente y ambicioso.

'Umar ibn Hafsûn provenía de una familia muwallad acomodada de las cercanías de Ronda. De joven fue culpable de una muerte y tuvo que abandonar su tierra. Se trasladó a Tahart, en la actual Argelia, donde trabajó en una sastrería andaluza. Otro andaluz lo conoció y le profetizó un futuro deslumbrante. Poco después aproximadamente en 850, 'Umar regresó a su tierra y comenzó a reunir seguidores, en un principio fundamentalmente gañanes, con los cuales sembró la zozobra a su alrededor. Los sublevados convirtieron a Bobastro, una cima montañosa prácticamente inaccesible, en su base de operaciones.[17] En el año 883 Muhammad I envió al jefe de su ejército contra Bobastro. Este logró vencer a ibn Hafsûn y llevarlo a Córdoba, donde entró en servicio como oficial en la guardia del emir y participó en una campaña de verano en el norte. Pronto, sin embargo, huyó de regreso a las montañas y comenzó nuevamente sus asaltos. Los muwalladûn, los mozárabes y los beréberes, en síntesis, todos los inconformes, lo apoyaron. En un principio la fortuna le sonrió, su poder creció y Bobastro prosperó convirtiéndose en una verdadera ciudad con palacio, mezquita e iglesia. Pero el éxito le despertó la ambición y se transformó en una especie de soberano absoluto en la región entre Córdoba y el Mediterráneo. Incluso estableció negociaciones directas con los norafricanos enemigos de los omeyas. Se alió, aunque siempre sólo por corto tiempo, con los diferentes caudillos rebeldes de Andalucía e incluso ocasionalmente con el mismo emir de Córdoba. En resumen, su política parece haber estado dictada más por la situación inmediata que por una meta a largo plazo o una ideología coherente. Por razones desconocidas, en 899 se convirtió, junto con su esposa y sus hijos, al cristianismo; desde el punto de vista político, esto fue sin duda alguna un error, pues a partir de entonces muchos musulmanes lo abandonaron y su posición se debilitó considerablemente. Sin embargo, pudo mantener Bobastro hasta su muerte (917). Sólo en en la época de 'Abd al-Rahmân III la sublevación quedó definitivamente derrotada y Bobastro fue tomada por los gobernantes de Córdoba (927/29).

En todos estos esfuerzos independentistas fue característica la solidaridad entre musulmanes y cristianos. Las familias prominentes en las marcas, todas con estrechas relaciones consanguíneas y familiares con sus vecinos cristianos, hacían la guerra según las circunstancias a favor o en contra de los cristianos, a favor o en contra de los musulmanes. La historia de ibn Hafsûn también muestra un permanente cambio de alianzas, en las cuales la religión sólo puede haber sido determinante en raras ocasiones. De lo anterior debe concluirse que las principales motivaciones para actuar en la Andalucía del siglo IX no eran las religiosas, siendo cuando menos tan importantes como éstas las motivaciones económicas, sociales y políticas o los intereses familiares.

La arquitectura de los siglos VIII y IX

La construcción fundacional de la mezquita mayor de Córdoba

Difícilmente se le puede adjudicar a la época de la conquista una obra arquitectónica concreta cualquiera; las primeras tribus árabes y beréberes deben haberse conformado con las edificaciones existentes, y sin duda alguna gastaron más tiempo en campañas militares que en levantar construcciones. No obstante, parece que en Zaragoza y en Elvira surgieron desde antes de 720 las primeras mezquitas españolas.[18] Sevilla, la primera capital de los conquistadores árabes, poseía una mezquita cuyo mihrâb está documentado en fuentes escritas.[19] También Córdoba tenía una mezquita del viernes, ya que las fuentes informan de modo expreso que 'Abd al-Rahmân I se proclamó emir de Al Andalus en ella en 756. Asimismo, deben haberse erigido fortalezas, pero resulta muy difícil determinar en la actualidad cuáles provienen de principios del siglo VIII. En Córdoba, el enorme puente romano sobre el Guadalquivir y la muralla de la ciudad fueron mejorados ya alrededor de 719/20; pero más tarde ambos fueron restaurados tan a menudo, que tampoco aquí se pueden hacer afirmaciones muy precisas. Las fuentes escritas atribuyen a 'Abd al-Rahmân I muchas otras construcciones, tales como la mezquita mayor en Algeciras, la renovación y transformación del palacio visigodo en Córdoba, el mejoramiento de la muralla que rodea la ciudad de Córdoba, la erección de diferentes pequeñas mezquitas en la capital y la construcción de un castillo con jardín (una munya) en sus alrededores. Pero en la actualidad ninguna de esas obras se puede identificar.[20]

La más antigua construcción que realmente conocemos en alguna medida es asimismo una obra maestra, un punto culminante del arte arquitectónico: la mezquita mayor de Córdoba, que se convirtió en norma para medir a la totalidad del arte sacro andalusí. A través de los siglos sufrió muchas modificaciones, pero cada ampliación islámica respetaba la construcción original y reproducía sus formas, de manera que sin exageración se puede afirmar que el gusto personal de 'Abd al-Rahmân I dejó su impronta en la totalidad del arte de la construcción hispano-mora.

'Abd al-Rahmân I se contentó durante bastante tiempo con la vieja mezquita del viernes, la cual posiblemente había sido con anterioridad una iglesia cristiana, ubicada al costado oeste de lo que más tarde sería la mezquita mayor. Sólo una vez que se hubo instalado en el renovado palacio en la margen del Guadalquivir, comenzó una nueva construcción. Se dice que para esos efectos

Córdoba, costado sur de la mezquita mayor
En primer plano, el Guadalquivir con el puente romano (renovado continuamente) y los restos de un molino de agua. Por fuera la mezquita de poca alzada parece totalmente aplastada por la catedral levantada dentro de la misma mezquita en el siglo XVI.

le compró a la comunidad cristiana el resto del complejo eclesiástico,[21] que colindaba con el palacio y parcialmente ya servía como mezquita. Es seguro que entre las motivaciones de 'Abd al-Rahmân I estaba su fuerte creatividad artística y su deseo de expresarse personalmente en forma monumental. Pero además, el rápido crecimiento de la población de Córdoba hacía necesaria la construcción de una nueva mezquita del viernes.

La mezquita del viernes es la construcción más importante de una ciudad islámica. Todos los creyentes varones adultos deben encontrarse allí los viernes al medio día para el servicio religioso, y el gobernante o su representante pronuncia el sermón, que además de su función religiosa tiene una función política. En la oración del viernes se invoca el nombre del gobernante, lo cual la convierte en una proclama política. De hecho, la mezquita del viernes es como un estandarte de la dinastía, la expresión personal y monumental del jefe espiritual y temporal. El gigantesco complejo arquitectónico de la mezquita del viernes y el palacio del príncipe gobernante constituyen una constante de la ciudad islámica desde sus inicios en el Cercano Oriente. Lo único que aquí merece la pena señalarse es que, al parecer, en la época visigoda ya se levantaba una pareja arquitectónica análoga en el mismo lugar en Córdoba.

La mezquita de 'Abd al-Rahmân I se levantó en un año, entre 785/86 y 786/87. El corto tiempo de construcción sólo fue posible gracias a que estaban a disposición muchos expolios romanos y visigodos y porque el botín cristiano de la victoriosa campaña contra Narbona había hecho ingresar cuantiosos medios.[22] La construcción no muy grande, un tanto cuadrada, de poco más o menos 74 metros de lado, estaba compuesta de un patio abierto y un oratorio o sala de oración. Los muros este y oeste de dicha sala, con apenas 37 metros de profundidad, se encontraban sujetos con cuatro poderosos contrafuertes, de los cuales los dos ubicados hacia el sur al formar la transición con el muro de la qibla constituían dos verdaderas torres esquineras. Los contrafuertes del muro sur original ya no se pueden reconstruir. De las cuatro entradas de la mezquita una se encontraba sobre el eje del mihrâb en el muro norte del patio, las dos siguientes una a cada uno de los lados este y oeste del mismo patio y la cuarta en la mitad de la fachada este de la sala de oración; esta última se llamaba «Bâb al-Wuzâra'», Puerta del Visir, ya que le proporcionaba acceso directo a la sala de oración a los funcionarios de la corte desde el palacio gubernamental situado en frente. La sala de oración constaba de once naves perpendiculares al muro de la qibla cada una con doce tramos. Las dos naves extremas eran más angostas, y se presume que estaban separadas por rejas y se habían pensado como oratorios para mujeres. Por el contrario, la nave central era más ancha que las restantes cinco naves laterales, con lo cual el sentido y el eje principal de toda la construcción desde la puerta en el muro norte del patio desembocaba en el mihrâb. Este tipo de construcción estilo basílica no tiene ninguna relación directa con la iglesia que se encontraba en ese mismo lugar, sino que más bien es una reproducción de uno de los lugares sagrados más importantes del mundo islámico: la mezquita de al-Aqsâ en Jerusalén.

Para poder obtener en la sala de oración un espacio interior elevado – no obstante la corta dimensión de los expolios usados como apoyo (restos de columnas romanas y visigodas) –, se encontró una solución genial y única: las arquerías de doble arco superpuesto. Sobre el capitel de cada columna se

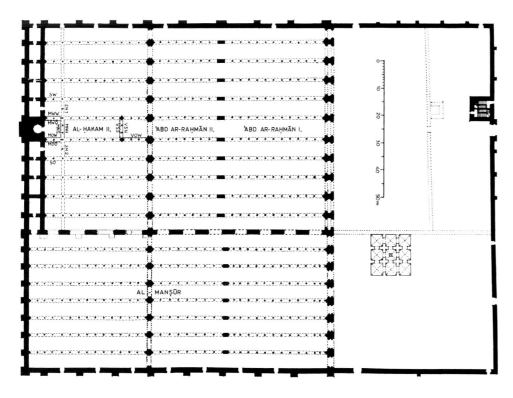

Córdoba, mezquita mayor, vista panorámica desde el noreste hacia el sudoeste
El contraste entre la amplia y majestuosa instalación de la mezquita y las pequeñas viviendas que le rodean, es característico de las ciudades islámicas medievales. Sus edificios públicos más importantes eran las mezquitas del viernes, y no conocían ni las plazas públicas ni la arquitectura secular monumental.

Córdoba, reconstrucción de la planta de la mezquita

Córdoba, mezquita mayor, Puerta de San Esteban
La antigua Puerta de los Visires es la puerta más antigua que se conserva de toda la instalación. Se remonta a los tiempos de su fundación, y la articulación de su decorado marcó la pauta para todas las puertas posteriores.

encuentra una pesada imposta, encima de la cual se levanta un pilar relativamente grueso, que prolonga la columna que está debajo y sirve de apoyo a la arcada que soporta la techumbre. Sobre la imposta se apoyan también los arcos inferiores que cumplen la función de tirantes, lo cual es necesario desde el punto de vista estático y se encuentra en todas las arcadas de las mezquitas mayores. Los arcos inferiores son de herradura, los superiores, en cambio, mucho más gruesos, de semicírculo. Ambas arcadas están formadas por dovelas de piedra clara combinadas con ladrillos rojos. Este relevo de piezas es una técnica usual tanto en la Siria omeya como en la España preislámica y por tanto no constituye, como a menudo se presume, una importación omeya del Cercano Oriente. La arcada de doble arco superpuesto se encuentra bastante más simplificada en la arquitectura siria del período omeya, por ejemplo en la mezquita mayor de Damasco, en la mezquita al-Aqsâ y en uno de los palacios de 'Anjar. En esos lugares, al igual que en Córdoba quizás simplemente fue derivada de los acueductos romanos. En todo caso el arquitecto de Córdoba modificó creadoramente el modelo romano. Sobre el origen de los arcos de herradura, la principal forma del arco en la arquitectura andaluza, se ha discutido mucho: en el Cercano Oriente preomeya eran raros, pero no desconocidos; en la mezquita omeya de Damasco aparecen de vez en cuando; por el contrario, eran frecuentes en la arquitectura visigoda de España. Aunque su forma germánica no era tan estilizada como la árabe -era más plana y retraída-, bien se puede afirmar que estamos ante la transformación y desarrollo de una forma arquitectónica local en lugar de una importación proveniente de Siria.[23]

No se conserva el mihrâb de esta mezquita, si bien la actual puerta de San Esteban (la antigua «Bâb al-Wuzâra'») en gran parte proviene de la primera etapa de construcción. Debido a que el mihrâb ulterior, así como todas las puertas hechas posteriormente, recogen y desarrollan el mismo estilo de formas, se puede suponer que también el primer mihrâb seguía el mismo esquema. El tema básico está dado por el seccionamiento vertical en tres partes de la zona de la puerta y los frontispicios a los flancos, así como por la estructuración en dos niveles. La entrada cerrada en su parte superior queda enmarcada por un arco de herradura con alfiz. La escritura que acompaña al arco del tímpano, lo atraviesa paralelamente a su base destacando de esa manera la horizontalidad del tramo amurallado de la puerta. Las dovelas del arco también están colocados en forma alterna; su decoración vegetalizada probablemente proviene de una restauración efectuada en el año 855/56, ya que la inscripción en el tímpano menciona el nombre de Muhammad I.

El arco cegado en la parte superior de la zona central, el campo intermedio con adornos vegetalizados, la cornisa que resalta arriba y que descansa sobre nueve ménsulas con una especie de decorado de hojas enrolladas, las almenas de cuatro gradas, todos son motivos que surgen aquí por primera vez. Pero a partir de entonces pertenecen al inventario de recursos formales de la arquitectura hispano-omeya. También los motivos de las partes laterales se convierten en elementos permanentes del rico acervo de formas decorativas: de esa manera los modillones rollizos, semejantes a capiteles, en los campos superiores de las pechinas, ya apuntan hacia las posteriores decoraciones andaluzas de las mismas. El motivo de las almenas escalonadas en los dos campos rec-

Jerusalén, mezquita de al-Aqsâ, comienzos del siglo VIII
La mezquita de al-Aqsâ es una de las principales mezquitas omeyas en el Cercano Oriente que se convirtió en modelo para la mezquita mayor de Córdoba.

ARRIBA:
Vista de norte a sur en la nave central

AL LADO:
La fachada y el nártex se construyeron mucho tiempo después, pero se puede reconocer la nave principal más elevada y la cúpula sobre el tramo anterior al mihrâb, que remiten a la arquitectura omeya.

tangulares tallados, y sobre todo el revestimiento de arabescos vegetalizados en todas partes, constituyen de allí en adelante elementos del estilo decorativo andaluz.

La decoración vegetalizada de ningún modo se puede considerar un simple trasplante del Cercano Oriente. En este campo, España contaba con una tradición romano-ibérica y visigoda propia. En muchas cosas se parece a primera vista a la ornamentación visigoda, pero la calidad del trabajo artesanal es la mayor parte de las veces superior. Los muros están hechos de piedra labrada de color claro. La pared oeste de la actual sala de oración – sillares de mediano tamaño colocados por lo general de frente y ocasionalmente a tizón – da una buena idea del modo en que se hacían las construcciones en ese entonces. Los ladrillos únicamente fueron utilizados para la combinación que se hacía en los arcos de las arquerías. La madera desempeñó un papel importante, pues originalmente las naves estaban cubiertas con tablas de madera pintadas, de las cuales algunas se lograron encontrar. Cada nave tiene su propio techo inclinado, cuyo entramado más liviano se encuentra cubierto de tejas. La mezquita de 'Abd al-Rahmân I, como todas las mezquitas de esa época, seguramente todavía carecía de alminar.

El gusto de 'Abd al-Rahmân I, «el Inmigrante», evidentemente estaba muy influido por la tradición arquitectónica del Cercano Oriente. ¿Fue él mismo el arquitecto de su mezquita o mandó a traer a un arquitecto sirio? Esta pregunta es difícil de contestar. De acuerdo con las fuentes escritas y con la tradición de los gobernantes islámicos su participación personal puede estimarse como muy alta. Entre los obreros que trabajaron en la construcción, no sólo habían iberos, sino también sirios. La presencia de formas sirias ha sido destacada una y otra vez con todo derecho, pero las influencias locales visigodas y romanas tardías no se deben subvalorar. La inclusión de columnas y capiteles españoles del período pre-islámico en las construcciones más lujosas y representativas de la dinastía indican claramente la admiración que el omeya español tenía por esa herencia. Los más famosos sucesores de 'Abd al-Rahmân I compartieron su admiración por las formas artísticas de la Antigüedad.

Damasco, mezquita mayor de los omeyas, alrededor de 715

ARRIBA:
Enrejado de mármol
AL LADO:
Vista de la mezquita desde el sudoeste

Del período inmediatamente posterior casi no se conocen construcciones. Hishâm I le hizo mejoras al puente de Córdoba y mandó construir en el techo de la mezquita mayor un recinto protegido al que se llegaba mediante una escalera, para el almuecín, el encargado de llamar a la oración cinco veces al día.[24] Fue 'Abd al-Rahmân II quien nuevamente demostró tener vocación de gran constructor; durante su gobierno, marcado por el signo de la posteridad, se desarrolló una diligente actividad constructora: se fundó Murcia, se construyó el alcázar de Mérida, se mejoraron o erigieron murallas alrededor de la ciudad en Sevilla y sobre todo en Córboba, se construyó en Jaén una nueva mezquita del viernes, en Córdoba y Sevilla se ampliaron las mezquitas mayores existentes, e incluso el alminar de una mezquita en Córdoba, más tarde la iglesia de San Juan, parece provenir de esos tiempos. La mezquita en Pechina no se conservó. Las mezquitas de Tudela y del fortín en la montaña de Bobastro, la primera erigida por un rival de los omeyas, Mûsâ ibn Mûsâ al-Qâsî, y la segunda por el enemigo principal de la dinastía, Ibn Hafsûn, también provienen de la segunda mitad del siglo IX.

La ampliación de la mezquita del viernes en Córboba por 'Abd al-Rahmân II, es un testimonio de la prosperidad de la capital de los omeya, cuya población había crecido considerablemente desde los tiempos de 'Abd al-Rahmân I. La pared de la qibla se desplazó ocho tramos hacia el sur; del muro de la antigua qibla se conservaron las pilastras, para proporcionar un mayor apoyo al empuje de las arcadas, cuya longitud aumentó considerablemente. La sala de oración tenía ahora 64 metros de profundidad y era casi cuadrada. 'Abd al-Rahmân II no hizo ningún cambio fundamental en el programa de construcción de su bisabuelo; continuó utilizando expolios y destacó la nave central y el muro de la qibla transversal a ella mediante decoraciones -en particular capiteles decorados- de la misma manera en que lo había hecho 'Abd al-Rahmân I. Patrice Cressier[25] y Christian Ewert[26] han podido demostrar que desde la primera etapa de la construcción, los capiteles juegan un papel importante en la jerarquización de los elementos individuales del oratorio. De esa manera, desde un principio la nave central constituye unívocamente el eje de simetría para la distribución de los distintos tipos de capiteles en la totalidad de la construcción. A lo largo de la nave principal y a lo largo de la pared de la qibla no se colocan restos de columnas romanas; en un comienzo se emplean columnas visigodas, y más tarde, bajo 'Abd al-Rahmân II, copias islámicas de modelos romanos y corintios, cuya hechura y construcción en todo caso no eran rigurosamente clásicos.

Las peculiaridades estilísticas y artesanales de la escultura arquitectónica del emirato de Córdoba, se pueden extraer mejor de sus capiteles, en particular de aquellos que todavía hoy existen en las partes más antiguas de la mezquita mayor, así como de muchos otros capiteles desperdigados, los cuales no siempre se sabe de dónde provienen. Muchos de ellos seducen por su calidad técnica y su diligente fidelidad a los modelos clásicos, actitud casi despreciada en la época de los visigodos. Otros capiteles de la época del emirato conservan la estructura de sus modelos romanos, pero en el tratamiento de las superficies adoptan técnicas visigodas mucho menos esmeradas. Otro grupo muy heterogéneo en sus técnicas copia un modelo romano relativamente raro, con tres coronas de acanto. En general, los capiteles de la época de los emiratos se

Córdoba, mezquita mayor, verja de ventana
En la Puerta de San Esteban se encuentra esta verja de ventana con motivos circulares.

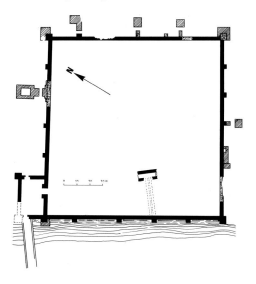

Mérida, muro de la Conventual hacia el río, planta (L. Torres Balbás)
La fortaleza árabe se construyó sobre ruinas romanas. En primer plano el Guadiana.

caracterizan por su vitalidad ininterrumpida, su riqueza y su fantasía. Su técnica y su exuberancia de formas supera por mucho la producción visigoda. La existencia de estos capiteles tan empeñados en recuperar formas de la antigüedad ha conducido a que en repetidas ocasiones se busquen posibles tradiciones sirio-omeyas. Y en efecto, en el siglo VIII también se observa en el Oriente Medio un retorno hacia las formas de la antigüedad clásica, que en el siglo inmediato anterior parecían olvidadas;[27] no obstante eso, es precisamente en el campo del arte de los capiteles donde no se encuentra nada que pueda compararse.

Sevilla y Mérida

La mezquita mayor de Sevilla de la época de los omeyas, fue construida probablemente por 'Abd al-Rahmân II –así aparece en una inscripción de 830 que se guarda en el Museo de Sevilla– o cuando menos fue ampliada por él. En la actualidad, en su lugar se encuentra la iglesia del Salvador. Las fuentes escritas nos aseguran que al igual que la mezquita mayor de Córdoba, la de Sevilla contaba con once naves transversales a la qibla y que su nave principal era de mayor altura -lo que nuevamente nos muestra un rasgo típicamente sirio-omeya. Las naves se encontraban separadas entre sí por arcadas montadas

Cisterna romana del alcázar de Mérida
Tanto los visigodos como los musulmanes le dieron mantenimiento y utilizaron la instalación.

sobre viejas columnas hispano-romanas o visigodas. El edificio debe haber tenido apenas unos 50 metros de ancho, pero debe haber sido bastante más largo. En el campanario de la actual iglesia sólo se conserva la parte inferior del antiguo alminar, el cual se encontraba al costado norte del patio, frente a la nave central. Su planta formaba un cuadrado que medía 5,88 metros de lado.[28] Tenía varios pisos y poseía ventanas gemelas. Una escalera de caracol conducía a la galería superior. En 844 los normandos dañaron seriamente la mezquita, restaurada poco tiempo después. Sin embargo, en el siglo XII se construyó, más hacia el sureste en la ciudad, una nueva mezquita mayor, en cuyo lugar se levanta actualmente la catedral.

La antigua y próspera ciudad de Mérida, por su misma situación fronteriza, era un lugar propicio para las revueltas. En 828 el muwallad Sulaymân ibn Martín y el beréber Mahmûd ibn 'Abb al-Jabbâr encabezaron una rebelión que fue activamente apoyada por Asturias. Sólo pudo ser sofocada después de varios años de cruentas luchas. Como respuesta, 'Abd al-Rahmân II arrasó las murallas de la ciudad y mandó a construir a la entrada por el gran puente romano sobre el Guadiana una fortaleza (una «hisn» de acuerdo con la inscripción), con lo cual prácticamente le puso un cerrojo a la ciudad.

La planta de esa fortaleza, conocida desde la reconquista cristiana con el nombre de «la Conventual», debido a que allí acamparon los caballeros de la Orden de Santiago, forma un cuadrilátero casi regular cuyos lados miden, repectivamente, 132 y 137 metros. El muro con contrafuertes que da hacia el río fue construido sobre los restos de la muralla romana de la ciudad, y en su mampostería fueron por lo general nuevamente utilizados sillares romanos. Los torreones rectangulares, a distancias regulares, fueron construidos sobre el muro desde afuera y apenas sobresalen del mismo. Las dos torres cuadradas de las esquinas son definitivamente más gruesas. La puerta de entrada no se encuentra en la mitad de una fachada, sino en el extremo oeste del lado norte, en un pequeño patio agregado al recinto mayor, una especie de barbacana, que encierra y protege la cabeza del puente con la entrada a la fortaleza y la puerta de la ciudad. En términos generales la construcción con su planta casi cuadrada, los torreones exteriores cuadrados, las torres esquineras más gruesas y la entrada recta entre dos torres, sigue el modelo de la mayoría de las fortalezas bizantinas en Africa del Norte.[29]

De su interior casi no se ha conservado nada; según informes del siglo XII, para esa época ya se encontraba en un estado bastante deteriorado.[30] Dentro de la fortaleza se encuentra una espaciosa cisterna alimentada por el Guadiana. Proviene de la época romana, pero probablemente también fue usada por los visigodos. En la época de los omeyas se le adornó con restos de mármol visigodo colocados como pilares en la puerta de entrada. Recientes excavaciones han puesto al descubierto, en el perímetro de los muros de la fortaleza, los restos de una lujosa villa romana. Es de suponer que los omeyas supieron utilizar esas ruinas.

En la época romana y visigoda, Mérida fue una ciudad opulenta e importante. Todavía en la actualidad sus monumentos romanos -templo, teatro, anfiteatro, circo, puente, acueducto- son verdaderamente impresionantes. Por el contrario, el legado islámico es poco espectacular. No obstante, da testimonio de la firme voluntad de los gobernantes omeyas de imponerse sobre las antiguas ciudades de rica tradición, utilizando en lo posible sus monumentos para fines propios.

Bobastro se eleva orgulloso sobre una solitaria cumbre montañosa muy por encima de la cuenca del Guadalhorce, en una posición verdaderamente inexpugnable.[31] En los años 80 del siglo IX, 'Umar ibn Hafsûn realizó probablemente obras de construcción, de manera que es posible que las pocas ruinas de piedra labrada que quedan de la ciudadela, provengan de esa época.[32] Algunos torreones de fortaleza con planta cuadrada se pueden reconocer, y en el interior todavía subsisten los restos de las plantas de distintos edificios que era posible dominar desde una instalación gubernamental ubicada en la parte más alta de la meseta. La disposición de las piedras labradas o sillares es frecuente, pero se encuentran irregularmente aparejadas a tizón, de modo que recuerdan la mampostería específica del arte arquitectónico de la época del califato. Pero esta técnica «califal» que en general se acostumbraba a utilizar en el siglo X, también era ya conocida antes de la época del califato y por lo tanto no proporciona un criterio exacto para la fijación de fechas. Por debajo del muro exterior se encuentran unas cavernas esculpidas en la roca también sin fecha. Todavía más abajo, y en consecuencia también fuera del ámbito de la fortaleza, se halla una iglesia labrada en la pura roca, que con alguna probabilidad se puede fechar en los años entre la conversión y la muerte de Ibn Hafsûn (899–917). Sus tres naves separadas por arcadas y pilastras, su transept, la profunda capilla absidal y sus dos capillas laterales corresponden a un modelo de iglesia mozárabe bastante usual.[33] La forma en que está construida y los diferentes niveles del piso de una misma sección de la iglesia producen un efecto sorprendente. El arco de herradura pronunciado y la técnica de mampostería de la fortaleza muestran por su parte la influencia de las técnicas y formas de construcción cordobesa, así como su propagación hasta los últimos rincones de Andalucía.

Vitalidad y riqueza de formas

Una valoración global del arte arquitectónico durante los emiratos tendría que destacar su vitalidad y su riqueza de formas. La herencia clásica le penetra a

Bobastro
La ciudad descansa de manera impresionante sobre una solitaria cima de montaña. Sobre la meseta todavía se hallan los restos de plantas de diferentes construcciones, entre las cuales se pueden adivinar una mezquita y un palacio. Por debajo de la muralla de la ciudad se encuentran viviendas trogloditas esculpidas en la roca.

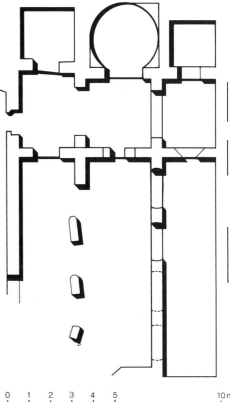

Bobastro, iglesia, su planta (C. de Mergelina)
Fuera del ámbito de la fortaleza se encuentra
una iglesia que Ibn Hafsûn mandó a esculpir en
las rocas probablemente después de su conversión al cristianismo. Con sus tres naves separadas por arcadas y pilares, su transepto, su capilla
del ábside y sus dos capillas laterales, corresponde al tipo de iglesia mozárabe más usual. Por
supuesto, el modo en que se construyó es único.
Los arcos de herradura muy marcados demuestran que las formas arquitectónicas cordobesas
se habían extendido hasta los últimos rincones
de Andalucía.

través de diversos y muy diferentes canales, sin llegar a fundirse completamente con él. Carecemos en términos generales de información sobre las barracas
y sobre la organización de la mano de obra que trabajaba en las construcciones. No sabemos si en los trabajos de construcción y carpintería se colocaban
juntos a sirios e iberos, o si determinadas tareas eran encomendadas a deter-
minados grupos homogéneos, por ejemplo, a talleres familiares. De la origi-
nalidad de los ornamentos de la época se puede concluir que si bien todavía
no habían cristalizado unas formas independientes e inconfundibles, desde un
principio una voluntad de estilo característica actuó en las diferentes formas
que se adoptaron e influencias que se recibieron. Esta voluntad de estilo, que
en el fondo era sólo la de una dinastía, los omeyas españoles, y de una ciudad,
Córdoba, alcanzó con su irradiación incluso a los enemigos de sus creadores
y portadores.

912–1031

Época de esplendor: el califato

'Abd al-Rahmân III (912–961)

A los 21 años de edad 'Abd al-Rahmân III se convirtió en emir de Al Andalus. Su padre, el príncipe heredero Muhammad, fue asesinado por órdenes de su propio padre, el emir 'Abd Allâh, poco después del nacimiento de 'Abd al-Rahmân. El emir 'Abd Allâh se deshizo de esta manera de varios otros candidatos al trono y finalmente, todavía durante su vida, designó a su nieto como sucesor del trono, en lugar de uno de sus hijos sobrevivientes. 'Abd al-Rahmân III, rubio y de ojos azules, tenía en sus venas como la mayoría de los omeyas españoles, poco más o menos tanta sangre europea como árabe. Su madre fue una prisionera de guerra franca o vasca; su abuela, una princesa vasca. Las crónicas árabes le confieren todas las cualidades físicas, intelectuales y morales imaginables: fuerza y habilidad, valor y determinación, inteligencia y cultura, bondad y generosidad, aun cuando las mismas fuentes informan acerca de decisiones monstruosamente despiadadas, como por ejemplo, la condena a muerte de su hijo 'Abd Allâh. Es muy difícil sondear la profundidad de su piedad, lo que sí se puede documentar es su tolerancia religiosa.

Ibn al-Khatîb, historiador y visir, escribió sobre él lo siguiente: «Se dice: cuando 'Abd al-Rahmân asumió el poder, Al Andalus era una brasa incandescente,* un fuego que chisporroteaba;* revueltas por todas partes* por la resistencia abierta o secreta.* Dios pacificó el país* por medio de su afortunada mano y su gran poder.* Por eso se acostumbra a compararlo con el primer 'Abd al-Rahmân: domesticó a los rebeldes (como llegaron), construyó castillos, sembró culturas y perpetuó su nombre.* Poderoso, desangró la incredulidad, en Al Andalus no quedó un oponente,* ningún rival para competir.* ¡Los pueblos se plegaron por montones bajo su yugo,* y aceptaron su paz!*»[34] (El corte de los renglones en el texto original ha sido marcado con un *.)

'Abd al-Rahmân III asumió el poder en una situación política externa e interna difícil. La primera meta que persiguió con tenacidad fue la restauración de la unidad interna del país. Para ello necesitó casi veinte años. Después de muchos años más logró asegurar también las fronteras externas. Y así, hacia 960 los príncipes de Asturias-León, Castilla, Navarra y Barcelona reconocieron la supremacía de 'Abd al-Rahmân y la confirmaron con tributos regulares. En todo caso, 'Abd al-Rahmân jamás intentó conquistar a estos Estados cristianos del norte que, si bien le pagaban tributo, eran por lo demás indepen-

pendientes. La fase de la jihâd y de la expansión territorial habían finalizado de modo definitivo. Por lo demás, la jihâd nunca había sido un elemento esencial de la propaganda de dominación omeya-hispánica, habiéndose siempre asumido la guerra contra los cristianos como una necesidad, pero nunca como un elemento fundamental de la estructura de dominación.

En Africa del Norte el cisma fatimí había ganada cada vez mayor espacio. En 909 'Ubayd Allâh, jefe del movimiento en Túnez, adoptó el título de califa. Sus expresas pretensiones a una dominación universal islámica y su efectivo sistema de propaganda mundial, deben haberle parecido amenazantes a la dinastía omeya en Andalucía. De necho, Ibn Hafsûn había entendido perfectamente la situación en ese sentido, cuando en 909 trató de establecer una vinculación con los fatimíes. Se requirieron varias campañas militares para conservar la zona de influencia omeya en el norte de Africa, que abarcaba poco más o menos desde Sijilmâsa (Sichilmasa) hasta Argel. 'Abd al-Rahmân III buscó preferentemente influir a través de medidas indirectas que intervenir militarmente de manera directa. Sin embargo, una de sus últimas intervenciones militares condujo a la toma de Ceuta (931) y Tánger (951), reforzando considerablemente con eso la posición de los omeyas en Africa del Norte. Ambas ciudades fueron gobernadas directamente desde Córdoba, pero en el resto de las posesiones norteafricanas se mantuvo una relación de vasallaje poco más o menos confiable, sobre cuyo carácter inseguro el emir nunca se hizo ilusiones.

La erección del califato fatimí le proporcionó a 'Abd al-Rahmân III el impulso decisivo para también adoptar el título de califa, es decir, proclamarse sucesor (kalîfa) del profeta y príncipe de los creyentes (Amîr al-mu'minîn). Desde la muerte de Mahoma hasta 909, la pretensión a ese título había sido universal, habiéndose dado al menos teóricamente hasta entonces en el mundo islámico siempre sólo un califa legítimo. 'Abd al-Rahmân no tomó esta decisión por razones religiosas, ya que ni él ni su familia aspiraban a la dominación legítima exclusiva sobre el mundo islámico. La adopción del título tampoco tuvo el propósito de declararle la guerra a la dinastía abasí, sino meramente confirmar de manera oficial el poder y el significado del imperio andaluz. Simultáneamente 'Abd al-Rahmân adoptó también un hábito oriental consagrado entre los abasíes desde hacía mucho tiempo, al tomar para sí el nombre real (laqab) de al-Nâsir li-Dîn Allâh, que significa algo así como «el victorioso luchador por la religión de Alá». No obstante, estas decisiones no condujeron a una ideología de dominación claramente definida con un programa concreto. Por ejemplo, nunca se tuvo como objetivo la reconquista de las ciudades santas de La Meca y Medina, sin la cual la idea de califa es impensable.

En los últimos años del gobierno de 'Abd al-Rahmân III, la etiqueta de la corte en su conjunto se orientalizó y se volvió más rígida. Al mismo tiempo, se convirtió en una suntuosa barrera entre los súbditos y el gobernante, el cual residía en sus inaccesibles palacios rodeados por cortesanos y sin ningún contacto directo con el pueblo. También en este aspecto los omeyas andaluces habían sido precedidos desde hacía bastante tiempo por los abasíes.

Los sucesores de 'Abd al-Rahmân III (961–1031)

El hijo mayor de 'Abd al-Rahmân III, al-Hakam II fue designado sucesor al trono desde muy temprano, pero sólo llegó al poder a la edad de 46 años y

PAGINA DOBLE ANTERIOR:
Madînat al-Zahrâ', Salón Rico
El Salón Rico es una de las salas más suntuosas de toda la ciudad y se considera que era un salón de recepción de 'Abd al-Rahmân III. De una inscripción se sigue que fue construido entre 953 y 957. Al igual que la Gran Sala Occidental, posee un salón transversal delante de cinco naves longitudinales, cuyas dos naves exteriores se encuentran separadas de las tres naves internas. A la policromía del material de construcción se agrega la pintura de las planchas decorativas y las impostas. El Salón Rico ha sido reconstruido casi en su totalidad.

únicamente gobernó quince años. Se le describe como culto y pacífico, amante del arte (muy interesado en particular por las obras antiguas), como un extraordinario constructor y, al mismo tiempo, como profundamente religioso y versado en las ciencias teológico-jurídicas. «Con su nombre se juntan el esplendor y la fuerza,* la nobleza y la ciencia,* su fuerte fueron las grandes hazañas,* las obras imperecederas.*»[35] Continuó impulsando la política interior y exterior de su padre, pero sin su energía y con la tendencia indiscutible de confiar en sus funcionarios. De todas maneras, pudo rechazar un ataque normando cerca de Almería y a continuación incrementó su flota. Los historiadores árabes pusieron de relieve su actividad de constructor, y todavía en la actualidad se vincula su nombre sobre todo con la erección de la ciudad imperial de Madînat al-Zahrâ' y con la ampliación y la decoración de la mezquita mayor de Córdoba.

Hishâm, el único hijo de una vasca y el ya muy entrado en años al-Hakam, prestó juramento de fidelidad a la temprana edad de 11 años, poco antes de la muerte de su padre. La investidura de un niño encontró resistencia y su reconocimiento sólo pudo ser impuesto con mucha dificultad por su madre y sus confidentes. Otra facción omeya quería colocar en el trono a un hermano de al-Hakam, al-Mughîra. Sin embargo, sus opositores lo encarcelaron lo más pronto posible y poco tiempo después lo mataron. La época de esplendor de la dinastía había terminado y con ella también entró en decadencia la ciudad de Córdoba.

Los amiríes

Hishâm fue incapaz, afeminado y un juguete en manos de su madre y su administrador de bienes, Ibn Abî 'Amir, quien muy pronto ascendió a hâjib y de esa manera ocupó el más elevado cargo estatal. Ibn Abî 'Amir provenía de una vieja familia terrateniente árabe de los alrededores de Algeciras, había recibido una formación jurídica profunda y poseía grandes ambiciones. En las fuentes aparece como extraordinariamente inteligente y enérgico, además de totalmente inescrupuloso. Sus buenas relaciones con la madre de Hishâm (se habla de un amorío) y con la capa de juristas conservadores de Córdoba, fueron la base del rápido crecimiento de su poder. Para ganarse las simpatías del influyente grupo de juristas, Ibn Abî 'Amir fue tan lejos como ordenar la quema pública de los libros de la biblioteca de al-Hakam II, entre ellos todos los científicos, que dicho grupo había condenado por heterodoxos.

En el año 981 el hâjib trasladó la administración estatal del alcázar omeya a su propia ciudad-palacio recién construida: al-Madîna al-Zâhira. Con ello demostró sin lugar a equívocos quién gobernaba el país. De todas las prerrogativas del califa, Hishâm sólo conservó la de que su nombre fuera mencionado en el sermón semanal de las mezquitas mayores y que apareciera en las monedas. Ibn Abî 'Amir llegó incluso a adjudicarse el nombre honorífico de al-Mansûr billâh, «el Victorioso por la gracia de Dios», que pasó a la leyenda cristiana con el nombre de Almanzor. Pero no obstante su desmedida ambición de poder Ibn Abî 'Amir jamás usurpó el título de califa. En 1002 heredó su propio título a su hijo 'Abd al-Malik que sólo gobernó por seis años. En época de los dos primeros amiríes se emprendieron varias campañas militares victoriosas contra los cristianos y en Africa del Norte, de modo que, visto desde lejos, el prestigio de la España omeya pareció inquebrantable. A 'Abd

Córdoba, mezquita mayor, Puerta de Santa Catalina, detalle
El escudo en relieve procedente del siglo XVI, representa el alminar de 'Abd al-Rahmân III antes de quedar revestido por el campanario.

al-Malik le siguió su incapaz hermano menor 'Abd al-Rahmân, quien carecía de todo sentido de la realidad y comenzó su corta carrera reclamando la sucesión al califato. Este tercer amirí fue asesinado en 1008 después de una fracasada campaña de invierno.

Luego comenzó un largo período de disturbios y guerras civiles. Hishâm II, siempre incapaz de imponer su voluntad, fue obligado a abdicar en 1009. A partir de entonces, numerosos pretendientes al trono lucharon entre sí y cubrieron el imperio omeya con guerras sangrientas. Simultáneamente despertaron por toda Andalucía una vez más las aspiraciones de independencia, que en realidad nunca habían sido abandonadas. En cada ciudad de importancia apareció por lo menos una familia prominente, que deseaba derrocar la supremacía del califa aparente o quería llevar al trono a su propio candidato para califa. En el año de 1031 un grupo de ciudadanos en Córdoba decidió sin más ni más poner fin al califato, e instauró una especie de gobierno de la ciudad, que naturalmente sólo tenía algo que decir en Córdoba y sus alrededores.

Así comenzó para la historiografía «el dominio de los reyes de taifa» (Mulûk al-tawâ'if), que duró hasta la toma del poder por parte de la dinastía almorávide norteafricana.

El apogeo de Andalucía

En el siglo X la España islámica se encontraba económica e intelectualmente mucha más adelantada que el resto de Europa. Su riqueza descansaba en una agricultura que, con la ayuda de sistemas de irrigación artificial, aprovechaba todas las posibilidades de la tierra; en la explotación de sus riquezas minerales y en la prosperidad de las ciudades nunca antes alcanzada, donde la artesanía y el comercio se podían desenvolver, siempre y cuando en el país reinara la seguridad y el orden.

En alguna medida los diferentes grupos de población se habían fundido en una unidad. La capa superior árabe era la dirigente: su idioma, su religión y su cultura se habían impuesto y se habían vuelto determinantes. Los muwalladûn eran iberos que con frecuencia, aunque no siempre, se habían adjudicado genealogías árabes imaginarias. Como los árabes a menudo se casaban con mujeres iberas, se había llegado a cierta nivelación de ambas capas. Los muwalladûn no tenían valores ibéricos para contraponer al «orgullo nacional» árabe, sino que perseguían el reconocimiento y la integración a través de la asimilación. Las sublevaciones anti-árabes de los muwulladûn no tenían carácter nacional sino que estaban motivadas económica y socialmente.

Los cristianos – los llamados «mozárabes» – no sólo hablaban romano en las ciudades, sino que la mayor parte de las veces también hablaban árabe, con frecuencia incluso mejor que el latín. El pensamiento y la forma de vida árabe los influía de manera constante. Alvaro de Córdoba, cristiano convencido, se quejaba ya en el siglo IX que sus hermanos de religión preferían leer los poemas y los cuentos de los árabes en lugar de los escritos de los padres de la Iglesia, y que estudiaban a los teólogos y filósofos musulmanes, no para refutarlos, sino para aprender un estilo árabe elegante. «¡Qué dolor! Los cristianos han incluso olvidado su idioma, y entre mil os sería difícil encontrar siquiera uno que pudiera escribir como es debido una carta en latín a un amigo; pero tan pronto como se trate de escribir en árabe, encontraréis a mucha gente, que se expresan en esta lengua con la más refinada elegancia . . . »[36] Parece ser que

Córdoba, mezquita mayor, detalle de un portal lateral de los tiempos de al-Hakam II

Córdoba, bosque de columnas en la mezquita mayor

a mediados del siglo X se dieron conversiones masivas de cristianos,[37] lo que explica la ausencia de toda huella de actividad cristiana intelectual en el siglo XI. Las comunidades mozárabes rurales apenas si aparecen en la historia escrita.[38] Los judíos permanecieron existiendo como un grupo homogéneo y relativamente independiente, tuvieron una participación intensa en la vida espiritual-cultural y, ante todo, desempeñaron un papel importante en el comercio, entre otros en el comercio de eunucos, que gozaba de mala reputación.

Los saqâliba, es decir los «eslavos», se convirtieron en una capa diferenciada en la sociedad. La conformaban europeos capturados en las campañas militares, algunos de los cuales eran castrados antes de pasar a servir en la corte. Sin embargo, la mayoría de ellos eran destinados al ejército y no eran castrados. Saqâliba (singular: siqlabî o saqlabí) es la palabra medieval árabe para designar a la población de Europa del Este, los «eslavos». Ahora bien, los saqâliba de Córdoba venían de muchas otras regiones de Europa, por ejemplo, de Alemania, Francia e Italia. No deben confundirse con los esclavos negros, los 'abîd.[39] La importación de los saqâliba comenzó desde muy temprano; se dice que a finales del siglo X habían en Córdoba unos 3750.[40] La mayoría de ellos habían llegado muy jóvenes a la corte, no tenían ningún arraigo en el país y se sentían ante todo ligados al gobernante. Con frecuencia se encontraban más cerca de éste que sus propios parientes, y pronto los puestos claves en el ejército y la administración fueron acaparados por ellos. La mayor parte de estos mamelucos («hombres no-libres»)[41] eran dejados en libertad después de cierto tiempo, se convertían al islam y se establecían en las ciudades. A pesar de que vivían fuera de Córdoba, gracias a su profundo conocimiento de la corte su influencia fue incomparablemente grande, y en el siglo XI jugaron un papel muy importante en las luchas que se dieron alrededor de los restos que quedaron del califato.

Desde un principio el Estado omeya fue autocrático, el emir o gobernante decidía sobre la política interior y exterior, así como sobre el ejército, y disponía también de la última instancia de decisión judicial. En ese sentido poco cambió desde 'Abd al-Rahmân I, sólo la etiqueta de la corte se volvió más asfixiante y la distancia entre el gobernante y el pueblo se hizo mayor. A mediados del siglo X los funcionarios, que también pertenecían a la corte estatal, se mudaron con el califa hacia Madînat al-Zahrâ', donde permanecieron durante todo el período de al-Hakam II. Regresaron por corto tiempo a Córdoba, hasta que Ibn Abî 'Amir los trasladó hacia al-Madîna al-Zâhira.

La marca «inferior» fue entre tanto absorbida por la región central. Al Andalus quedó entonces constituida únicamente por dos marcas, la «media» y la «superior» y por unas 21 provincias. El sistema administrativo no sufrió ningún cambio esencial. Los no musulmanes continuaron viviendo en comunidades propias, relativamente independientes, con su propia jurisdicción, cuyo dirigente (qûmis, de comes, conde) era el responsable de los impuestos. En la época de 'Abd al-Rahmân III se acuñaron por primera vez en Al Andalus monedas de oro.[42] Ya 'Abd al-Rahmân III y todavía más al-Mansûr sustituyeron el ejército de musulmanes libres por un ejército de mercenarios no musulmanes, es decir de hombres no-libres, saqâliba o 'abîd. A mediados del siglo X también llegaron a Andalucía como mercenarios grupos enteros de beréberes de Africa del Norte. El tradicional ejército árabe de origen tribal, dividido en junds, se había mostrado como un factor de intranquilidad, ya que siempre existía un peligro latente de rebelión en los grupos relativamente homogéneos y cerrados establecidos en el país y organizados asimismo en el ejército. Al-Mansûr mezcló los soldados de los diferentes junds mientras cumplían con su servicio militar y de esa manera rompió su unidad tribal. Más tarde introdujo incluso la posibilidad de quedar exento del servicio militar pagando un impuesto, lo cual tuvo como consecuencia que el ejército de mercenarios y esclavos sustituyera de modo definitivo al ejército de musulmanes libres. Todos estos «orientalismos», el título de califa, la etiqueta de la corte, los nombres de los gobernantes, el ejército de esclavos, la acuñación de monedas de oro, seguían el ejemplo de los abasíes.

Córdoba, Puerta de Sevilla
La forma y la mampostería de esta puerta sobre el viejo camino a Sevilla permiten suponer que proviene de la época omeya.

La arquitectura
del siglo X

Madînat al-Zahrâ'

Las edificaciones monumentales constituyen una autorrepresentación del poder de los califas. En un primer momento 'Abd al-Rahmân III hizo ampliar el alcázar de Córdoba y construir dentro de él un nuevo palacio. Durante los veranos residía con frecuencia en alguna de las mansiones rurales en la cercanía de Córdoba, que había recibido de sus predecesores. No se sabe si el alcázar le pareció muy pequeño o si las quintas se le hicieron muy incómodas, o si él consideró que no estaban a la altura de su dignidad de califa, lo cierto es que en 936 decidió la fundación de una nueva ciudad imperial, Madînat al-Zahrâ', a unos cinco kilómetros en línea recta al noroeste de Córdoba. La dirección de las obras le fue confiada al príncipe heredero, más tarde al-Hakam II. La mezquita pudo inaugurarse en 941, y ya para 945 se tiene información de una recepción grandiosa. En 947 los funcionarios y la casa de la moneda fueron trasladados de Córdoba a la nueva ciudad, pero los trabajos de construcción continuaron incluso después de la muerte de 'Abd al-Rahmân acaecida en 961. En total se deben haber trabajado unos 40 años en construir la ciudad. Y sin embargo ya a principios del siglo XI, tropas beréberes sublevadas habían convertido a Madînat al-Zahrâ' en un campo de ruinas. Este tiempo de vida tan trágicamente corto dio indudablemente alas a la fantasía de ulteriores informadores, estimulando la tornasolada descripción de este mundo de ensueños destruido. De acuerdo con fuentes escritas, 'Abd al-Rahmân III le dio a su nueva creación el nombre de su favorita, una tal Zahrâ'.

Según al-Maqqarî, compilador árabe de los siglos XVI-XVII,[43] una estatua de esa favorita adornaba el portal principal de la ciudad; fue el califa almohade Ya'qûb al-Mansûr quien ordenó su destrucción. Desafortunadamente, las fuentes de al-Maqqarî no son siempre confiables, y es poco probable que halla existido esa estatua en la puerta de la ciudad. En el mundo islámico occidental no se ha trasmitido a la posteridad nada comparable. Por el contrario, en el Cercano Oriente islámico del siglo VIII se conocieron muchas estatuas sobre entradas de palacio, pero en ningún caso se trató de la figura de una mujer.[44]

En todo caso, 'Abd al-Rahmân III creó prácticamente de la nada aquella ciudad que le sirvió como residencia, sede del gobierno y vivienda para el numeroso personal que le rodeaba (se habla de unas 20.000 personas). El califa hispano-omeya seguía también en esto el ejemplo abasí, que había legado a la posteridad ciudades famosas y admirables como Bagdad y Sâmarrâ. Al igual que los califas abasíes del Cercano Oriente, el califa andaluz estableció de esa

Madînat al-Zahrâ', vista de la nave central de la Gran Sala Occidental

Madînat al-Zahrâ', visión panorámica
Desde el palacio del califa se miran hacia el sur
la terraza media y la todavía poco excavada terraza inferior.

manera la correspondiente distancia entre la corte y la turbulenta población
de la vieja y verdadera ciudad capital.

Se dice que los costos de producción consumían anualmente una tercera
parte de los ingresos estatales. Unos 10.000 trabajadores laboraron en la construcción. Además de las piedras para los cimientos y el adoquinado se cince-
laban diariamente unos 6.000 bloques. Se importaron un total de 4.324 columnas de mármol, en su mayoría de Túnez, así como pilas de mármol de Bizancio
y Siria. Además, doce estatuas de oro, adornadas con perlas, para la alcoba del
califa, también de Siria.[45]

Algunos nombres han llegado hasta nuestros días. Entre ellos el de un Mas-
lama b. 'Abd Allâh, el arquitecto director; un 'Alî b. Jafar de Alejandría, que
era fundamentalmente el responsable por el transporte del material de construcción; un 'Abd Allâh b. Yûnus y un Hasan b. Muhammad de Córdoba, que
se mencionan como maestros de obra. Sin embargo, esos nombres no se vin-
culan con personalidades de artistas bien definidos, por lo que todo parece
indicar que al-Hakam no era sólo quien suministraba el dinero, sino también
el principal arquitecto que dirigía toda la obra.

De toda esa magnificencia en la actualidad sólo queda un campo de ruinas
que se extiende por una pendiente reseca de la Sierra de Córdoba. Las excavaciones comenzaron en 1910 en el norte, han sufrido largas interrupciones y
todavía hoy no han terminado.[46] En los últimos años Madînat al-Zahrâ' se ha
convertido en un importante centro de investigación y restauración.[47] No obstante los amplios conocimientos acumulados por la investigación arqueo-

lógica, siempre resulta difícil hacer coincidir las fuentes escritas con la realidad material.

La ciudad se extendía sobre un terreno amurallado de unos 1.500 metros de largo por 750 metros de ancho. Debido a su pendiente se construyó sobre tres terrazas superpuestas, que correspondían a tres partes de la ciudad separadas por muros. La residencia del califa dominaba toda el área desde la terraza superior situada al norte. La explanada media albergaba la administración y las viviendas de los más importantes funcionarios de la corte. La inferior estaba destinada a la gente del pueblo y los soldados; allí se encontraban la mezquita, los mercados, los baños y también los jardines públicos. Estas tres terrazas con sus correspondientes partes de la ciudad claramente separadas entre sí, se mencionan en todos los informes antiguos. Todavía 150 años después de la destrucción, al-Idrîsî describía «una ciudad importante, que estaba construída en pisos, uno sobre los otros, de tal manera que el piso de la ciudad superior se encontraba a la altura de los techos de la ciudad media, y el piso de ésta se hallaba a la altura del techo de la ciudad inferior. Las tres estaban amuralladas. En la parte superior se levantaba el palacio . . . en la parte media habían huertas y jardines; la mezquita del viernes y las viviendas privadas se encontraban en la parte inferior.»[48]

En realidad, la delimitación de las diferentes partes no era tan unívoca, debido a que en cada una de las terrazas existían significativas diferencias de altura. De esa manera en la parte noroeste de la explanada media había un complejo de viviendas (2) que sólo se encuentra a 1,70 metros por debajo del colindante palacio del califa situado en la explanada superior (1), pero que sobresale unos 7–11 metros por encima de las otras edificaciones de la misma terraza. A este complejo se le agregaban del lado este dos casas con patio interior separadas por una rampa, la Explanada Gemela[49] (3, 4); y al sur siguen el Patio de las Columnas (10) y la Casa del Príncipe (11). Al sur de la explanada gemela se encuentra un Complejo para el Cuerpo de Guardias (8) y la Vivienda del visir Ja'far (9). Casi en el eje de la puerta norte se desplaza un sólido muro en dirección norte-sur, que corta la vivienda este de la Explanada Gemela (4) y que constituye el eje principal para las construcciones ubicadas más al oriente: la Casa del Ejército (Dâr al-jund), conocida también con el nombre de Gran Sala Occidental (5a), con su amplio antepatio en un nivel inferior (5b) y la pequeña vivienda que sigue al noreste (6a), de la cual surgen una rampa y una fila de arcadas hacia el sur (7). Más hacia el este sigue un patio grande que todavía no ha sido excavado (21), en cuyo terreno se pueden determinar dos edificios: la Sala Dorada (22), una construcción central y la Sala Oriental, una basílica de cinco naves. (23) Al sur del grupo de construcciones centrales cargada hacia la derecha, pero un tanto desplazada hacia el oeste si se le compara con la Casa del Ejército, se halla la sala de recepción más importante de la ciudad (12), construida también en dirección norte sur, llamada por los arqueólogos Salón Rico. Se encuentra 11 metros más abajo que el resto de los edificios de esta terraza. A su lado este se agregan los baños reales (13), hacia su lado oeste se extiende el Adarve Inferior (14). Todavía más al oeste, sobre esa misma terraza, se encontraban las viviendas del séquito real. Inmediatamente después del Salón Rico se extiende el Jardín Alto, en cuyo punto medio, es decir, sobre el eje central del salón de recepciones, se hallaba un pabellón rodeado de estanques. El Jardín Alto estaba rodeado por un sólido muro, que separaba a la terraza media de la inferior. Más abajo al suroeste, o sea, en la

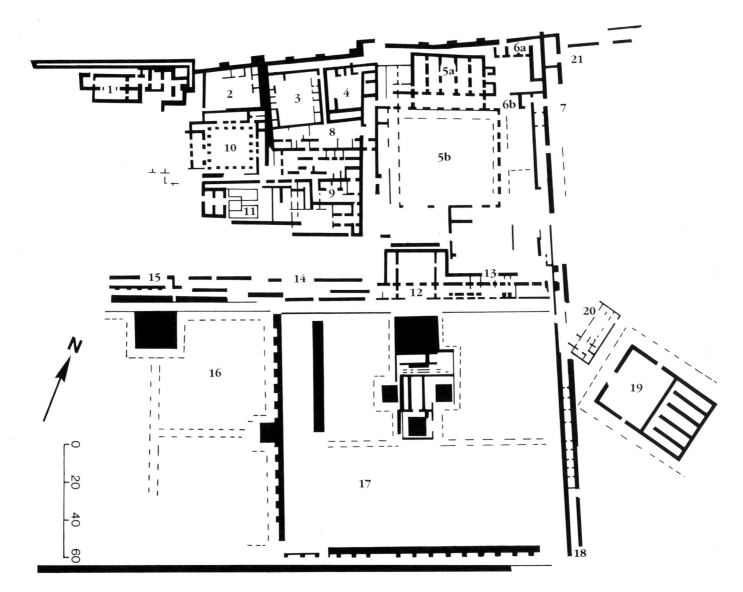

Madînat al-Zahrâ' (según S. López-Cuervo)
Planta de algunos complejos de edificios en el
sector noroccidental de la instalación.

explanada inferior, se halla el Jardín Profundo, que al igual que el Jardín Alto
se encontraba fraccionado en cuadros por andenes o paseos en forma de cruz.
Contiguo al muro este del Jardín Alto se encuentra un pasillo cubierto (18)
que conduce a la mezquita situada a un nivel considerablemente más bajo (19).
Debido a la posición que ocupa, la mezquita, si bien se halla ubicada en el área
de la terraza inferior, la domina claramente. Muy cerca de la mezquita se encuentra todavía una vivienda más pequeña (20).

El cambio de dirección que sufre el salón de recepciones ubicado al este del
complejo de la Explanada Gemela, debido al muro que corta a éste y desemboca en la puerta norte, permite concluir que hay cambios en la construcción
debido a nuevos planes. La mezquita y la residencia de la explanada inferior
provienen de la primera fase de la construcción. La excavación de la residencia
todavía no se ha completado; se trata de una construcción con varios patios,
una planta con tres naves, un baño y un lujoso tocador con retrete azulejado
con mármol rojo.

La mezquita, antes de ser reconstruida por al-Hakam II, era en cierta medida una hermana pequeña de la mezquita mayor de Córdoba. Cinco naves
ubicadas en sentido transversal a la qibla, la nave central más ancha que las dos
siguientes, ambas a su vez más anchas que las dos naves externas, las cuales se
prolongaban en las galerías del patio. Paralelo a la qibla había una faja de suelo
de 7 metros de ancho, levantada por su revestimiento de baldosa de barro,

mientras el suelo del resto de la sala de oración era de pura tierra. Con ello queda claro que el plan de construcción estaba terminado por el diseño T, jerarquizador, el cual destaca la nave central y el muro de la qibla. Detrás de la qibla, un pasillo cubierto le permitía al califa entrar a la sala de oración sin tener que pasar por entre los grupos de fieles que oraban. El alminar estaba contiguo a la entrada principal, y ésta se hallaba exactamente frente al mihrâb. La mezquita pertenece al mismo tipo de construcción estilo basílica como el salón de recepciones.

Con excepción de la mezquita, la terraza inferior todavía no ha sido descifrada arqueológicamente, pero fotografías aéreas permiten llegar a ciertas conclusiones sobre sus instalaciones. Poco más o menos a la mitad en el sur estaba la entrada principal, la Puerta de la Cúpula (Bâb al-Qubba, 26). Una segunda puerta de la que sólo quedan las jambas se encontraba más al norte, probablemente la que en los textos se conoce como Puerta del Umbral (Bâb al-Sudda). Al este, en las cercanías de la mezquita se encontraba el barrio del mercado (24) y las viviendas donde se encontraba acantonada la infantería (25). Al oeste habían parques, un zoológico (27) y las viviendas de la caballería (28).

El suministro de agua de Madînat al-Zahrâ' se realizaba a través de un cauce en su mayor parte subterráneo, que sin embargo aparecía en muchas partes a la luz del día como un acueducto con arcos de herradura. Dicho acueducto traía el agua de las montañas de la sierra en el norte en ángulo recto a la muralla de la ciudad, hasta un depósito al norte de la misma. De allí el agua fluía a una pila de mármol y sobre una rampa hasta unos tubos de plomo que la distribuían hacia abajo a la ciudad. También existían muchas pilas de recolección para captar y almacenar el agua de lluvia, pues por lo visto el agua de la sierra no era suficiente para cubrir las necesidades de los habitantes de la ciudad. Las necesidades de agua deben haber sido considerables, pues todas las casas distinguidas que se han excavado contaban con buen suministro de agua, incluyendo agua para el retrete, además de que la ciudad contaba con numerosos estanques. Muchos cronistas han repetido una información que evidentemente los ha impresionado: «Para alimentar a los peces de las albercas del castillo se necesitaban 12.000 panes diarios.»[50] En consecuencia, sólo las «albercas del castillo» deben haber sido de dimensiones impresionantes; y éstas eran sólo una parte de las que había en la ciudad.

La ciudad estaba bien fortificada. La muralla que la rodeaba –formada de sillares relativamente pequeños– provenía de los comienzos del período de

Madînat al-Zahrâ', vista de la Gran Sala Occidental
La fila de arcadas al fondo constituye la delimitación oriental de la terraza media.

Plano esquemático de la instalación total (según R. Castejón y Martínez de Arizala)

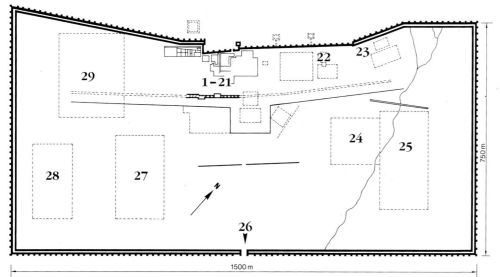

construcción, ya que más tarde se usaron piedras más grandes. Sólo ha sido excavado el costado norte de la misma. Allí tenía unos 2,50 metros de espesor y cada 13 ó 14 metros había un torreón en su lado exterior. En el lado interno incluye un adarve de 4 metros de ancho. En los tres costados restantes de la ciudad, parece que se trataba de un muro doble con un adarve intermedio, lo cual debe haber tenido en total unos 15 metros de ancho.[51]

Se conservan por lo menos cuatro puertas: la puerta principal de la ciudad en la mitad del muro sur (Bâb al-Qubba); la Puerta del Sol al este (Bâb al-Shams) y la Puerta de la Montaña (Bâb al-Jibâl) en el muro norte. Además, la Bâb al-Sudda, que poco más o menos significa Puerta Prohibida, esto es, Puerta del Umbral, ubicada dentro de los terrenos de la ciudad, al norte de Bâb al-Qubba, y que conducía al palacio del califa. Allí tenían que desmontar todos aquellos que eran admitidos y continuar a pie en dirección a los edificios gubernamentales, construidos sobre la pendiente. Hasta el momento sólo se ha excavado la puerta norte. Es la que queda más cerca del palacio del califa y evidentemente fue reconstruida varias veces, con el fin de hacerla más segura. De esa manera, ulteriormente se agregaron frente a la entrada un pórtico y un muro quebrado en ángulo recto, así como una torre de protección.

Los informes poco más o menos contemporáneos que han llegado hasta nosotros gracias a la compilación hecha por al-Maqqarî, así como algunas inscripciones en los edificios, nos dan indicios de las fechas. En la mezquita se encontraron los restos de una inscripción fechada 941/42; de acuerdo con las fuentes escritas, fue construida en el año de 941 por 1000 trabajadores en 48 días. En las decoraciones arquitectónicas del Salón Rico se encontraron otras tres fechas que permiten concluir que su construcción se realizó entre los años de 953 y 957.

Los relatores árabes describen una gran cantidad de suntuosas fiestas y recibimientos de embajadores extranjeros. En 949 todavía se recibió en Córdoba a una delegación bizantina que traía ricas ofrendas, entre ellas una copia griega del tratado de botánica de Dioscorides; pero más tarde todas estas grandiosas audiencias se hicieron en Madînat al-Zahrâ'. Hay informes detallados de muchas de las delegaciones, por ejemplo, de la de Otón el Grande, quien envió a

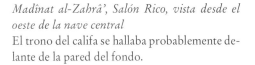
Madînat al-Zahrâ', Salón Rico, vista desde el oeste de la nave central
El trono del califa se hallaba probablemente delante de la pared del fondo.

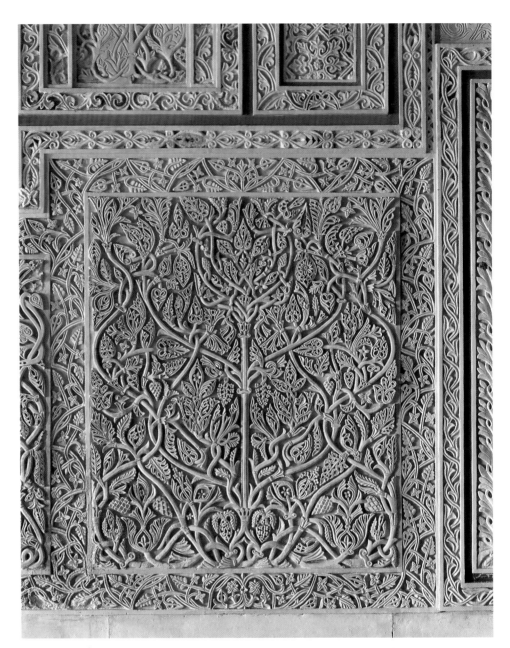

Madînat al-Zahrâ', panel de mármol en el Salón Rico

Ambos paneles son muy semejantes y, con una diferencia de unos 10 años, presumiblemente provienen del mismo taller. En ambos aparece el árbol de la vida, motivo del antiguo oriente, construido de manera simétrica sobre un eje, y los arabescos continuos, originalmente antiguos, enmarcados. El relieve cortado verticalmente le proporciona a la decoración una calidad gráfica-abstracta. El decorado interno, cortado también de manera dura, constituido por tallos, facetas y cogollos de hojas y cálices de flores, es asimismo típico del arte hispano-omeya.

Juan, abad de Gorze, como plenipotenciario hacia Andalucía.[52] En 958 llegó Sancho el Craso, quien había sido separado del trono de León y quería solicitar la ayuda del califa, su pariente lejano. En 962 apareció, por las mismas razones, Ordoño IV de León. En 971 se recibió en Madînat al-Zahrâ' al plenipotenciario de Borrell I, quien era a la vez conde de Barcelona y obispo de Gerona.[53] Poco tiempo después llegaron varias embajadas procedentes de Castilla, León, Salamanca y Pamplona, así como de la Provence y de Toscana. Y según Ibn Khaldûm (Ibn Jaldún), hasta el propio Sahîb Rûma, el Señor de Roma, envió una embajada.[54] En 972 llegó nuevamente una delegación bizantina. A menudo aparecieron príncipes beréberes y otras embajadas de Africa del Norte. Hacia 973 se menciona incluso una embajada de Arabia.

El historiador medieval de Córdoba que más confianza merece es Ibn Hayyân, cuyo padre había sido secretario de al-Mansûr y quien por sí mismo llegó a tener en Córdoba en el siglo XI la dignidad de un canciller. Describe el recibimiento que se le hizo en 962 a Ordoño IV: el rey cristiano fue alojado junto con su comitiva en un palacio de verano omeya cercano a Córdoba. El día de la audiencia fue acompañado por dignatarios tanto islámicos como cristianos; el grupo cabalgó entre dos filas de soldados hasta Madînat al-Zahrâ'. La delegación entró a la ciudad por el costado sur, es decir por la puerta principal, luego atravesó la explanada inferior hasta la «Bâb al-Sudda», donde los recibió el Sâhib al-Madîna, un alto funcionario de la corte, y donde todos, con excepción de Ordoño, desmontaron. El grupo subió la pendiente hasta llegar a la terraza media con sus salones de recepción, todo el tiempo en medio de una valla de honor. En la Casa del Ejército descansaron y prosiguieron a pie hasta la Sala Oriental, donde los esperaba el califa. El trono es probable que sólo fuera un asiento de poca altura al fondo de la nave central, sobre el cual descansaba con las piernas cruzadas el califa, probablemente con ropaje sencillo. Alrededor del trono se hallaban dignatarios ricamente vestidos, los cuales formaban una doble fila hasta la entrada del salón. Después de la audiencia, Ordoño fue llevado a la casa del Hâjib ja'far, donde fue agasajado y recibió un traje de honor, el regalo tradicional de los príncipes, así como adornos y telas para sus acompañantes. A la vuelta, en la Casa del Ejército, encontró en lugar de su caballo un exquisito animal de raza con preciosos arreos.

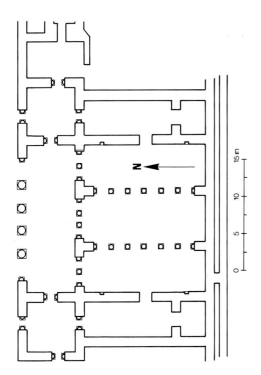

Madînat al-Zahrâ', Salón Rico, planta
(según R. Castejón y Martínez de Arizala)

La importancia histórico-artística de Madînat al-Zahrâ' es extraordinariamente grande. En primer lugar, la ciudad es nada menos que una forma particular andaluza de la ciudad imperial del Cercano Oriente islámico, que también se reprodujo en ese mismo siglo en Túnez, Sabra al-Mansûriyya, y en Egipto, al-Qâhira, de la cual tomó su nombre El Cairo. Un conjunto de elementos, que caracterizan las ciudades imperiales abasíes, resurgen en Madînat al-Zahrâ': la jerarquización arquitectónica bien definida de la ciudad y de las residencias, las dimensiones de la totalidad de las instalaciones y la artística distribución de los jardines con sus paseos resaltados que se entrecruzan en el centro, la estrecha vinculación entre el salón de recepciones, las fuentes y los jardines, el zoológico y el parque reservado a las aves, el complicado y en parte bien protegido sistema de caminos. Los salones de recepción puramente basilicales con varias naves, como la Casa del Ejército, el Salón Rico o el Salón Oriental, son sin duda alguna una peculiaridad de la arquitectura imperial andaluza, ya que en el Oriente las construcciones en forma de îwân y cúpula desempeñaron desde el siglo VIII un papel muy importante en ese sentido. Si bien en la literatura aparecen indicios de que en Madînat al-Zahrâ' habían salones con cúpula, la evidencia arqueológica confirma que su papel fue mucho menos importante que el de los salones de recepción basilicales. Merece la pena señalarse que en Madînat al-Zahrâ' la arquitectura de recepción enlaza con la arquitectura sacra, de manera más estricta a como lo hace en el Oriente abasí.

Las habitaciones de las residencias en Madînat al-Zahrâ' se encuentran alrededor de un patio central, el cual es cuadrado en la mayoría de las casas ricas, y rectangular o trapezoide en las más modestas. La Casa del Príncipe posee en su lugar un pequeño jardín con un estanque. Hacia ese *hortus conclusus* cruzado en sentido longitudinal por un andén o paseo, se abren corredores con una triple arcada central. Un esquema parecido, aunque mucho más grandioso, nos presenta el Salón Rico.

En la ornamentación de los salones de recepción se utilizó mármol, piedra arenosa y mosaicos de vidrio. Las formas epigráficas, geométricas y vegetalizadas se distinguen claramente entre sí. La decoración tiene un marcado carácter de tapiz.

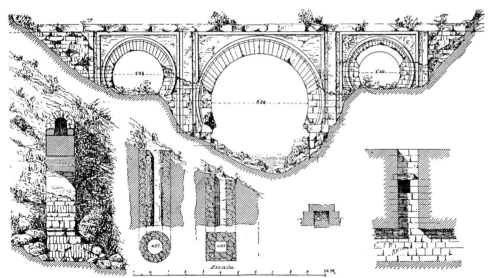

Madînat al-Zahrâ', acueducto (M. Gómez-Moreno)

El acueducto era el nervio vital de Madînat al-Zahrâ'. El descuido del suministro de agua desecó sin remedio la región. En un tiempo, el agua llegó hasta la muralla de la ciudad desde el norte, desde la Sierra de Córdoba, por medio de una conducción que corría la mayor parte de la veces bajo tierra a través de tubos y túneles, aunque en algunos lugares también pasaba sobre los arcos de herradura de un acueducto. En la conducción bajo tierra se construyeron cajas para equilibrar la presión.

Debido a que Madînat al-Zahrâ' fue destruida, el más impresionante testimonio del arte arquitectónico del califato se encuentra en la actualidad en la mezquita mayor de Córdoba. La mezquita no sufrió ninguna modificación ulterior a la ampliación hecha por 'Abd al-Rahmân II y la terminación de sus trabajos ejecutada por su sucesor Muhammad I. Unicamente el emir 'Abd Allâh hizo que se construyera una entrada cubierta desde el palacio hasta la entrada occidental de la sala de oración situada enfrente del mismo, lo que en la actualidad probablemente es la Puerta de San Miguel. Las arcadas extra largas surgidas en el transcurso de la ampliación hecha por 'Abd al-Rahmân II, presionaron hacia afuera a la pared norte de la sala de oración con su em-

Detalle de una de las doce puertas del oratorio
añadidas posteriormente

Córdoba, mezquita mayor, portal lateral (lado este) proveniente de los tiempos de al-Mansûr

puje horizontal. 'Abd al-Rahmân III ordenó que se renovara esa pared, mediante el sencillo expediente de colocar una nueva fachada sobre la anterior del lado del patio. Se ha conservado una inscripción con los nombres del soberano, del intendente y del arquitecto, fechada en 958.[55] Desde antes, en el año de 951/52, según las fuentes escritas, había ordenado que se erigiera un alminar de 100 varas de altura[56] con dos escaleras paralelas, al costado norte de la mezquita, cerca de la entrada a la mitad de la pared. Esta torre se utilizó en el siglo XVI como base para el actual campanario, el cual todavía conserva el nombre de la construcción original: «Alminar». Investigaciones arqueológicas contemporáneas efectuadas por Félix Hernández Giménez, han vuelto a descubrir la vieja mampostería con sus grandes sillares regulares y las dos escaleras con sus bóvedas, separadas por un muro en sentido norte-sur.[57] La planta de la torre es un cuadrado de 8,48 metros de lado. Dos escudos en relieve de mediados del siglo XVI, que han sido colocados en la Puerta de Santa Catalina, muestran el alminar y el portal norte de la mezquita antes de la remodelación: abajo y a cada costado se encontraba una entrada escondida en una esquina, cada una de las cuales conducía a una de las dos escaleras; por encima de las entradas, varios pisos cada uno con sus ventanas gemelas, luego una galería enana y el murillo protector – coronado de almenas – de la plataforma del

Córdoba, mezquita mayor, Capilla de la Villa-viciosa
Este sector, con su impresionante sistema de arcos lobulados simples y entrecruzados, pertenece a lás ampliaciones hechas por al-Hakam. Al fondo resplandece el mihrâb.

Proyección vertical de la fachada oriental de la arcada oeste (Ch. Ewert)

almuecín; sobre eso, una torre más angosta sobrepuesta y arriba un pabellón con cuatro aperturas de arco. El hastial que aparece en el escudo es probablemente un agregado cristiano. Según al-Maqqarî en la parte superior había un remate con dos manzanas doradas y una plateada colgadas de una barra de metal, a la cual coronaba una pequeña granada dorada. Este alminar no fue construido únicamente para llamar a la oración, sino también como un símbolo orgulloso de los omeyas y su capital. Es el alminar más importante de los omeyas que conocemos, y su influencia se hizo sentir en todos los alminares posteriores del islam occidental. Otro alminar mucho más modesto, del año 930, se conserva hasta la fecha en la torre de la iglesia de San Juan de los Caballeros en Córdoba.

En el mismo período de construcción, 'Abd al-Rahmân III amplió y mejoró el patio que, desde los trabajos ordenados por 'Abd al-Rahmân II, había quedado demasiado estrecho comparado con el oratorio. Lo extendió en total unos 60 metros más hacia el norte y lo rodeó por los tres costados con una galería de 6 metros de profundidad. En esta galería se colocaron, quizá siguiendo el ejemplo bizantino, alternadamente pilares y columnas como soporte.

La obra maestra de al-Hakam II fue su ampliación del oratorio o sala de oración. Es cierto que la población de Córdoba había crecido y que la ampliación de la mezquita se había vuelto una necesidad, pero el hecho de que

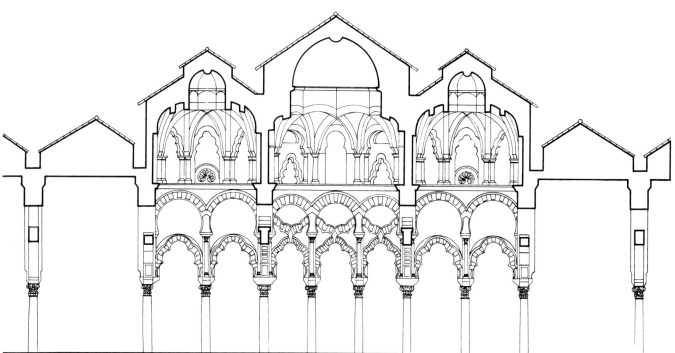

la orden correspondiente fuese emitida el 4 de ramadân de 340 (17 de octubre de 961), un día después de la coronación de al-Hakam, es decir, que fuese una de sus primeras disposiciones gubernamentales, permite conjeturar que el Piadoso había madurado por largo tiempo el plan y le había concedido importancia substancial. Se le encomendó a un alto dignatario la obtención del material, los trabajos comenzaron en julio de 962 y según Ibn 'Idhârî finalizaron en verano de 966. En un principio el nuevo soberano quería cambiar la dirección de la qibla, la cual se había demostrado que era falsa, pero posteriormente abandonó su deseo por respeto a la construcción de sus antecesores.

Al igual que 'Abd al-Rahmân II, al-Hakam simplemente ordenó que el muro de la qibla fuese demolido para desplazarlo 12 tramos más al sur, con lo cual la sala de oración adquirió una profundidad de casi 104 metros. Algunas pilastras en forma de cruz del antiguo muro de la qibla permanecieron en su lugar, fueron unidas mediante arcadas y así formaron una especie de portada para entrar a la «mezquita dentro de la mezquita» (Félix Hernández Giménez). El nuevo mihrâb, un profundo nicho con planta heptagonal y cúpula en forma de concha, se encuentra flanqueado al este y al oeste por cinco estancias cuadradas. Con anterioridad, al-Hakam II había hecho que se derribara la entrada del emir 'Abd Allâh. Esta sección sur del edificio, que es bastante inusual y posiblemente sólo cumple con la función técnico-arquitectónica de soportar la presión de la cúpula, posee un piso superior con once habitaciones, cuya finalidad no está del todo clara. Probablemente la maqsûra comprendía los dos tramos meridionales de las cinco naves centrales.[58]

Los tres primeros tramos de la nave central constituyen un grandioso preludio al oratorio de al-Hakam II. Un interesante sistema de arcos lobulados simples y cruzados la separa del espacio circundante. A ello se agrega la imponente cúpula nervada. Ambos contribuyen a formar el impresionante volumen espacial conocido en la actualidad con el nombre de Capilla de Villaviciosa. Desde allí, nuevos entrecruzamientos de arcos lobulados dirigen la vista hasta el punto culminante de la mezquita: el mihrâb. Los últimos dos tramos

Vista de la estancia frente al mihrâb
La nave que conducía al mihrâb (que fue la nave central hasta las ampliaciones hechas por al-Mansûr), fue desde un principio más ancha que las naves normales. En ese sentido, al-Hakam II no cambió nada en el programa arquitectónico de su antecesor. La sala de oración estuvo siempre envuelta en una oscura penumbra, que adquirió un tono místico gracias a los resplandecientes dorados de al-Hakam.

El área maqsûra de la ampliación de al-Hakam, planta original (Ch. Ewert)

Proyección longitudinal (Ch. Ewert)

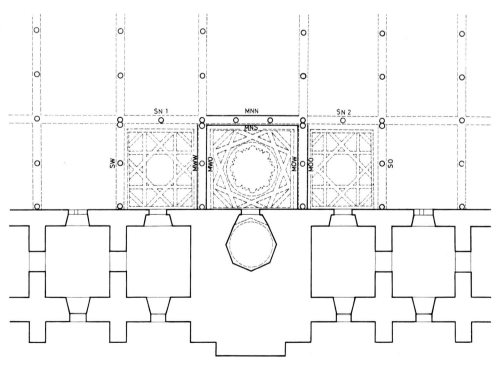

antes del muro de la qibla se encuentran enlazados por medio de arcadas transversales a las naves y, por tanto, paralelas a la qibla. Gracias a la disposición de unos pilares, producen frente a los tres espacios centrales y muy particularmente frente al tramo del mihrâb, un trenzado de arcos tan refinado que pareciera una inmensa tela de araña. Estos tres tramos tienen la misma cúpula nervada como la Capilla de Villaviciosa, con la única diferencia de que en este caso se levantan sobre una planta cuadrada.

Las cuatro cúpulas[59] parecen desde afuera construcciones modestas con techo de pabellón cubierto por tejas y caladas por pequeñas ventanas. Fueron erigidas con la ayuda de una crucería constituida por cuatro pares de molduras de arco paralelos, ensambladas en elevadas cuñas de sección transversal rectangular. Las molduras tensan el espacio como una especie de cimbra, en la medida en que lo subdividen en segmentos diminutos y fáciles de abovedar. Las molduras nunca se cortan en el cenit. Los arquitectos de Córdoba estaban muy lejos de tener los conocimientos técnicos de los constructores de las cupulas góticas, cuyas molduras de arco asimilan la presión de la bóveda y la transfieren, con el fin de descargar a los muros. La armadura de las crucerías está rellenada con piedra de mampostería, aunque desde el punto de vista técnico hubiese tenido mucho más sentido que fuese más liviana. No obstante su belleza, la obra no se puede considerar como precursora del gótico.

Existen discrepancias acerca del posible origen de la idea de la cúpula nervada. Como hemos dicho, no tienen mucho que ver con las cúpulas góticas, las que además son posteriores. Se ha considerado que uno de los posibles orígenes haya sido las cúpulas de cuadrícula artesonada de los romanos, aunque existe un trecho considerable desde ellas hasta la solución presentada por los arquitectos de Córdoba. Con frecuencia también se han puesto como modelo las cúpulas nervadas armenias, pero todas las que se han podido fechar y son anteriores a las de Córdoba, pertenecen al sistema de crucerías radiales. Sólo más tarde se encuentran cúpulas armenias de construcción nervada, las cuales de hecho son muy parecidas a las de Córdoba.[60] También se suele citar a este respecto las cúpulas iraníes: la construcción de cúpulas y bóvedas iraníes con ladrillos livianos presenta formalmente un sistema nervado comparable al cordobés. Sin embargo, en este caso se trata de arcos de yeso muy livianos erigidos sobre el espacio vacío y ensamblados unas veces de manera radial, en otras ocasiones de manera diferente. Los casquetes resultantes se rellenan con ladrillo cocido y con la ayuda de un excelente mortero de yeso de secado rápido. Las molduras de las cúpulas iraníes se limitan a cumplir una función de cimbra,[61] lo cual no se puede afirmar de las de Córdoba, ya que allí cumplen además una función de soporte. Por añadidura, difícilmente se puede hablar de una misma técnica, ya que en los materiales utilizados, teja y yeso en Irán, y piedra tallada y de mampostería en Córdoba, son muy distintos. A eso agreguemos que las cúpulas nervadas en Irán que se han podido fechar y son comparables a las cordobesas, provienen en el mejor de los casos de finales del siglo XI, de manera que desde el punto de vista cronológico sólo podría haber existido una influencia proveniente de Córdoba. Pero esa conclusión también sería absurda, ya que las cúpulas nervadas iraníes del período selyucí, las parecidas a las de Córdoba, pertenecen a una tradición mucho más antigua y cerrada, cuyos orígenes nos son en gran parte desconocidos. Por el contrario, a las cúpulas de Córdoba no se les conocen vinculaciones directas con trabajos

Estancia frente al mihrâb, vista del este hacia el oeste
Las diversas lecturas ópticas que se pueden hacer de los arcos lobulados entrecruzados demuestran que existe una concepción decorativa de las formas arquitectónicas que admite varias interpretaciones. Corresponde a una sensibilidad estética que le era ajena a la construcción original.

PAGINA 78:
Cúpula de la estancia frente al mihrâb
Las cuatro cúpulas de la construcción omeya parecen por fuera modestas, cuerpos arquitectónicos atravesados por pequeñas ventanas con un techo cubierto por ladrillos o tejas. Las cuatro se levantan con la ayuda de una crucería formada por cuatro pares de arcos paralelos, que se encuentran montados sobre ménsulas de corte transversal elevado y rectangular. Los arcos de la crucería recubren el espacio a manera de una cimbra, en la medida en que lo dividen en segmentos muy pequeños y fáciles de abovedar.

PAGINA 79:
Fachada del mihrâb
El punto culminante del decorado arquitectónico retoma los temas de la Puerta de San Esteban y los elva a una nueva dimensión gracias a la riqueza de los materiales, a la renovación de las formas de los detalles y a la calidad de la realización. La inscripción, mosaicos dorados sobre un fondo azul, contiene citas del Corán y registra el nombre de al-Hakam II.

Detalles de los mosaicos de la fachada del mihrâb y de la cúpula de la estancia frente al mihrâb

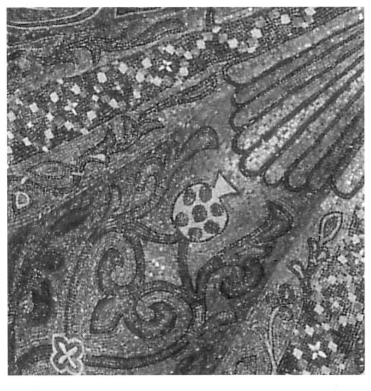

arquitectónicos más antiguos en España. Tal vez se podría asumir, tanto para las cúpulas iraníes como para las andaluzas, un origen desconocido común en el Cercano Oriente.[62] En todo caso, el maestro constructor de al-Hakam II desarrolló una actividad extremadamente creativa, y en este sentido de igual calidad a los primeros arquitectos de finales del siglo VIII.

Las arcadas con cúpulas están construidas con sillares previamente pintados y adornados con estucos o yeserías. Al igual que las arcadas del comienzo de la construcción, tenían dos niveles; la columna inferior soportaba un pilar cuadrado con una media columna simulada en su lado anterior. Los arcos superiores son de herradura, los inferiores son de cinco lóbulos sostenidos en estribo. En muchos puntos particularmente importantes se sobreponen a este sistema básico otros elementos. Los arcos tienen diverso grado de pulimento y su frente está decorado, con lo cual se recoge su antigua condición bicolor y se reinterpreta. El abandono consecuente de la antigua tradición arquitectónica se manifiesta en la introducción de arquerías sin soporte: los arcos medios en lugar de sostenenrse en estribo se apoyan en los remates de la arcada inferior; en la estribadura de columnas sin base y en la profundización hacia arriba de los elementos de la construcción.[63] También llama la atención y es nueva la variable lectura óptica que se puede hacer del ensamblaje de los arcos lobulados: la arcada norte del tramo del mihrâb tiene unívocamente tres arcos inferiores de cinco lóbulos, arcos de herradura en la parte superior y una especie de nivel intermedio con arcos trilobulares. Por contraposición, la arcada oeste del tramo sur occidental se caracteriza por el encubrimiento frontal de las cuñas con el ensamblaje de arcos de once lóbulos, lo que hace desaparecer la construcción de tres niveles. Esta concepción decorativa multívoca de las formas arquitectónicas, es propia de una estética profundamente islámica, que significa un desarrollo novedoso y decisivo de las construcciones originales.

El punto culminante de las construcciones es el mihrâb, en el cual desemboca el eje principal de la mezquita. Su fascinante efecto se prepara e incrementa con refinación por medio de las arcadas lobuladas transversales. El nicho en forma de herradura se encuentra inscrito en una fachada en toda forma, que recoge y modifica los temas de la Puerta de San Esteban, aunque con mucho más detalle y mayor lujo. Al igual que en la puerta, aquí también se diferencian claramente el espacio de los zócalos, el campo del arco enmarcado en un alfiz y la arcada con arcos ciegos encima del mismo. Los espacios de los zócalos están recubiertos con delgadas planchas de mármol. En la entrada del mihrâb se encuentran dos pares de columnas de mármol oscuro que provienen del mihrâb de 'Abd al-Rahmân II. Las dovelas del arco de herradura tienen en su frente mosaicos de oro decorados con arabescos, sobre bases de distintos colores. Las pechinas doradas muestran un motivo circular, que de múltiples formas aparece una y otra vez en el arte andaluz-maghrebí. Una franja ancha de fondo azul, entre molduras de mármol esculpidas, enmarcan el campo del arco: en dicha franja hay una inscripción en caracteres cúficos dorados. La arcada ciega con sus arcos trilobulares sobre columnas de mármol hace juego con el contraste entre el mármol blanco y la brillantez de los mosaicos multicolores de fondo dorado. En el interior del mihrâb, abajo se encuentra un alicatado liso de mármol, por sobre él una faja decorada con inscripciones, y luego en cada uno de sus campos una arcada trilobular sobre pequeñas columnas de mármol negro, que contrastan con las dovelas del arco, lisas y pulidas en forma alterna. Otros frisos, uno más ancho con inscripcio-

Cúpula nervada de la Capilla de la Villaviciosa

nes, uno con hojas de parra y uno con óvolos se extienden bajo la cúpula de concha. Las inscripciones dan el nombre del soberano que ordenó la construcción, el nombre y el título del que dirigió la construcción, la fecha en que fue terminada: noviembre-diciembre de 965; y los nombres de cuatro artesanos que también se han encontrado en el Salón Rico de Madînat al-Zahrâ'.

El refulgente revestimiento de mosaico dorado de la fachada del mihrâb y de las puertas coronadas con arcos de herradura en sus flancos, así como el de la cúpula central del mihrâb, tienen un notable carácter bizantino. Las fuentes escritas confirman lo que aparece a simple vista: Ibn 'Idhârî informa que la cúpula se terminó de construir en junio de 965 y que entonces se comenzó con los mosaicos. Con anterioridad, al-Hakam le había solicitado al emperador Nicéforo II Phokas, que por favor le enviara a un taracero que fuese capaz de copiar los trabajos de mosaico omeya existentes en la mezquita mayor de Damasco. Los embajadores del califa regresaron de Constantinopla con el taracero solicitado y además con varios sacos conteniendo unos 1.600 kilogramos de cristales de mosaico, como regalo del emperador. El califa puso a disposición del taracero varios hombres no-libres como aprendices y ayudantes; después de un tiempo llegaron a dominar tan bien el arte de los mosaicos, que superaron a su maestro y pudieron seguir trabajando solos cuando éste partió. Este informe se encuentra también en los escritos de otros autores antiguos, y los trabajos de Henri Stern y Dorothea Duda[64] han demostrado claramente que sin duda alguna se trata de una importación bizantina.

El trabajo de mosaico debe haber concluido a finales de 970 o principios de 971, es decir, cinco años más tarde. Este período parece bastante prolongado para una superficie de sólo aproximadamente unos 200 metros cuadrados. Pero muy bien puede ser que el adiestramiento de la mano de obra local y el posterior traspaso de la responsabilidad del trabajo, hayan retrasado la empresa. Henri Stern ha comprobado que la técnica aplicada en Córdoba es comparable a la utilizada poco más o menos por la misma fecha en los mosaicos de la Basílica de Santa Sofía, en Constantinopla, pero que son de marcada menor calidad. Así, los cubitos de los mosaicos en Córdoba siempre están colocados en forma plana, mientras que el maestro de Constantinopla colocaba en ciertos lugares los cubos dorados de modo transversal, con el fin de obtener un efecto de luz más impresionante.[65] Por ejemplo, el fondo del mosaico de María en la puerta sur del nártex es en muchos lugares convexa, por ejemplo en el nimbo, en otros lugares la vibración de la luz se refuerza mediante cubos plateados. En Constantinopla el diseño era un cuadro completo, mientras que en Córdoba seguramente sólo se tenía un esquema. Sin embargo, la policromía es más rica en Córdoba.[66] Los mosaicos de la puerta oeste probablemente los terminaron de hacer trabajadores locales. De manera que si bien los materiales y la técnica son unívocamente de origen bizantino, en la expresión de las formas se encuentran rasgos de un estilo ornamental hispano-islámico, que desde Madînat al-Zahrâ' desarrollaba claramente su propio lenguaje.

A pesar de toda la ostentación de su «mezquita dentro de la mezquita», al-Hakam II permaneció fiel a los principios arquitectónicos de la construcción original. Este respeto a las construcciones de los antecesores también fue una constante en el último gran período de construcciones de los tiempos islámicos. Al-Mansûr, el todopoderoso ministro que gobernaba en nombre de Hishâm, ordenó en 978/79[67] que la mezquita fuese ampliada substancialmente, ya que la población de Córdoba había tenido un crecimiento cuantioso debido

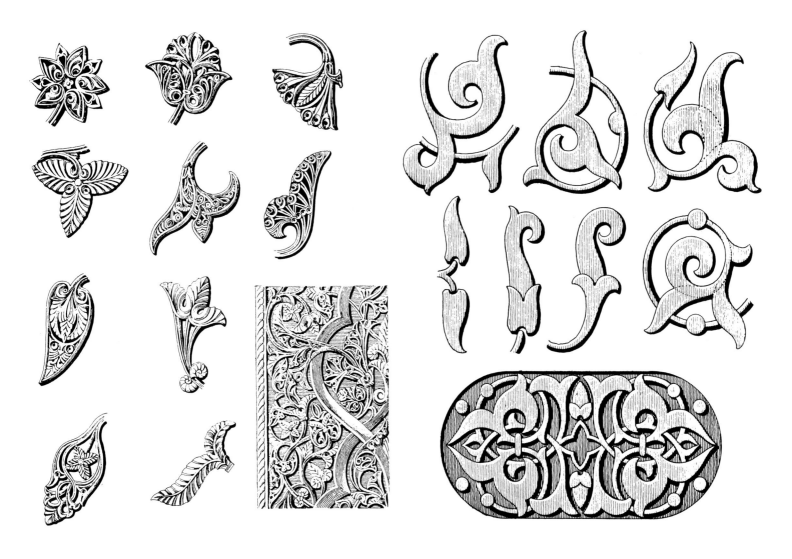

a la llegada de los mercenarios beréberes con sus familias. Por el costado sur la ribera del Guadalquivir limitaba la ampliación; al oeste se encontraba el palacio, en el lugar donde en la actualidad se halla el palacio arzobispal. De esa manera sólo quedaba el costado este, donde se construyeron ocho naves nuevas a todo lo largo, ampliándose de manera correspondiente el patio. Pero de todas formas la construcción suplementaria mantiene el carácter de una obra de segunda categoría y no parece querer competir de ningún modo con el esplendor y prestigio de la construcción de al-Hakam. De esa manera, gran parte del antiguo muro este no fue tocado, con el fin de que marcara con claridad la frontera entre la sala principal y la anexa. Tampoco se prolongaron la arcada transversal sur de al-Hakam y la zona de las recámaras del sur. El oratorio de al-Mansûr era pues mucho más sencillo y dos tramos más bajo que el de al-Hakam. Con todo, la mezquita había crecido hasta alcanzar el imponente tamaño de 178 por 128 metros, con lo cual se convirtió en la tercera mezquita del mundo islámico, sólo superada por las dos mezquitas mayores de la Sâmarrâ abasí.

Cada uno de los tres grandes gobernantes de la época de los califas, le hizo modificaciones esenciales a la mezquita de Córdoba. El alminar caracteriza la fase de 'Abd al-Rahmân III; las cúpulas, los arcos lobulados cruzados y los mosaicos bizantinos son propios de la de al-Hakam II; la amplitud de la construcción adicional caracteriza la de al-Mansûr. La contribución de cada uno de ellos se puede considerar como símbolo de su personalidad y su concepción del poder. Una torre es ante todo símbolo y emblema del poder, y sólo después

Elementos decorativos de la mezquita mayor en Córdoba (página opuesta y arriba a la izquierda) y de la Alhambra en Granada (arriba a la derecha) (C. Uhde)

Formas de hoja y cáliz, rosetones de flores, medias palmas, hojas de trébol, también piñas y racimos de uvas, pertenecen a la rica flora decorativa hispano-omeya, cuyos elementos individuales siempre tienen una densa decoración interna y a menudo bordes pinados o perforados. El orden fundamental lo proporcionan ramas extremadamente arqueadas. A pesar de toda la estilización, la mayor parte de las veces las hojas y los cogollos se pueden distinguir de las ramas y los tallos. En el siglo XII las formas lisas sustituyen a las anteriores y el vocabulario de formas se vuelve más estilizado y repetitivo. Cálices, medias palmetas y formas trilobuladas crecen dilatadas de los tallos o se insertan en ellos: el frondoso arabesco dicótomo había iniciado su marcha triunfal y el crecimiento vegetal sigue ahora exclusivamente principios geométricos.

el lugar desde donde se llama a los fieles para la oración.[68] Es un testimonio orgulloso, visible a larga distancia, del poder legítimo del nuevo califa. Las obras de al-Hakam II son menos ostentosas, pero incomparablemente más sutiles, originales y profundas: de su famosa colección de antigüedades en Madînat al-Zahrâ' quedan algunos restos y su biblioteca se supone que tenía unos cuatrocientos mil volúmenes.[69] Por contraposición, la ampliación de al-Mansûr expresa su sentido por la eficiencia contundente y también por la combinación – tan característica de él – de ambiciones de gran alcance y decisiones políticas muy inteligentes; combinación que lo llevó, por ejemplo, a no enfrentarse públicamente con el califa.

El volumen espacial de esta mezquita no se puede captar como un todo. Se encuentra determinado por el gran número de arcadas extremadamente largas, que ópticamente están poco más o menos separadas entre sí. Únicamente se puede percibir a la vez una nave como espacio homogéneo, cuyo principio y fin se desvanecen en la distancia. Por contraposición, el volumen espacial de las basílicas omeyas del Cercano Oriente impresiona debido a sus imponentes dimensiones. En la sala llena de columnas de Córdoba, la multitud de naves ahoga por completo la impresión espacial que nos produce la basílica de la antigüedad tardía y el cristianismo primitivo mediante la multiplicación y la prolongación de las naves laterales. La sala de oración se sume en una penumbra crepuscular, que adquiere un tono místico debido al resplandor de los mosaicos dorados. Sus efectos de luz recuerdan a las iglesias bizantinas clásicas. Sin embargo, la disolución del volumen espacial es característico de Córdoba y no tiene origen bizantino. Implica una transmutación de las funciones arquitectónicas, de tal modo que los elementos de soporte se vuelven más pesados en su parte superior, las vigas se convierten en decoración y la decoración se convierte en elemento de soporte. En resumen se puede decir que la organización arquitectónica de una edificación inmensamente grande mediante su división en pequeñas partes claramente separadas, la interpenetración recíproca de función y decoración y la disolución óptica del volumen espacial cerrado son particularidades inconfundibles de la mezquita mayor de Córdoba, asumidas como herencia y reelaboradas por la totalidad de la arquitectura andaluza y maghrebí ulterior.

Alzado (K. A. C. Creswell) *y vista del bosque de columnas*

Con la ubicación sobrepuesta de los arcos en la sala de oración, el arquitecto de 'Abd al-Rahmân I encontró una solución extraordinaria y genial para crear un espacio interior elevado, a pesar de las dimensiones limitadas de los soportes individuales. Sobre el capitel de cada columna se encuentra una pesada imposta, encima de la cual descansa un grueso pilar, que prolonga la columna por debajo de él y sirve de apoyo a la arquería superior que soporta el techo. Sobre la imposta también descansan los arcos de la arcada inferior, los cuales cumplen con la necesaria función estática de tirantes. Los arcos inferiores están construidos como arcos de herradura, las masivas arquerías superiores tienen arcos de medio punto. Ambas arcadas combinan dovelas de piedra clara con otras de ladrillo rojo.

Toledo, mezquita de San Cristo de la Luz, fachada noroccidental
La pequeña iglesia actual fue construida alrededor del año 1000 como mezquita privada. Tanto los arcos de herradura y los arcos lobulados inferiores, como la arcada ciega de arcos entrecruzados en la parte superior, o la consola bajo el alero del techo son motivos tomados de Córdoba y trabajados de manera singular.

Detalles gráficos, proyección vertical, dibujos estructurales de las nueve cúpulas nervadas (C. Uhde)

Mezquitas menores

Las edificaciones más suntuosas de la época de los califas surgieron en Córdoba y sus alrededores. Pero en este período de riqueza y paz interna, las construcciones crecieron a todo lo largo y ancho de Andalucía. Han llegado hasta nuestros días algunas edificaciones sacras impresionantes, como la de San Cristo de la Luz en Toledo, la de San Juan en Almería y, muy particularmente, el impresionante Almonaster la Real, en la provincia de Huelva. La Rábita de Guardamar del Segura, una especie de monasterio fortificado, es una edificación que simultáneamente cumple funciones sacras y de vivienda.

La iglesia de San Cristo de la Luz en Toledo fue originalmente una mezquita, que alrededor de 1187 fue ampliada con un ábside.[70] No nos ha llegado su nombre árabe; con frecuencia aparece con el nombre de la puerta de la ciudad más cercana: al-Bâb al-Mardûm. La inscripción de la fecha de su fundación que se ha conservado, registra el año 999/1000 y nombra a su patrocinador y a su arquitecto: de ello se deduce que se trató de una construcción privada. Es una pequeña edificación cuadrada de ladrillo, de unos ocho metros de largo, cuya refinada mampostería convierte al enladrillado en una ornamentación que en un primer momento nos hace inferir influencia mesopotámica. Una observación más detallada nos la revela como una copia reducida a minúsculas dimensiones de la porción de la mezquita de Córdoba construida por al-Hakam II. La disposición en dos pisos de la fachada y de las arcadas interiores, los arcos lobulados, los arcos de herradura entrecruzados de la arcada ciega en el frontispicio sudoccidental, y sobre todo las nueve cúpulas

Seccion de la boveda n° 7.

Capitel de un parteluz del 2° cuerpo.

Seccion de la boveda n° 1.

Seccion de la boveda n° 2.

Capiteles del cuerpo inferior.

Seccion de la boveda n° 8.

Arcada lateral del 2° cuerpo.

Seccion de la boveda n° 3.

Seccion de la boveda n° 9.

Capiteles del cuerpo inferior.

Seccion por la linea A B.

Planta y proyecciones de las bovedas.

nervadas del recinto interior, todos están tomados directamente de su modelo cordobés. De acuerdo con su planta, el oratorio, dividido en nueve compartimientos casi cuadrados por cuatro sólidas columnas sin base, es una construcción central sin dirección a la que también corresponde la cúpula central alzada. De esa manera se inscribe dentro de las tradiciones bizantinas y omeyas del Cercano Oriente. Sin embargo, en su proyección vertical sí se puede reconocer un modelo de construcción dirigida. El ordenamiento de las aperturas de los arcos del nivel intermedio está determinado totalmente por el eje en profundidad del mihrâb y la valoración de los tres tramos de la qibla, con lo cual hace referencia al diseño de planta T, determinante asimismo en Córdoba y en Madînat al-Zahrâ'. En resumen, la edificación pequeña y modesta reflejó la situación espiritual de Al Andalus en la última fase del califato, en plena posesión de todos sus valores y tradiciones, y al mismo tiempo en el umbral de un nuevo período manierista: el de los reyes de taifa del siglo XI (Ch. Ewert).

El pequeño oratorio en el piso superior de la Casa de las Tornerías, que se encuentra asimismo en Toledo y probablemente provenga de la fase final del califato, también muestra una planta con nueve tramos, que en esta ocasión son rectangulares; es una copia de la mezquita de Bâb al-Mardûm.[71] Pero en este caso las cúpulas nervadas se concentran exclusivamente en el comparti-

Toledo, vista desde el sur sobre el Tajo
Ya Tito Livio menciona a Toledo como un municipio romano. Desde 579 hasta su derrumbe, la ciudad fue el centro del imperio visigodo; bajo la dominación omeya se convirtió en la capital de la marca media y en el siglo XI, fue sede de una de las principales dinastías taifa.

Fachada exterior de la Puerta Antigua de la Bisagra, presumiblemente del siglo X
La Puerta Antigua de la Bisagra era una de las puertas más importantes de la ciudad. A través de ella pasaba el transporte comercial de Toledo y por ella se llegaba al gran cementerio al norte de la ciudad. La planta y la forma del arco permiten concluir que fue construida en el siglo X.

miento central, un «edificio en miniatura» con nueve cúpulas enanas individuales en medio de los espacios circundantes, sobre los que se levantan cúpulas sencillas. Esta mezquita de nueve cúpulas va más allá que la de Bâb al-Mardûm en la reducción de las cúpulas nervadas a simples decoraciones de pequeño tamaño. Queda poco trecho hasta la total eliminación de la arquería y la introducción de las cúpulas muqarnas.[72]

Almería (al-Maríya, faro, en las cercanías del lugar donde surgió Almería) fue en un principio sólo un puerto de los suburbios de Pechina, que en el siglo IX prosperó como una república marítima en gran parte independiente y sólo se sometió nuevamente a la autoridad omeya en 922. En 955 'Abd al-Rahmân III hizo que Almería fuese amurallada, con lo cual se convirtió en ciudad y poco a poco fue relegando a Pechina a un papel muy secundario. La mezquita mayor, actualmente la iglesia de San Juan, fue construida con seguridad por esa época. La construcción original probablemente constaba de tres naves[73] y fue ampliada dos veces en el siglo XI. La pared de la qibla – un revestimiento delgado sobre aparejo en que alternan sillares a soga con dos o tres a tizón antes de vaciar la argamasa en el encofrado – se ha conservado hasta la fecha, detrás del arco cegado en el siglo XVII. El mihrâb mismo fue decorado en la época de los almohades con una pieza que en la actualidad se encuentra en ruinas, pero que aparece una y otra vez entre los restos de la época de los califas: un zócalo liso, un friso de arcos ciegos y sobre ellos una cúpula de sombrilla. Recién en 1987 se descubrieron aproximadamente a 1,15 metros por encima del alfiz del mihrâb los restos de una arcada falsa de siete arcos, con lo cual ya no queda ninguna duda de que toda la edificación se hizo siguiendo la tradición de Córdoba.[74] En el decorado de esas arcadas, del cual sólo se conservan cuatro paneles, dominan ampliamente las formas vegetalizadas; ello remite asimismo al arte de Córdoba y Madînat al-Zahrâ' de la época del califato. Más exactamente, parece que existen reproducciones precisas de motivos de la cúpula del mihrâb y de la cúpula de entrada de las construcciones hechas por al-Hakam II. El mihrâb de Almería es el único testimonio contemporáneo que se puede comparar con el mihrâb de Córdoba. Tiene influencia directa de éste, pero probablemente no proviene del mismo taller, ya que la ejecución de los detalles es totalmente diferente. La mezquita atestigua la dependencia artística de Almería con respecto a Córdoba, a la que ya había precedido la dependencia política. El arquitecto de Almería trabajó conscientemente dentro de la tradición de la capital, la cual parecía conocer muy bien. Los medios que tenía a su disposición no podían compararse con los de la corte del califa, no obstante le permitieron levantar un monumento vistoso, que de ninguna manera se pude considerar provinciano.

Ya al-Bakrî[75] menciona a Almonaster la Real (árabe: al-munastîr), lugar actualmente relegado, como perteneciente a la kûra de Sevilla. Tanto su nombre – una arabización de «Monasterium» – como los expolios romanos y visigodos que se utilizaron en la construcción de la mezquita, indican la existencia de un asentamiento más antiguo. En consecuencia, se puede suponer que en el lugar donde se construyó la fortaleza de montaña islámica con su muralla y su mezquita, antes habían existido edificaciones romanas y visigodas. La mezquita proviene del siglo X, es una construcción irregular hecha de ladrillo y piedra cantera sobre una planta trapezoide, cuya forma probablemente haya estado determinada por el declive del terreno. La sala de oración tiene cinco naves, cuyas arcadas, al igual que en Córdoba, corren transversales a la qibla.

El mihrâb de la que en un tiempo fue la mezquita mayor de Almería, planta y proyección vertical (Ch. Ewert)
El mihrâb procede de la época de los califas y fue revestido de estuco a principios de la época almohade. Lo que ve el visitante de hoy son ante todo los paneles de estuco almohades. El muro subyacente y la cúpula de sombrilla son parte del edificio original.

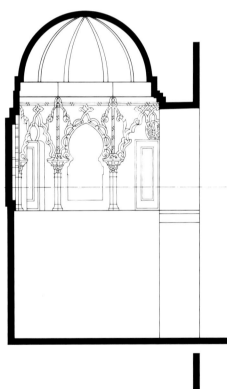

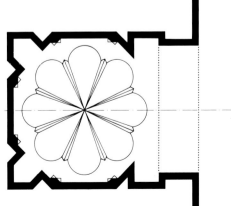

Almería, fachada del mihrâb de la antigua mezquita mayor
La arcada ciega de la actual iglesia de San Juan, con sus paneles de estuco vegetalizados sobre el arco de herradura y su alfiz, demuestran que este mihrâb se encontraba en dependencia directa de la mezquita mayor de Córdoba.

Planta de la actual iglesia de San Juan
(Ch. Ewert)

PAGINA DOBLE SIGUIENTE:
Almonaster la Real
Debido al nicho saliente del mihrâb sobre el costado sur, es evidente desde lejos que la actual iglesia fue anteriormente una mezquita. El ábside en la pared oriental y un pórtico en el lado opuesto le proporcionaron el cambio de dirección que le exigía la religión cristiana. Simultáneamente el alminar fue convertido en campanario. Con anterioridad a la fortaleza islámica con su muralla y su mezquita, en la colina existió un asentamiento visigodo, y todavía antes hubo uno romano.

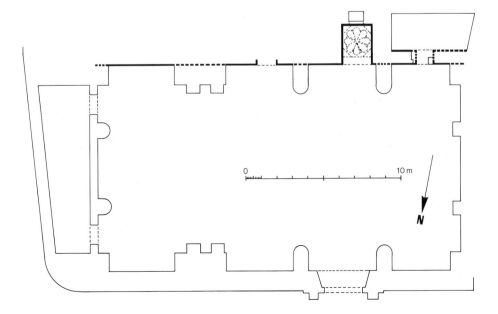

0 [——————] 10 m

N

Almonaster la Real, recinto interior del oratorio
La pequeña construcción rústica adopta de una forma muy simplificada temas de la mezquita mayor de Córdoba. A la derecha del cuadro se encuentra el mihrâb.

La nave central es más ancha que las dos siguientes, las cuales a su vez son más anchas que las dos exteriores. Los tramos del costado sur son más anchos que los otros; ello es una clara referencia al diseño de planta T. El mihrâb ha perdido su revestimiento; es un nicho profundo de apariencia arcaica, hecho de ladrillo y piedra cantera.[76] En las propias rocas se esculpió un diminuto patiecillo, que prolonga las dos naves occidentales. En la esquina noreste se halla una pila desproporcionadamente grande. Al norte, fuera de ese conjunto arquitectónico y desviado al oeste del eje del mihrâb, se encuentra un alminar cuadrado. Es probable que la mezquita sólo tuviera una entrada en el primer tramo norte de la nave lateral este. Su escasa luz la recibía del patio, la puerta y tres estrechas ventanillas o troneras, dos de ellas a la izquierda y a la derecha del mihrâb. En la sala de oración se descubrieron dieciséis sepulcros sin fecha.[77] Ya en la época cristiana, le fue agregada a la mezquita un ábside en el costado este, a continuación una sacristía y en el costado oeste un pórtico, con lo cual adquirió un eje central nuevo, correspondiente a la nueva religión. También se reconstruyeron la vieja puerta y el costado norte. De toda la edificación emana cierto encanto rústico. Su carácter arcaico puede provenir de haber sido construida a principios del siglo IX, pero también se puede considerar como una solución provinciana al programa de edificaciones de la época de los califas. La jerarquización de la sala de oración parece apoyar más bien la segunda suposición.

Cada ciudad poseía una mezquita mayor con un mihrâb. Sin embargo, fuera de las mencionadas más arriba, casi no se conoce ninguna otra que provenga del tiempo de los omeyas. No obstante, en la Catedral de Tarragona se conserva un nicho de mármol de 1,26 metros de altura, en cuya inscripción aparecen el nombre de 'Abd al-Rahmân III y el año 960.[78] Sus marcos de entretejidos y arabescos, en el más puro estilo de la época del califato, son de gran encanto. Es seguro que se trata de un mihrâb de la mezquita mayor, que fue renovada por esos tiempos.

La Rábita de Guardamar

En la Rábita de Guardamar del Segura, 26 kilómetros al sur de Alicante, en medio de un bosquecillo de pinos entre las dunas, se descubrieron los restos de un complejo sacral especialmente interesante, que ha sido excavado con profusión desde 1984.[79] Ya en 1897 se dio a conocer una inscripción, cuya localización no se pudo precisar con exactitud en ese entonces, en la cual se informaba de una mezquita terminada en el año 944.[80] Dicha mezquita pertenecía a un ribât, es decir, a una fundación fortificada parecida a un monasterio, como las que con frecuencia se erigían en las regiones fronterizas del Islam para que sirvieran de punto de partida para la Guerra Santa o proporcionaran un marco adecuado para el ejercicio del recogimiento religioso. La Rábita de Guardamar fue fundada a finales del siglo IX y abandonada otra vez a principios del siglo XI, con lo cual es la más antigua que se conoce en España.

Las fuentes escritas documentan la existencia de tales ribât por toda Andalucía en el siglo IX. En ese sentido el hallazgo arqueológico confirma la fuentes, pero al mismo tiempo nos depara una sorpresa: el ribât de Guardamar se diferencia considerablemente del tipo islámico occidental más usual. Se podría

Planta de la instalación (R. Azuar Ruiz)

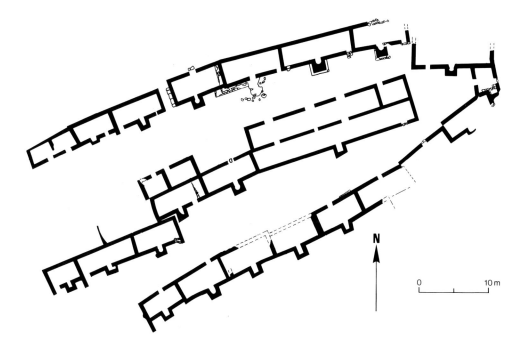

esperar una construcción fortificada cerrada de forma cuadrada o rectangular,
como los ribât de Sousse o de Monastir en Túnez, semejantes a los castillos
del desierto omeyas en el Cercano Oriente. Pero en su lugar, nos encontramos
con unos callejones de trazo peculiarmente elíptico, entre filas de celdas en su
mayoría pequeñas, cada una de las cuales tiene su mihrâb. Una muralla cir-
cunda las instalaciones. La mezquita mayor, en la cual se han encontrado restos de muro provenientes del siglo XI, se encuentra en el centro y consta de
dos naves, o mejor dicho de dos salas. La inscripción con la fecha de fundación
de 944 se encontraba en la parte exterior del mirhâb de una celda de oración.
Las construcciones más bajas fueron hechas de barro apisonado sobre zócalos
de mampostería. Todavía se pueden apreciar algunos restos de decoraciones
pintadas. Las excavaciones descubrieron material cerámico y muchas inscripciones. El aprovisionamiento de agua debe haber sido muy deficiente, ya que
no se encontraron conductos de abastecimiento. Tanto las celdas de oración y
vivienda como el conjunto de las instalaciones constituyen un caso muy especial, que arroja luz sobre la extensión tipológica del fenómeno de los ribât.

Fortalezas y puentes

En el siglo X las regiones fronterizas de Andalucía se encontraban salpicadas
de fortalezas. También el interior del territorio se encontraba cubierto de fortines que controlaban al país y garantizaban la autoridad de la administración
central, de puestos de vigilancia, de albergues y plazas fortificadas para la
población. Las funciones exactas que esas plazas desempeñaban no siempre
está claro en cada caso particular. Muchas fueron erigidas como sede del poder
central, otras por el contrario como expresión de la voluntad de autodetermi-
nación, y otras más eran sencillamente residencias de familias de la capa gobernante, que mantenía cierta independencia. Muchas atalayas, en asociación
con un sistema de defensa centralizado, pueden haber servido asimismo como
refugios de comunidades rurales.[81] De las diferentes construcciones fortificadas se han conservado hasta la fecha restos impresionantes,[82] tales como los de

Baños de la Encina a los pies de la Sierra Morena
Baños de la Encina es una de las fortalezas más famosas y mejor preservadas de la época de los califas; su inscripción de fundación nos da el año de 986. Por primera vez encontramos aquí una torre de fortaleza con habitaciones internas superpuestas.

Gormaz (de 965) en las cercanías de Soria, perteneciente al sistema de fortalezas de la región fronteriza norte. Menos espectacular y casi desconocido es Almiserat, en el este de Andalucía.[83] En cambio Tarifa, que tuvo un papel muy importante en el sistema defensivo de la costa sur, es famosa y se le describe con frecuencia. Un ejemplo particularmente bonito e imponente de la red de fortalezas del interior del país es Baños de la Encina, al norte de Jaén, sobre las primeras colinas de la Sierra Morena. Asimismo lo es la fortaleza de Alcaraz, a los pies de la Sierra de Alcaraz, que vigilaba las llanuras de la Mancha. En el valle de Guadalimar, por ejemplo, han quedado restos de pequeñas fortificaciones a cada cierta distancia. La muralla rectangular y homogénea de El Vacar, al norte de Córdoba, era probablemente la primera etapa tanto para los viajeros como para los soldados que transitaban de la capital hacia Extremadura.[84]

La mayor parte de las ruinas de las fortalezas hispano-islámicas no están fechadas con exactitud, aunque es probable que la fundación de muchas de ellas se remonte al siglo X. Con frecuencia se encuentran ubicadas en un lugar predominante, pero el nivel alcanzado por la técnica defensiva difícilmente corresponde a su apariencia guerrera. Muchas fueron edificadas con piedras talladas, pero otras, sobre todo en el sur, fueron construidas de barro apisonado; carecen de matacanes, de barbacanas y de entradas con recodos. Las torres son en su mayoría cuadradas o rectangulares, reclinadas por fuera en el muro, sin resalto significativo sobre éste y la mayor parte de las veces macizas hasta el adarve abierto, teniendo sólo en muy raras ocasiones cuartos adicionales a los que se accede por escaleras internas. En reiteradas ocasiones la torre del flanco es sustituida por un trazo quebradizo del muro, como por ejemplo en Uclés, cuyos muros tienen bases que presumiblemente provienen de esa época.[85] La planta en la planicie es con frecuencia un cuadrado regular, en las montañas por el contrario se adapta al terreno. La técnica de la construcción de fortalezas sólo se desarrolló en Andalucía varios siglos más tarde.

Los puentes romanos más importantes fueron conservados durante las épocas visigoda y omeya, así por ejemplo el puente sobre el Guadalquivir en Córdoba, el puente sobre el Guadiana en Mérida, el que está sobre el Genil en Ecija, el que pasa sobre el Henares en Guadalajara y, asimismo, el famoso puente de Alcántara en Toledo.[86] Los trabajos realizados en ellos por los omeyas, se pueden distinguir con más o menos claridad; desde su surgimiento hasta la fecha fueron restaurados una y otra vez, de manera que las reconstrucciones individualmente consideradas ya no se pueden fechar con precisión. En el siglo X se construyeron además nuevos puentes, aunque sólo pocos se han conservado en su forma original. Construido sobre arcadas de piedra, el Puente de Pinos en las cercanías de Granada, sobre la carretera que va hacia Córdoba, con sus tres arcos de herradura y su rompeolas redondeado, es uno de los puentes construidos al final de la época de los califas que bien puede ser un ejemplo particularmente pintoresco, aun cuando en la actualidad se encuentre bastante deteriorado.

Las ciudades: el ejemplo de Vascos

Muchas murallas de ciudades muestran elementos del siglo X. En Toledo, una parte del costado oriental de la muralla que contiene expolios visigodos, probablemente proviene de los tiempos de los califas omeyas. En el Puente de Alcántara todavía se pueden ver restos de una puerta de la ciudad con lo que en una época fue un paso recto entre dos torres.[87] También una parte de la muralla de Córdoba se remonta al siglo X, al cual probablemente pertenece la

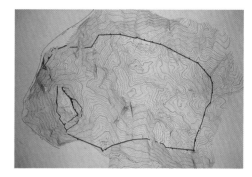

Vascos, plano del muro de la ciudad y de la ciudadela, (R. Izquierdo Benito), muralla con una puerta de salida.

Toledo, Puente de Alcántara
El puente de la época romana ha sido restaurado una y otra vez. En un tiempo fue la entrada principal a la ciudad.

101

El hammâm de Jaén

El baño caliente se remonta a un antiguo legado, y constituye una parte esencial de la cultura urbana de todo el mundo islámico. El cuarto de vestirse y de descanso, ubicado poco más o menos en la parte central, tiene una importancia especial y a menudo, como en este caso, es abovedado y está rodeado de galerías. En el hammâm el agua y el vapor calientes juegan un papel mucho más importante que en los baños antiguos, careciendo por el contrario de un *frigidarium* propiamente dicho. En todo caso, el calentamiento de los baños islámicos, al igual que el de los antiguos, se obtiene mediante la calefacción del piso (hipocaustos). En lugar de ventanas, los baños del mundo islámico occidentales tienen agujeros redondos, o como aquí, agujeros en forma de estrella revestidos de cerámica en la bóveda, por la que penetra una tenue luz.

puerta de Sevilla. La muralla de Cáceres quizá posee restos omeya además de los romanos; sin embargo, es en gran parte almohade.

En un recodo de corte profundo del río Hiso en la región occidental de la provincia de Toledo, en el distrito de Navalmoralejo, se encuentran abandonados los restos de una ciudad del siglo X. En la actualidad, sus ruinas se conocen con el nombre de Vascos,[88] sin que se sepa su nombre originario. Tal vez era la ciudad de Nafza, la cual – según fuentes escritas –, fue fundada por beréberes de la tribu nafza. Pero asimismo puede ser que fuera la misma ciudad que el califa al-Hakam II – según fuentes también sólo escritas –, mandó a reconstruir a partir de 964 en la provincia de Toledo, bajo la dirección de un tal Ahmad ibn Nasr ibn Khâlid, quien fuera muy bien remunerado por su trabajo. Las excavaciones realizadas en Vascos desde 1975 han hecho posible que se pueda determinar la forma básica de esa ciudadela, y que salieran a relucir una buena cantidad de fragmentos de cerámica de los siglos X y XI. Se trataba de instalaciones militares omeyas, destinadas a proteger la región media del Valle del Tajo, que presumiblemente obtenían su prosperidad de la explotación minera, ante todo de minas de plata. Vestigios de los tiempos romanos y visigodos dan testimonio de que existió un asentamiento más antiguo. La reconquista cristiana tuvo como consecuencia que la ciudad fuese paulatinamente abandonada a partir del siglo XII.

El muro de sillares con abundante argamasa y adornado con torreones tiene en promedio dos metros de grosor y en muchos lugares alcanza los tres metros de altura. Rodea un cuadrilátero irregular de unas ocho hectáreas, encontrándose la alcazaba en el sector norte. Todavía se puede reconocer la puerta oeste, con su dintel horizontal bajo un arco en forma de herradura y su entrada recta entre dos torres. Una puerta semejante se encontraba en el costado sur. Varias puertas de salida proporcionaban acceso al río. Fuera del muro, por el lado oeste, han quedado libres los restos de un baño público y una vivienda. Un gran cementerio se encuentra ubicado todavía más al oeste y otro, también extramuros, se halla por el lado sur. Las excavaciones continúan.

También se han conservado, al menos en parte, algunos baños del siglo X. Por ejemplo, el baño del Palacio del Califa en Córdoba y el hammâm de Jaén, aunque éste, proveniente de principios del siglo XI, haya sufrido transformaciones ulteriores.[89] La calefacción de los cuartos se obtenía como en la Antigüedad por medio de hipocaustos, pero a diferencia de los baños de la Antigüedad, éstos eran más reducidos y carecían de *frigidarium* (cuarto para baños fríos) y de palestra.

Decoración arquitectónica y artesanía artística

En las decoraciones de las construcciones de la época de los califas se utilizaron preferentemente materiales valiosos, tales como cristales de mosaico y mármol. También se usaron decoraciones de estuco,[90] pero de manera discreta si se compara con el desarrollo ulterior. Elementos clásicos de la Antigüedad continuaron viviendo en los óvulos y astrágalos, así como en muchas molduras, en los acantos, hojas de parra y de laurel que aparecen una y otra vez como motivos ornamentales, y en los arabescos y las composiciones geométricas.[91] A su lado coexistieron atractivos motivos sasánidas del Cercano Oriente, sobre todo en la forma de ricas composiciones de palmetas, formadas por cálices, cornucopias o medias palmetas, por hojas de parra estilizadas hasta volverse irreconocibles o por paneles con motivos del árbol

ARRIBA:
Pila de agua en el hammâm de Jaén

ABAJO:
Cuarto lateral con vasijas para sacar agua

Capiteles de la entrada del mihrâb de la mezquita mayor de Córdoba
Al ampliarse la mezquita alrededor del año 965, los capiteles del mihrâb de la construcción hecha por los antecesores de al-Hakam II fueron cuidadosamente trasladados a la nueva entrada del nicho. Su escultura es tan marcadamente clásica que han sido tenidos por expolios romanos.

Capitel de la época de los califas, Louvre, actualmente en el museo del Institut du Monde Arabe, París
La superficie de este capitel está recubierta de manera uniforme por una vegetación finamente articulada, que se diluye en formas geométricas. No obstante, permanece visible la forma básica de su modelo, el clásico capitel de volutas corintio.

de la vida (o del Paraíso) ordenados de manera puramente simétrica. Las medias palmetas son en la mayoría de los casos pinadas o tienen el ribete perforado. La uva, que aparece independientemente de las hojas de parra, con frecuencia se ha petrificado en piñas. El pecíolo se maneja casi siempre como vínculo decorativo y tiene una o más estrías o también patrones romboides. La temática y la tendencia a la cobertura de superficies ya se encuentran muy desarrolladas en los omeyas del Cercano Oriente, donde los rasgos sasanidas son, sin embargo, más marcados. Un adorno arquitectónico específico del califato andaluz es el calado sistemático de las superficies vegetalizadas con motivos internos agudamente tallados. En suma, el acervo de formas es definitivamente más limitado que el del siglo IX, pero de ese reducido repertorio surgen variaciones de gran efecto decorativo.[92] La mayor parte de las esculturas fueron trabajadas con taladro. Por esa razón muchos capiteles y paneles tienen un marcado rasgo bizantino.

A partir del siglo IX los capiteles se fueron distanciando de las formas de la Antigüedad. Todavía se pueden distinguir varios tipos, pero por lo general la producción tendió a hacerse uniforme. La forma fundamental se deriva siempre de los capiteles compuestos o corintios, pero mientras en los antiguos capiteles la forma está determinada por la idea del crecimiento vegetal y de la transformación progresiva del círculo del plano de la columna al cuadrilátero de la plancha de recubrimiento, ahora se encuentra frente a frente, sin mediación del cesto, una parte inferior casi cilíndrica y una parte superior ya casi cuadrada. Esta separación estereométrica clara, que distingue con nitidez entre soporte y carga, desaparece durante la primera mitad de la época de los califas, gracias al lujoso manejo que se hace de la superficie. Esos capiteles son en su mayoría derivaciones del «capitel de acanto angrelado» del arte bizantino, en el cual la abstracción de las plantas se incrementa tanto que se convierte en modelo geométrico. El capitel califal se desarrolló ulteriormente hasta desembocar en una enorme simplificación. Mantiene la misma forma fundamental, pero comienza a inspirarse en el capitel de la Antigüedad tardía, de hojas alisadas, reduciendo a un mínimo el tratamiento de su superficie. En la ampliación que al-Mansûr hizo de la mezquita mayor de Córdoba sólo se encuentran capiteles de este último tipo. Habían aparecido ya en tiempos de al-Hakam y resultaron ser fundamentales para el ulterior desarrollo de los capiteles en el mundo hispano-maghrebí.

La decoración epigráfica se hace exclusivamente con caracteres cúficos. Las inscripciones aparecen en las molduras que enmarcan los mihrâb, las puertas y ventanas, bajo la techumbre, sobre la plancha de las impostas o la base de las columnas. Son muy sencillas, el fondo casi no se decora, pues la escritura basta por sí misma. Con frecuencia contienen fechas, nombres, títulos, lo cual indica que los artistas estaban muy conscientes del valor de su trabajo. Al igual que con la decoración vegetalizada, existe mayor afinidad entre las inscripciones sirio-omeyas del siglo VIII y las andaluzas del siglo X, que entre estas últimas y las del arte abasí-iraquí contemporáneo.

Muchos trabajos artesanales valiosos de la época del califato andaluz se encuentran desperdigados en museos de diversas partes del mundo. En Madînat al-Zahrâ' se encontraron finos adornos de oro, típicamente bizantinos, entre ellos algunas piezas con pie de cristal.[93] Los estuches de marfil[94] redondos o cuadrangulares, con su rico tallado figurativo, vegetalizado y epigráfico, no obstante la iconografía que a menudo pareciera fatimí o del Cercano Oriente, son específicamente andaluces. También son típicas del arte de la época del califato figuras de animales de bronce colocadas en las fuentes,[95] así como encantadoras piezas de cerámica con pinturas esmaltadas sobre un fondo blanco, que con frecuencia reproducen motivos animales de asombrosa naturalidad.[96] Unas pocas piezas textiles rinden todavía testimonio de la famosa actividad de las manufacturas andaluzas; según al-Idrîsî, sólo en Almería, conocida por su sericicultura, existían en el siglo X unos 800 telares. Los fragmentos de tela conocidos son muy parecidos a los fatimí: en la pieza de lino se entretejían hilos de seda y dorados, consistiendo los adornos en tiras inscritas, frisos vegetalizados, así como figuras animales y humanas que se inscribían en un esquema de medallón.[97]

En la decoración arquitectónica no aparecen figuras de ningún tipo. Sin embargo, existen varias fuentes de mármol de finales del siglo X y principios del siglo XI en las cuales a la par de molduras vegetalizadas, inscripciones y frisos con motivos de cacería, se encuentran grandes paneles con motivos hierático-heráldicos muy peculiares.[98] También en los trabajos en marfil aparecen al lado de animales «vivos» otros heráldicos.[99] Sobre el arte de los libros desafortunadamente no sabemos prácticamente nada. De la gran biblioteca de al-Hakam sólo se ha podido descubrir hasta la fecha un único manuscrito.[100]

A pesar de lo que se ha perdido, el cuadro que tenemos de la creación artística de esta época es imponente. A la búsqueda y los ensayos del siglo IX siguió en el siglo X el dominio magistral de las formas, logrado sobre la base del conocimiento técnico y la elevada calidad de los materiales usados. No podemos negar que lo que conocemos es ante todo el arte cortesano, y que de la corte salían probablemente los impulsos artísticos. Pero también se han conservado trabajos más modestos, sobre todo en metal y cerámica, los cuales al igual que la mezquita de Almonaster, nos transmiten la impresión de la vitalidad creadora de la población y nos confirman el bienestar general que nos describen las fuentes escritas.

ARRIBA:
Bote de marfil de al-Mughîra, Louvre, París.
Este bote con tapa excelentemente conservado, como lo dice su inscripción, fue tallado en el año de 968 para al-Mughîra, hermano y desafortunado sucesor al trono de al-Hakam II. Sus cuatro medallones de ocho lóbulos contienen escenas pertenecientes a la iconografía de los gobernantes de la España omeya.

ABAJO:
Cofrecillo de marfil, 966, Louvre, actualmente en el museo del Institut du Monde Arabe, París

1031–1091

La época de los reyes de taifa

En el fondo, la historia de Andalucía es la historia de las tensas relaciones entre un poder central y las innumerables fuerzas periféricas y centrífugas, las cuales se liberaron tan pronto como aquél mostró signos de debilidad. El período entre 1031 y 1091 se conoce como la época de los pequeños reyes o la época de la discordia (fitna). Pero no fue ni la primera ni la última vez que esos reyezuelos gobernaron.

A principios del siglo XI se enfrentaron tres «partidos» étnicos (tâ'ifa, plural: tawâ'if): el berébere, el saqâliba y el andalusí, pero ninguno de los tres estaba unificado internamente. Al «partido de los andaluces» pertenecían los árabes y los muwalladûn, divididos en incontables grupos con intereses contrapuestos, con el único denominador común de querer cada uno de ellos tomar el poder. Los beréberes habían llegado a mediados del siglo X a Andalucía, provenientes de diferentes asociaciones de tribus norteafricanas. No se mezclaban con los «antiguos beréberes», que habían ingresado al país desde principios del siglo VIII hasta comienzos del siglo X, y entretanto habían sido asimilados. En consecuencia, los nuevos inmigrantes no sentían fidelidad ni para la tierra de Andalucía ni para sus gobernantes, sino sólo hacia sus propios jefes militares.[101]

Para la población andaluza de las ciudades, las nuevas tropas beréberes continuaron siendo ante todo extranjeros temidos e indeseables. Es curioso que no hayan recibido refuerzos de Africa del Norte. Su debilidad se debió a que no sólo estaban profundamente enemistados con la población andaluza, sino a las profundas querellas entre ellos mismos. Al igual que los saqâliba, no tenían raíces en el país. Ambos partidos tenían además en común el hecho de estar seccionados de su país de origen y carecer de reservas humanas. Por contraposición a los mamelucos en Egipto, que se mantuvieron en el poder desde el siglo XIII hasta comienzos del siglo XVI, la aristocracia esclava andaluza nunca llegó a ser un grupo homogéneo, nunca se preocupó por recibir refuerzos y por lo demás casi nunca pudo conformar una verdadera dinastía. A finales del siglo XI prácticamente se disolvió entre la población.

Por eso en realidad, más que la confrontación entre tres partidos étnicos, lo que se dio fue una situación de anarquía en la cual, por principio, cada grupo podía aliarse o enfrentarse con cada uno de los demás. El emir 'Abd Allâh al-Zîrî, uno de esos pequeños príncipes, describió a finales del siglo XI la manera cómo había comenzado esa era: «Después de la caída de la dinastía amirí, al quedarse la gente sin imâm, en cada ciudad se levantó un caudillo y, después de tomar el poder, reclutar soldados y acumular fortuna, fortificó su ciudadela. Pelearon entre sí por la riqueza y cada uno envidiaba los bienes de los otros».[102]

De este y otros textos se deduce con claridad que, tras el asesinato del tercer amirí, potentados locales tomaron el poder en toda Andalucía. Entre esos potentados se hallaban en primer lugar las mismas autoridades locales nombradas o a menudo sólo confirmadas por los amiríes. Tales fueron los casos de Mundhir I al-Tujîbî en Zaragoza y Abû Bakr b. Ya'îsh al-Qâdi en Toledo. En muchas otras partes tomaron el poder beréberes, por ejemplo, al-Qâsim ibn Hammûd en Algeciras, 'Alî ibn Hammûd en Ceuta y Málaga, Zâwî ibn Zîrî al-Sinhâjî en Granada y Abû Muhammad Ismâ'îl ibn Dhî al-Nûn en Toledo. También eran beréberes los hudíes que llegaron al poder en 1040 en Zaragoza. Los «eslavos» tomaron el mando en la costa este, Mubârak y Muzaffar en Valencia, Mujâhid al-'Amirî en Denia y las Baleares, Khayrân en Murcia y Almería y, finalmente, Sâbûr en Badajoz. En Córdoba y Sevilla fueron las poderosas familias patricias de los jauharíes y los abadíes las que se hicieron con el poder. En cambio, en otros lugares fueron verdaderas cuadrillas de bandoleros.[103] Siempre se trató de Estados-ciudad, algunos de los cuales eran minúsculos; su cohesión no descansaba en la unidad de las formas comunitarias de cultura y de vida, sino simplemente en las condiciones geográficas. En la periferia de Andalucía se extendieron sobre una región relativamente grande, algunos que disponían en el interior de ricas tierras para la agricultura, como por ejemplo Zaragoza, Toledo o Badajoz. Por el contrario, en la costa con frecuencia se trataba de ciudades pequeñas, cuya existencia se fundamentaba principalmente de el comercio marítimo internacional y la manufactura textil.

Todos estos Estados pequeños y hasta diminutos tenían por lo general regímenes monárquicos, y sólo en contadas ocasiones regímenes democráticos o siquiera oligárquicos. No obstante, la fragmentación política de Andalucía condujo de manera necesaria a que las personalidades locales prominentes tuvieran una actividad política mayor y más agresiva que la ejercida con ante-

Zaragoza, Aljafería, fachada oriental
El castillo de la segunda mitad del siglo XI debe su nombre actual a su constructor, uno de los reyes de taifa más influyentes, Abû Ja'far Ahmad ibn Sulaymân, de la familia de los Banû Hûd. Su nombre original era Dâr al-surûr, Casa del Regocijo. De hecho, a pesar de su apariencia exterior tan fortificada, se trata de un castillo de placer.

rioridad.[104] Las comunidades judías participaron de la vida económica y cultural, y desempeñaron particularmente en Granada un papel extraordinariamente importante. En dicha ciudad, el visir judío Samuel ben Naghrîla tuvo la oportunidad de demostrar, durante casi veinte años, sus habilidades como estratega militar.[105] La minoría cristiana no parece haber desempeñado ya ningún papel. Es seguro que la amenaza de la reconquista cristiana en el período taifa nunca provocó la persecución de los cristianos por parte de los musulmanes. Córdoba dejó de tener un papel político en esos tiempos, pero evidentemente continuó ejerciendo atracción, ya que muchos príncipes destronados se establecieron en ella. A partir de mediados del siglo XI creció el poder de la familia abadí de Sevilla. Su fundador, el qâdî Muhammad b.'Abbâd (1013–1042), miembro prominente de la ciudad, fue sucedido por su hijo al-Mu'tadid y su nieto al-Mu'tamid. Sevilla anexó en total aproximadamente una docena de Estados vecinos, desde Mértola en el occidente hasta Murcia en el oriente, y de cuando en cuando gobernó sobre Córdoba. En suma, Sevilla, Toledo y Zaragoza superaron a las demás Estados-ciudad tanto en el tamaño como en la duración de su poderío.

En la mayoría de las cortes más importantes, cuyos gobernantes se adornaban con títulos honoríficos ampulosos, prevaleció una agitada vida intelectual.

Granada, el Bañuelo de Albaicín, siglo XI

A pesar de todas las enemistades, intrigas y guerras, los príncipes concertaban matrimonios entre sí y se invitaban unos a otros a fiestas y certámenes literarios. El estilo cancilleresco del siglo XI es famoso por su refinamiento. En general, se apreció mucho la formación y la cultura, y las obras de arte de ese período, hasta donde las conocemos, fueron de gran finura. También parece ser que durante el siglo XI las ciudades andaluzas conservaron su bilingüismo; se habló árabe y romance, lo que estimuló el surgimiento de formas poéticas independientes.[106] El mecenato jugó un papel muy importante, pues todos los reyezuelos trataron de no quedarse atrás del esplendor del califato. La proverbial magnanimidad árabe no sólo produjo una inflación de los panegiristas de la corte y la erección de suntuosas construcciones, sino que también propició descubrimientos técnicos, como por ejemplo el del reloj de agua toledano, que al-Zarqâl construyó para los gobernantes de esa ciudad. Al parecer, poetas, artistas y sabios solían ir y venir de una corte a otra, sin vacilaciones, motivados por promesas de prestigio y remuneración, con el fin de ofrecer sus sublimes servicios. La corte de los abadíes de Sevilla era por mucho la más suntuosa de todas.

Sin embargo, este estilo de gobierno trajo como consecuencia un incremento asfixiante de los impuestos pagados por el pueblo, lo que según el mismo Corán era injusto, y con ello en fin de cuentas provocó la desestabilización del sistema de dominación. En todo caso se puede suponer que después de la destitución de Hishâm, ante la nefasta lucha que se desató entre los pretendientes al trono, muchas ciudades de Andalucía estuvieron en un primer momento con la mejor disposición de reconocer la autoridad de caudillos locales,[107] y que sólo paulatinamente se puso al descubierto el callejón sin salida al que conducía el nuevo desequilibrio de fuerzas.

Los reyes cristianos del norte reconocieron rápidamente la situación y no sólo suspendieron el pago de sus tributos, sino que además comenzaron a exigir el pago de contribuciones a los pequeños príncipes islámicos. Badajoz, Toledo e incluso Sevilla se volvieron dependientes de Alfonso VI de León y Castilla (1065–1109). Por supuesto que la población pagaba con bastante desagrado los impuestos que le eran exigidos para tales fines. Por lo demás, los príncipes islámicos de Al Andalus solicitaban ayuda, sin ningún escrúpulo religioso, a los príncipes cristianos contra sus mismos correligionarios. Rodrigo Díaz de Vivar, el Cid, es un vivo ejemplo de la indiferencia que muchos guerreros ambiciosos sentían tanto por el Islam como por la cristiandad: pertenecía a la corte de Alfonso VI, con quien se enemistó; acto seguido, entró al servicio de diferentes príncipes tanto cristianos como islámicos, entre ellos los de Zaragoza, como caudillo de tropas mercenarias. Terminó su carrera como soberano cristiano independiente de la ciudad islámica de Valencia, a la cual había sometido con marcada brutalidad. «Cid» es la forma hispanizada del título árabe «sayyid», en forma dialectal «sîd», que quiere decir «señor». La historiografía cristiana ha elogiado mucho a este aventurero, aun cuando en realidad no se pueda asegurar que haya reconquistado tierras islámicas para el cristianismo.[108]

La Reconquista progresó con rapidez, pues la España cristiana logró salir de su aislamiento en el transcurso del siglo XI. El Papa había logrado someter a la Iglesia española al rito romano; en compensación, mostró un vivo interés en la Reconquista. Por otra parte, la dinámica del movimiento cluniacense había prendido en toda la Península Ibérica. No obstante, se puede preguntar si Alfonso VI realmente quería reconquistar la Península Ibérica para el cristianismo, o si únicamente deseaba ampliar y asegurar su propio reino; con todo, en ese tiempo la idea de la cruzada no era tan motivadora en España. Los títulos que Alfonso utilizó muchas veces, como el de «Imperator constitutus super omnes Hispaniae nationes» o el de «Imbaratûr dhû al-millatayn» («Señor de ambas naciones»),[109] muestran que para él los españoles muy bien podían ser musulmanes.

En Al Andalus la anarquía alcanzó dimensiones inconcebibles. Si bien es cierto que los abadíes eran los más fuertes entre los reyezuelos, no podían de ninguna manera imponer su autoridad de modo general, y la inconformidad del pueblo expoliado por los recaudadores de impuestos fue siempre en aumento. La toma de Toledo en 1085, que debido a sus catastróficas disensiones internas prácticamente cayó por sí misma en manos de Alfonso VI, fue el acontecimiento que decidió la llegada de un huésped que sería determinante para el futuro: al-Mu'tamid de Sevilla, contando con la aprobación de los príncipes beréberes ziríes, pidió ayuda a la nueva y poderosa dinastía beréber de Marruecos.[110] En un principio los almorávides africanos y su rey Yûsuf b. Tâshufîn no tenían la intención de establecerse en Andalucía. Después de obtener una victoria espectacular sobre Alfonso VI en Zallâqa, cerca de Badajoz (1086), regresaron a Marruecos. No habían terminado de darle la espalda

Granada, capitel del Bañuelo de Albaicín

Granada, Albaicín, alminar del siglo XIII que en la actualidad pertenece a la iglesia de San Juan de los Reyes

Archez, alminar de la época nazarí
El alminar se convirtió posteriormente en campanario. Los paneles con la red de rombos son herencia almohade, mientras la arcada ciega con sus arcos dobles entrecruzados es una referencia a la Córdoba omeya.

a España cuando se presentó nuevamente la situación anterior. Yûsuf fue llamado en auxilio una vez más y desembarcó en la primavera de 1090. En esta ocasión no sólo tuvo que librar batallas agotadoras y prolongadas, sino que tuvo disgustos inesperados con algunos principillos islámicos quienes pactaban en secreto con los cristianos para hacerle frente a él. Más tarde uno de ellos, el príncipe zirí 'Abd Allâh ya citado, diría que se engañaron a sí mismos «como náufragos que se ahogaran recíprocamente.»[111] Después de establecer por segunda vez el orden en Andalucía, Yûsuf decidió anexar Andalucía al imperio almorávide.

Las fuentes informan de manera expresa que Yûsuf adoptó esa decisión por recomendación de los juristas andaluces, de modo que en ninguna forma se trató sólo de la satisfacción de su ansia de poder personal. Podemos estar seguros de que para los teólogos y juristas de Andalucía, la indiferencia religiosa de los caudillos y pequeños príncipes era como una herida en carne propia. De manera que el puritanismo de los almorávides muy bien les puede haber parecido como una alternativa deseable. También podemos tener seguridad de que la población de Andalucía, desangrada y agotada moralmente, ansiaba que el caos terminara. Los almorávides, por el solo hecho de que prometían el regreso a las contribuciones estipuladas por el Corán y la supresión de los elevados impuestos ilegales introducidos por los reyes de taifa, deben haber sido bienvenidos. Entretanto, éstos habían quedado aprisionados entre sus vecinos poderosos, Alfonso y Yûsuf, como entre el yunque y el martillo. La toma de poder por parte de los almorávides se prolongó hasta el año de 1110: en 1090 cayó Granada, en 1091 ocuparon Córdoba y Sevilla, en 1094 Badajoz y en 1102 Valencia. Toledo no pudo ser reconquistada. Durante esos años Yûsuf capturó sin más ni más a muchos de los reyezuelos y los deportó a la antigua capital, Aghmât, a los pies del Alto Atlas, y a Marrakesh, la nueva capital recién fundada.[112] El último rey zirí de Granada, el ya varias veces mencionado 'Abd Allâh, halló en Aghmât tiempo y tranquilidad para escribir sus memorias, documento valioso para la historia de esa época. Al-Mu'tamid, el refinado, ilustrado y tolerante rey de Sevilla, sobre cuyos hombros recayó la responsabilidad de haber llamado a los almorávides, también terminó su vida como prisionero en el fortín montañoso de Aghmât, donde superó la inactividad obligada en condiciones de vida difíciles a que estaba sometido elaborando obras poéticas de gran valor. Su epitafio, redactado por él mismo, dice así:

«Que la lluvia vespertina y matutina sacien tu sed
¡Oh tumba del forastero! Te pertenecen ya por entero
los restos de Mu'tamid, cazador y guerrero de lanza y cimitarra,
manantial del desierto y consuelo de los sedientos.
Así es. El destino de los cielos me había
reservado este sitio y esta meta.
Antes de yacer en este lugar, ignoraba
que las montañas podían tambalearse desde sus cimientos.
Sobre tus muertos se derramen las bendiciones de Dios
ilimitadamente, en números imposibles de comprender.»[113]

La arquitectura de la época taifa

No obstante la gran cantidad de problemas políticos, económicos y sociales acaecidos en el siglo XI, la energía artística de Andalucía no se agotó. Si bien ya no existían las grandes empresas artísticas de los califas, aumentaron los encargos de los príncipes y régulos taifa. En cierta medida la herencia de Córdoba se fraccionó y penetró profundamente en el interior del país. En razón de ese desarrollo surgieron formas de expresión locales, que hasta la fecha no se han podido comprender con todo detalle. El concepto del arte taifa en su conjunto es bien conocido, pero resulta bastante difícil determinar y localizar los diferentes talleres y barracas de obra.

En aquellos tiempos de disturbios fueron construidas o ampliadas muchas fortalezas, sobre todo en el interior del país.[114] A las ciudades se les construyeron nuevas murallas o se mejoraron las ya existentes: atrás quedaron los tiempos de las «ciudades abiertas». La elevada tapia de barro apisonado con sus sólidas torres cuadradas o redondas que se levanta sobre el Albaicín en Granada fue erigida bajo el reinado de los ziríes. La ciudad de Játiva, ubicada en la planicie, se conectó con una fortaleza construida sobre una colina rocosa por medio de un muro. Ese tipo de muros de conexión, que todavía en parte se conservan, también se construyeron en Almería, Denia, Orihuela, en Balaguer y muchas otras ciudades.

Los muros se hicieron en su mayoría de barro apisonado. También en la época de los califas se utilizó esa técnica de la construcción, con la diferencia de que ahora es usual que se coloquen tirantes esquineros de piedra. Anteriormente sólo los habíamos encontrado en la puerta de Baños de la Encina. Algunas de las murallas que rodean a las ciudades se hacen de piedra cantera, razón por la cual es posible que una parte del muro norte de Toledo provenga de esa época. Ni el barro apisonado ni la piedra cantera presuponen necesariamente influencias norafricanas. Si bien es cierto que ambos son frecuentes en Africa del Norte, también lo es que en España abundaban desde antes de los omeyas. Muchos de los burgos o fortalezas se erigían sobre elevaciones montañosas, adaptando sus instalaciones al terreno. Salientes y esquinas sustituían con frecuencia las torres, como por ejemplo en Rueda y Játiva.

Niebla era una ciudad comercial importante y fuertemente fortificada en el camino que conducía al Portugal meridional. Todavía en la actualidad la rodea una muralla casi completa, con numerosos torreones y cuatro puertas, que

Zaragoza, Aljafería, entrada al oratorio en la parte norte del palacio

ilustra con claridad la evolución del siglo X al XI. Mientras las puertas más antiguas estaban compuestas por dos aperturas de arco situadas sobre un mismo eje y separadas por un espacio, las más nuevas tenían su entrada en la planta baja de una torre y su paso estaba quebrado en ángulo: la salida se abría en forma paralela al muro, bajo la protección de la torre. De esa manera, el punto más débil de toda la instalación, la puerta de la ciudad, adquiría un valor defensivo real. Las puertas de Niebla están construidas con sillares, mientras que los muros por lo general son de barro apisonado. Los arcos de herradura y ocasionalmente el aparejo de las piedras recuerdan construcciones de la época de los califas.[115]

La Aljafería en Zaragoza

Poco es lo que se ha conservado de los palacios de la época taifa. El ejemplar mejor conservado y más lujoso es la Aljafería en Zaragoza. Del palacio toledano de Dhî al-Nûn y sus descendientes se guardan todavía algunos fragmentos de decoraciones en el museo.[116] Lo mismo se puede decir del palacio de los hudíes en Balaguer. De los castillos y palacios de verano de Valencia no se conoce más que un solo capitel, bastante deteriorado.[117] Del castillo de los abadíes en Sevilla, probablemente el más suntuoso de todos, se ha podido descubrir, debajo del palacio de los almohades, un jardín. Las construcciones

Zaragoza, Aljafería, parte sur del palacio
La fantasía más pura e inagotable transforma permanentemente el motivo de los arcos entrecruzados en formas nuevas.

116

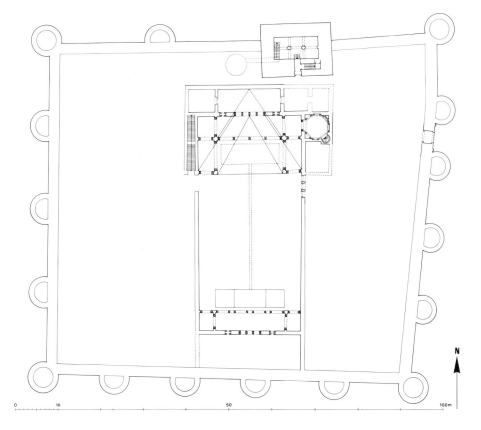

Aljafería, fila de arcadas frente a la entrada del oratorio en la parte norte del palacio

Reconstrucción del palacio islámico, planta (Ch. Ewert)

del siglo XI en el palacio de Khayrân en Almería, ya no se pueden identificar.
Por contraposición, en la ciudadela de Málaga todavía se conservan partes de
la época hammudí.

El nombre originario del palacio de verano de los Banû Hûd, que en la
actualidad se conoce con el nombre de Aljafería (en un principio al-Ja'fariyya,
por su fundador), fue Dâr al-surûr, Casa del Regocijo. Fue construido en la
segunda mitad del siglo XI en el sector oeste de su capital, Zaragoza, en las
márgenes del Ebro, por Abû Ja'far Ahmad ibn Sulaymân al-Muqtadir billâh
(1046/47–1081/82).[118] Ahmad ibn Sulaymân era uno de los príncipes más poderosos de la marca norte y uno de los reyes taifa más importantes. Se presen-
taba como poeta, astrónomo y matemático y recibía en la Aljafería a artistas y
hombres de ciencia. El famoso poeta Ibn 'Ammâr, que había caído en desgracia
en Sevilla, estuvo en Zaragoza, antes de continuar su camino hacia Lérida para
ver al hermano de Ahmad. Poco antes de su muerte, Ahmad repartió su reino
entre sus hijos, quienes no pudieron defenderse de los almorávides. En 1118
Zaragoza volvió a ser cristiana. Los nuevos gobernantes habitaron en el palacio islámico y lo modificaron de acuerdo con su gusto, pero sin hacerle cambios substanciales. Fue hasta en el siglo XIX que se realizaron algunas transformaciones de fondo. Las restauraciones del siglo XX[119] han vuelto a recuperar partes esenciales de la Aljafería hudí.

Una gruesa muralla de piedra tallada, con torres redondas, encierra las instalaciones en un terreno trapezoide. La torre rectangular en el norte es anterior
a la construcción del palacio, mientras la torre sudoccidental fue remodelada
en forma cuadrada con posterioridad. La entrada se encuentra al noreste entre

dos torres redondas. La sección de vivienda y recepción se encuentra sobre el eje norte-sur en el centro del cuadrado. Consta de dos bloques de habitaciones ubicados en el lado angosto de un patio grande, rectangular, que tiene pórticos y estanques donde se reflejan las arcadas, conectados por medio de un canal. Las arcadas y las paredes longitudinales fueron agregadas más tarde: originalmente en su lugar es probable que sólo hubieran unos cuartos contiguos. En la sección norte se encuentran instaladas las salas de recepción: el salón del trono, un salón rectangular bastante largo, se encuentra flanqueado por dos cámaras casi cuadradas, a las cuales sólo se tiene acceso desde el salón y no desde el pórtico. Al pórtico situado por delante de el salón se sale por medio de una arquería de dos niveles, con cuatro tramos y tres soportes centrales. La arcada central está flanqueada por dos puertas contiguas pequeñas. El agrupamiento de tres secciones, el salón y las dos alcobas a los flancos, se repite en el pórtico. Este tiene además dos tramos transversales al eje del salón, que encierran al estanque como dos aleros en forma de pabellón tirados hacia fuera. La sección sur reproduce en lo esencial la estructura del bloque norte, de una manera un tanto más simplificada.

Al este del pórtico norte se encuentra el acceso a la mezquita, una edificación de dos niveles cuya entrada, así como la del mihrâb, está rodeada por un arco de herradura. Al igual que en las construcciones del califato, el perfil frontal del arco transcurre excéntrico al intradós. El mihrâb se atiene rigurosamente al modelo del que se encuentra en la mezquita mayor de Córdoba.

Una moldura circundante separa el nivel inferior del superior de la sala, cuyos nichos y falsos nichos tienen cada uno tres columnas adaptadas, sobre las cuales se levantan arcos lobulados. La techumbre original no se ha conservado.

Las referencias omeyas son patentes: la ubicación del palacio, por contraposición al de Madînat al-Zahrâ', permitió una planta casi cuadrada, que recuerda los castillos sirios en el desierto y que también se encuentra en el Maghreb. Esta impresión queda reforzada por el modelo redondo de las torres y la entrada única y recta entre dos torres. El sucesivo fraccionamiento en tres partes, tan consecuentemente ejecutado, tiene su modelo en el castillo de Mshatta. La sala central con cúpula de la mezquita, probablemente es una reproducción consciente de la cúpula de roca. Es notorio que no existen rasgos abasíes. Tanto la fachada del mihrâb como los llamativos nichos del mismo, grandes y poligonales, recuerdan al mihrâb de al-Hakam II en Córdoba. El grupo de habitaciones formado por el salón del trono, las dos alcobas que lo flanquean y el pórtico, tiene su antecedente directo en Madînat al-Zahrâ', donde el Salón Rico es un extraordinario ejemplo de ese ordenamiento. En todo caso, en la Aljafería «los flancos han sido destacados . . . de manera dramática» (Ch. Ewert). Es posible que con toda intención se haya hecho alusión a modelos pre-omeyas. La construcción central bizantina de la Antigüedad tardía hecha con galerías altas, que también pertenece al modelo de las cúpulas de roca, se encuentra de hecho más cercana a la mezquita de Aljafería que las propias cúpulas de roca, y podría haberse transmitido a Zaragoza por medio de la arquitectura carolingia y post-carolingia.

Lo más notable en la Aljafería son los sistemas de arcos entrecruzados, que alcanzan una complejidad increíble. Parecieran liberarse de cualquier función estática y convertirse en un modelo de entretejido, cuyas dimensiones y proporciones pueden variar, desde el constituido por las arcadas tendidas a distancia hasta las decoraciones miniaturizadas de los capiteles. La multiplicidad de las formas de arco es casi inagotable. Arcos de medio punto, arcos de herradura redondos y lobulados, y por primera vez también arcos de herradura ojivales y arcos compuestos, se entrecortan y conforman en extensión y altura una red tan intrincada que pareciera inconcebible. En el lado angosto del patio la disposición en capas de los arcos compensa la falta del escalonamiento en profundidad de la planta, y surge una arquitectura bambalinesca no exenta de ciertos efectos ilusionistas. La sección central de la Aljafería recuerda la decoración de un teatro que expresa a su manera la situación de los reyezuelos de taifa: sus exageradas pretensiones de poder no se fundaban en una fuerza y seguridad políticas reales.

El palacio de Balaguer, la Sudda, probablemente estaba relacionado de manera muy estrecha con la Aljafería.[120] En el siglo XI, este pintoresco villorrio era una importante ciudad de la marca fronteriza superior, que pertenecía a los Banû Hûd. En ella gobernó Yûsuf al-Muzaffar, hermano de Ahmad al-Muqtadir, hasta que éste lo expulsó, allá por 1080. Después de muchas idas y venidas, la ciudad se volvió definitivamente cristiana en el año de 1103.

Balaguer

Balaguer posee una fortaleza de los primeros tiempos del Islam, probablemente del siglo IX, cuya muralla con torres en buena parte todavía se conserva.

Aljafería, columnas con arcadas sobrepuestas, detalle

Balaguer, detalle de un decorado de yeso
IZQUIERDA:
Arpía en una floritura ornamental
ABAJO:
Motivo vegetalizado (Ch. Ewert)

Dicha muralla, con su combinación de sillares a soga y a tizón – sencillos, dobles y triples – sin un ritmo específico, se puede comparar con la de la fortaleza de Mérida. Dentro de esa muralla de los primeros tiempos islámicos fue que Yûsuf al-Muzaffar construyó su palacio, poco después de haber tomado posesión del lugar (1046/47). Sus estructuras no se conservaron. Unicamente ciertos fragmentos de la decoración nos permiten echar una vistazo a la actividad artística de esa corte. Las yeserías pintadas originales tienen entretejidos geométricos como campos ornamentales, como motivo de marco o en combinación con modelos vegetalizados. Las bellas composiciones de palmetas en estuco recuerdan, ocasionalmente, por su abigarrado relleno de las superficies, a las volutas oscilantes y los elementos compuestos de curvas convexas y cóncavas que caracterizan el primer estilo de Sâmarrâ. Por el contrario, las hojas pinadas son específicamente andaluzas, y las entalladuras en Balaguer son cóncavas. El corte en bisel, tan característico de Sâmarrâ, no se encuentra por ningún lado. Merece especial mención el fragmento de un árbol de la vida con pájaros y arpías, debido a que este motivo oriental aparece bastante soli-

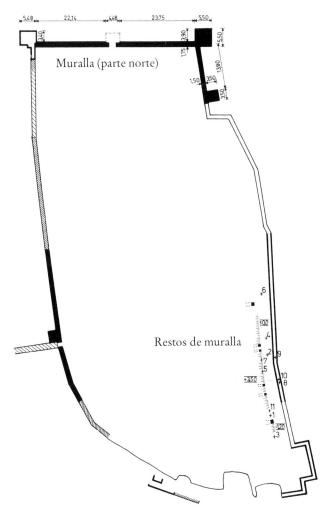

Muralla (parte norte)

Restos de muralla

Balaguer con su ciudadela, vista desde el sudeste
Balaguer fue una ciudad fronteriza importante de la España islámica. La muralla que le rodea probablemente proviene del siglo IX. En la época taifa la ciudad obtuvo un palacio, del cual sólo quedan algunos notables pedazos de estuco. Tal vez fueron terminados en el mismo taller que elaboró los decorados en yeso de Zaragoza. En cualquier caso, entre ambos existe una evidente afinidad.

Planta de la muralla (Ch. Ewert)

tario en la decoración arquitectónica de aquella época, y hasta el momento únicamente se le conoce en la talla de marfil andaluza. Los otros pocos restos que se conservan de Balaguer, dan testimonio de la existencia de un taller de estucos, cuya técnica excedía en forma extraordinaria a su vocabulario formal. El parentesco con la yesería de la Aljafería es tan estrecho, que se puede suponer que los mismos talleres trabajaron para ambos palacios. Parece ser que el intercambio intelectual y artístico entre las cortes de los hermanos enemigos fue muy intensa, como incluso se deduce de la biografía del ya mencionado Ibn'Ammâr.

Otros palacios y obras de arte

Según las fuentes escritas, Almería vivió en el siglo XI una época de bienestar.[121] Khairân, el antiguo esclavo amirí y señor de Murcia, convirtió a «la Puerta del Oriente, la Llave al Mérito, la Ciudad en el País de Plata, en la Arena de Oro y la Playa de Esmeralda»,[122] en la ciudad más importante de su pequeño Estado. Hizo ampliar la ciudad hacia el norte y el este, y la adornó con edificaciones. En aquella época el muelle se encontraba en plena actividad y el puerto era una importante plaza comercial. El suministro de agua, que todavía en la actualidad es problemático, fue mejorado en aquella ocasión. También parece ser que Khairân fortificó el burgo. Después de diversas luchas, el árabe Abû Yahyâ Muhammad ibn Ma'n ibn Sumâdih al-Mu'tasim tomó el poder en Almería. Fortificó la alcazaba y erigió dentro de ella, rodeado por jardines con fuentes, un palacio, al-Sumâdihiyya, del cual únicamente podemos formarnos una idea a través de las fuentes escritas. Los muros de barro apisonado que todavía se conservan, que conectaban a la alcazaba con la ciudad, provienen por lo general del siglo XI, probablemente de la época de Khairân.

En la Alcazaba de Málaga, que fue reconstruida en la época nazarí, se encuentra todavía en la actualidad un grupo de habitaciones que pertenecieron a un palacio del siglo XI.[123] Consisten en un pabellón abierto, de cara al mar,

Málaga, Alcazaba, pabellón de la época nazarí en el centro de la sección de viviendas

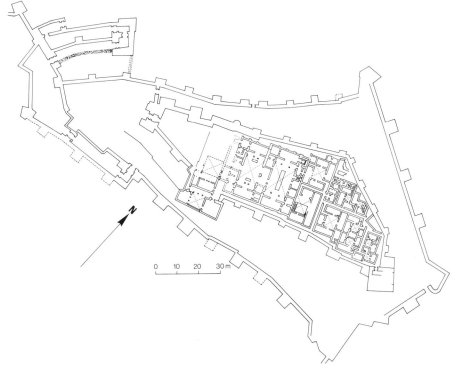

*Málaga, Alcazaba, una de las puertas fortifica-
das de la ciudadela*

Planta de las instalaciones de la fortaleza
(M. Gómez-Moreno)

Málaga, Alcazaba, edificación sur del patio occidental del palacio, proveniente del siglo XI

con arcos entrecruzados, cuyo pórtico posee una arcada triple; y unos arcos de herradura de gran vuelo, apoyados sobre unas columnas delgadas. Las dovelas lisas y ornamentales que se alternan en la parte superior del frente del arco, el curso excéntrico que sigue al perfil del trasdós y la decoración de los arranques, son herencias de la época de los califas. Sin embargo, el decorado es en este caso más llano y monótono.

El palacio zirí de Granada, al-Qasaba al-qadîma, estaba ubicado en la pendiente que baja del Albaicín al río Darro. De él solo se conservaron una cisterna abovedada con cuatro tramos y algunos restos del muro.[124] Tampoco existe mucha claridad acerca de las edificaciones del siglo XI en la Alhambra. Con base en las fuentes escritas, se ha presumido que allí se encontraba el palacio de Yehosef ibn Naghrîla, el ministro judío de los ziríes, pero arqueológicamente no se ha podido comprobar su existencia.[125] Lo único seguro es que en lugar de la alcazaba, en ese lugar había una fortaleza, algunos de cuyos restos (por lo general provenientes del siglo XII) se encuentran en la Torre de la Vela o en Torres Bermejas. Hasta el siglo XI, Granada era una ciudad de segundo rango, a la sombra de Elvira, al pie de la sierra de su mismo nombre. Es probable que un alminar, el actual campanario de la iglesia de San José, y un puente sobre el Genil, se remonten hasta el siglo X. En la época taifa, Granada se convirtió en un centro administrativo y obtuvo una muralla más ancha y más elevada, que bajaba desde el barrio del Albaicín hasta el Darro, pasaba por un costado de la Alhambra y subía hasta la mencionada fortaleza. En el Albaicín se conserva un bonito baño de esa época, el Bañuelo, que es muy semejante a su contemporáneo el hammâm en Baza.[126] Muy cerca de allí se encuentran los restos del puente de Qadi, que se construyó sobre el Darro a mediados del siglo XI. La mezquita mayor de Granada, construida por los ziríes, tuvo que ceder su lugar a la catedral. Conocemos su planta únicamente gracias a un dibujo del año 1704: seis naves paralelas a la qibla y un patio rodeado de profundas galerías.

El famoso palacio de al-Mu'tamid, de los abadíes, al-Qasr al-mubârak, estaba ubicado en Sevilla cerca del Guadalquivir.[127] No fue el único palacio construido por los abadíes, pero sí el más importante. Las fuentes escritas confirman la existencia de por lo menos dos palacios de verano situados en las cercanías, y otro palacio más antiguo ubicado en la ciudad.[128] El Qasr al-mubârak fue construido contiguo al Dâr al-Imâra, el antiguo palacio del gobernador de la época de los omeyas – que se encontraba poco más o menos bien conservado –, con la pretensión consciente de superarlo y demostrar con ello el poder de los abadíes. Se escribieron poemas con descripciones entusiásticas del mencionado palacio. Unos versos de Ibn Hamdîs permiten suponer que la cúpula de la sala principal estaba adornada con figuras.[129] No se puede descartar que el actual Salón de Embajadores de la época de Pedro haya sido construido sobre la superficie de esa sala principal. Es muy probable que los almorávides casi no se hayan ocupado de la conservación del palacio. Sin embargo, los almohades lo continuaron utilizando sin problemas, a pesar de que en esa época se demolió una parte de su muro exterior y las piedras se volvieron a utilizar en los cimientos de la mezquita mayor de los almohades.

Los restos materiales de la época de los abadíes que se pueden determinar con precisión, son en todo caso poco abundantes. Rafael Manzano descubrió un jardín con arriates a bajo nivel, restos de conductos de agua, estanques e incluso el fragmento de un pórtico en uno de sus lados menores.[130] El jardín

Pila en forma de pez de la Alcazaba de Málaga

pertenció a las instalaciones septentrionales del antiguo palacio. En la actualidad se halla en un edificio administrativo al sur, y fuera del ámbito del alcázar actual. El palacio almohade, el Crucero, se construyó sobre él. Los principios que guiaron esta arquitectura de jardín vivieron todavía varios siglos después en Marruecos: andenes o paseos a un nivel tan elevado que sobrepasan el de las copas de los árboles de naranja, forman un crucero en cuyos cuadros se hallan junto a los arriates estanques rectangulares, mientras que en el centro se levanta un pabellón pequeño y una fuente redonda.[131] En el mismo alcázar se ha puesto al descubierto otro jardín muy largo de al-Mu'tamid, con arriates a una profundidad de más de tres metros; dicho jardín también se encontraba cercado por un muro adornado con arcadas, que canalizaban agua. Sus dimensiones eran considerables.

Debido a sus muros y a su ciudadela, Játiva, famoso centro productor de papel, fue una ciudad extraordinariamente bien fortificada. Gracias a ello, sus gobernantes, en particular Khairât y su sucesor directo, pudieron defenderse durante cierto tiempo de sus poderosos vecinos, ante todo, de los príncipes de Valencia. La ciudad perdió su muralla casi por completo, y la ciudadela fue reconstruida tantas veces, que en la actualidad es prácticamente imposible

Granada, el Bañuelo de Albaicín, baño termal
islámico de la época de los reyes de taifa
ARRIBA:
Cuarto caliente con bóveda de barro y un recinto para bañarse separado por una arcada doble
AL LADO:
El salón central, que tiene en su centro una pila, es a la vez vestuario y cuarto de descanso, y en el fondo también *frigidarium*. De él se pasa directamente al baño de vapor. En este baño sorprende la gran cantidad de capiteles de las épocas romanas, visigoda y omeya que se han aprovechado.

determinar los elementos que provienen del siglo XI. En el museo de Játiva todavía se conservan una arcada de estucos muy ricamente ornamentada, pero que probablemente proviene de una época anterior a la de los almorávides, y una fuente de mármol,[132] cuya decoración iconográfica es sorprendente. Las figuras representan el antiguo motivo oriental de los placeres principescos (hombres bebiendo, comiendo opíparamente, deleitándose con músicos y escenas de desafíos por cuestiones de honor) al lado de una lucha a brazo partido, un bailarín de bastón y, de manera totalmente inesperada, una mujer amamantando. Los animales heráldicos – las águilas atacando gacelas, los leones luchando, los pavos reales y las cabras enfrentándose entre sí – pertenecen a la iconografía de la época de los califas. El relieve es marcado y su ejecución sumaria. Los pliegues de los vestidos se convierten en juegos de líneas abstractas, que recuerdan los relieves de Palmira o algunas colgaduras sirio-omeyas. Sin embargo, el mismo juego de pliegues también aparece en la pintura en miniatura andaluza.[133] La fuente produce una impresión de cierta rusticidad y gran vitalidad y alegría creadora. Se aparta de las esculturas taifa usuales, conocidas ante todo por su depurado refinamiento.

La existencia de esa fuente plantea el problema de si el arte taifa fue realmente tan homogéneo como nos parece ahora. No cabe ninguna duda que en cada uno de los centros se soñaba con el esplendor del califato, pero en cada uno de ellos se produjeron, de acuerdo con las posibilidades locales, creaciones específicas del lugar o cuando menos del taller.

En cualquier caso podemos decir que el arte taifa le agregó nuevos y fructíferos elementos a la herencia de la época de los califas. Entre ellos los arcos ojivales y compuestos, los cuales estimularon la elaboración de los infinitos modelos reticulados, que a partir de entonces fueron siendo cada vez más apreciados. En la misma Córdoba, ante todo en el campo de los arcos perpendiculares entrecruzados, las funciones estáticas y la ornamentación no se encontraban claramente diferenciadas. Esa tendencia se continuó desarrollando y se extendió hasta elementos no verticales. El camino que va de las cúpulas nervadas de piedra tallada de Córdoba a las cúpulas nervadas de estuco del siglo XII y ulteriormente a las cúpulas muqarnas, pasa por la experiencia del período taifa.

Pila de mármol de Játiva, detalle
La pila tiene aproximadamente 1,50 metros de largo, su costado externo está cubierto completamente por un bajorrelieve con figuras humanas.

En el siglo XI los muros se vuelven más sencillos y toscos, el barro apisonado y la piedra cantera sustituyen a la piedra labrada con sus sillares a tizón que cumplían funciones decorativas en la época de los califas. Los mismos palacios se vuelven más estrechos y la decoración se concentra de manera forzada en áreas más pequeñas. En la ornamentación vegetalizada sigue dominando de manera exclusiva la media palmeta asimétrica y pinada, así como las más diversas variantes de cogollos y piñas. Los pecíolos adelgazados dan lugar a modelos geométricos. Las granadas se vuelven más raras, mientras las hojas de parra y acanto apenas se pueden identificar. Los elementos se hacen más pequeños, finos y abstractos. El ornamento se aleja cada vez más de las formas antiguas que tendían a ser naturales. En su lugar surge una vegetación de sarmientos ahorquillada que se concibe de manera matemática, la forma artística del arabesco.

El arte taifa tiene rasgos totalmente manieristas y en cierto sentido incluso decadentes. Sin embargo, desempeña algo más que un simple papel de intermediario entre el califato y las dinastías beréberes, al grado que su aporte creador propio en la visión de conjunto del arte andaluz nunca puede ser suficientemente estimado. No solo influyó en el arte andaluz y maghrebí de los siglos siguientes, sino que también vivió por mucho tiempo en los diferentes centros mudéjar del norte y el este de España.

Sevilla, Crucero
El Crucero es un jardín del siglo XII, sobrepuesto a otro más antiguo del siglo XI que pertenecía al Qasr al-mubârak, el famoso palacio de al-Mu'tamid. Este jardín con sus andenes en cruz a mayor altura que los arriates profundos, la fuente y los estanques, las galerías con columnas en los costados angostos, tiene ya los rasgos característicos de toda la arquitectura de jardín hispano-islámica de la última época, la cual sobrevivirá en la marroquí durante varios siglos.

131

1091–1248

La época del dominio beréber

El nombre almorávide se deriva de al-Murâbitûn («la gente de Ribât»), concepto que se asocia con el de Guerra Santa. A mediados del siglo XI, en el marco de la renovación religiosa y las conquistas en el norte, se trajo desde la cuenca del Senegal en el Sahara occidental a los lamtuna, tribu beréber nómada del grupo sanhaja.[134] Las ideas místicas y religiosas movilizaron las capacidades guerreras de ese ejército tribal, pronto se convirtió en dirigente de una gran coalición de tribus que en poco tiempo pudo conquistar todo Marruecos y Argelia occidental. El poder de convicción de un reformador religioso, Abd Allâh b. Yâsîn al-Jazûlî, y la energía y resistencia de un príncipe beréber convertido por él, Yahyâ ibn 'Umar, condujeron a una nueva repartición del poder. En ella jugaron un papel decisivo las querellas tribales y las historias de amor o cuando menos los matrimonios.[135] Recordemos que la sociedad almorávide posiblemente tenía estructuras matriarcales. En todo caso, sobre esa nueva distribución del poder se erigió el imperio almorávide encabezado por Yûsuf b. Tâshufîn.[136] Ya anteriormente hemos mencionado, en conexión con el fin de la dominación taifa, las campañas militares de los almorávides en Andalucía.

A los andaluces, sobre todo a las capas superiores de la población, los beréberes de piel oscura y analfabetos les parecieron bárbaros fanatizados. De todos modos el fulgor y la exquisitez de la cultura andaluza los impresionó de manera rápida y persistente, de modo que su energía bruta no sobrevivió por mucho tiempo.

Según las fuentes andaluzas, la época de los almorávides constituyó una fase de regresión cultural, en la cual los gobernantes ya no se interesaron por las ciencias profanas y las bellas artes, y los juristas y teólogos mojigatos marcaron el paso. Esta visión es probablemente demasiado unilateral, ya que muchas obras de arte de la época demuestran que la ola beréber con su fanatismo religioso arrolló la cultura andaluza, pero de ninguna manera la asfixió. Con los almorávides comenzó una época de renovado e intenso sentimiento religioso, que por lo demás tuvo su paralelo en la parte cristiana de España. Ese desarrollo condujo a estallidos de intolerancia contra las minorías cristianas y judías. Innumerables cristianos fueron deportados hacia Africa del Norte.[137]

En 1118 Alfonso I de Aragón tomó nuevamente Zaragoza. En 1133 Alfonso VII de Castilla penetró profundamente en el sur de Andalucía y en los años 1144/45 una serie de levantamientos de la población islámica sacudieron la supremacía almorávide. Desde hacía ya algunos años, la dinastía había tropezado con oposición en Marruecos y de pronto entró en un rápido proceso de descomposición. Hasta que una nueva dinastía beréber norafricana asumió el poder en 1170, los régulos volvieron a gobernar Andalucía. Con frecuencia se les denomina taifas almorávides.

Los almohades: beréberes del Alto Atlas

También el imperio almohade tuvo sus raíces en el movimiento de renovación religiosa de las tribus beréberes del noroeste africano. Sin embargo, mientras los almorávides eran nómadas originarios del Sahara, sus enemigos tradicionales, los masmuda, beréberes sedentarios del Alto Atlas, fueron quienes difundieron la doctrina almohade. En un viaje al Oriente realizado a principios del siglo XII, el nuevo reformador religioso, Ibn Tûmart, entró en contacto con nuevos movimientos filosóficos y religiosos.[120] Su doctrina se caracterizó por ser mucho más original que la almorávide, la cual se había limitado a ser un malikismo riguroso.[139] El nombre almohades de deriva de al-muwahhidûn («los que reconocen la unidad de Dios»), y la lucha de Ibn Tûmart se dirigía tanto contra los «antropomorfistas» como contra los «politeístas», y con ello contra la tendencia bastante difundida de endosarle a Dios atributos humanos. Para los almohades, Dios es un espíritu puro, eterno e infinito, y en consecuencia absolutamente sublime, de modo que incluso simples atributos como clemente y misericordioso son, en sentido literal, blasfemias, y en tanto aparecen en las Sagradas Escrituras, deben comprenderse metafóricamente. Más que filósofo, Ibn Tûmart era un predicador de la virtud y un revolucionario que, cuando era necesario, se dirigía a las masas en idioma beréber. Durante el período almohade el Corán se tradujo del árabe al beréber, lo cual en aquellos tiempos no dejó de ser una cosa extraordinaria.

Con la ayuda de 'Abd al-Mu'min, uno de sus discípulos más fieles, Ibn Tûmart logró que la población de una gran parte de Marruecos se sublevara contra el tambaleante régimen de los almorávides en Marrakesh. En un primer momento se le hicieron ampliaciones al pequeño poblado de Tinmal, en el Alto Atlas, a unos 90 kilómetros al sur de Marrakesh, para que sirviera de capital. Allí murió en 1130 Ibn Tûmart, el mahdi. En 1133 se designó «Emir de los Creyentes» a 'Abd al-Mu'min, un extraordinario organizador y jefe militar: en 1147 Marrakesh cayó en poder de los almohades. Inicialmente, éstos se interesaron ante todo por la conquista de Africa del Norte, incluyendo a Túnez; sólo después de la campaña de 1161 pudo asegurarse la sujeción de Andalucía. Abû Ya'qûb Yûsuf (1163–84), hijo y sucesor de 'Abd al-Mu'min, convirtió a Andalucía en una provincia del imperio almohade. Sin embargo, Sevilla únicamente pudo ser ocupada en 1172, después de la muerte del príncipe local Ibn Mardanîsh. Por otra parte, Abû Ya'qûb Yûsuf reanudó la tradición de las campañas militares de verano en las regiones cristianas. Había sido gobernador de Córdoba antes de asumir el califato, y parece que el ejemplo de al-Hakam II lo impresionó profundamente. Al igual que su predecesor omeya, se dedicó a coleccionar libros y se hizo rodear de hombres de ciencia y sabios, entre los cuales se encontraban Ibn Zuhr (Avenzor), Ibn Tufail e Ibn Rushd (Averroes). Además de Marrakesh, también prefirió a Sevilla como lugar de residencia, a la cual generosamente adornó con edificaciones. El gobierno de su hijo Abû Yûsuf Ya'qûb «al-Mansûr» (1184–99), fue el

Sevilla, muralla de la ciudad
No obstante que la bien fortificada muralla de la ciudad, con sus torres y su antemuro, fue construida sólo con barro apisonado, todavía se conserva en parte.

Sevilla, vista de la parte vieja de la ciudad
La foto muestra la Torre del Oro almohade y al
fondo la catedral que fue construida sobre la
mezquita mayor almohade. El Guadalquivir
(del árabe: al-Wâdî al-kabir, «el gran río») ha
desempeñado siempre un importante papel en
la vida de la ciudad.

PAGINA DOBLE SIGUIENTE:
Córdoba, Calahorra

Sobre la ribera izquierda del Guadalquivir, en un punto exactamente opuesto a la mezquita mayor, se construyó probablemente bajo los almohades una torre fortificada que servía como cabeza de puente. La edificación actual no es de la época omeya, sino una muestra de arquitectura defensiva mucho más avanzada.

más esplendoroso de la dinastía. Al igual que sus predecesores, éste fue un constructor importante. Obtuvo una serie de éxitos militares espectaculares tanto en Africa del Norte como en la Península Ibérica. La victoria de Alarcos (entre Córdoba y Toledo) en el año de 1195 sobre Alfonso VIII de Castilla fue una de las últimas victorias islámicas en España. Contribuyó a aumentar el prestigio de los almohades, pero por lo demás no condujo a que se consolidase su poderío militar. Por el contrario, provocó un desvastador contrataque cristiano en Las Navas de Tolosa en julio de 1212, en momentos en que los reyes de León, Castilla, Navarra y Aragón habían unificado por corto tiempo sus fuerzas.

A Abû Yûsuf Ya'qûb «al-Mansûr» le sucedió en 1199 su hijo Muhammad «al-Nasîr» («el Victorioso», ¡a pesar de la derrota de Las Navas de Tolosa!), a quien en 1213 sucedió su hijo de quince años, Abû Ya'qûb Yûsuf II, el cual fue incapaz de fusionar nuevamente el imperio almohade en proceso de desintegración. Después de su muerte ocurrida en 1224, las querellas familiares aceleraron el fin de la dinastía y precipitaron a Andalucía en una nueva guerra civil. Potentados locales y príncipes mercenarios combatieron entre sí. La Reconquista, ya por entonces considerada de manera expresa como cruzada, avanzó con rapidez. Jacobo I de Aragón y sobre todo Fernando III de Castilla (a partir de 1217) y León (a partir de 1230), penetraron sin grandes dificultades en el corazón de Andalucía. Fechas memorables de esas expediciones militares son las caídas de Córdoba en 1236, de Valencia en 1238 y de Sevilla en 1248. Jerez de la Frontera pudo resistir hasta 1261, Niebla hasta 1262, Murcia hasta 1266. Sólo el reino de Granada sobrevivió hasta 1492.

Entre los gobernantes locales que se sublevaron contra los almohades y que con posterioridad se defendieron por un período relativamente largo de los cristianos, merecen mención especial los Banû Hûd en Murcia y los Banû Mardanîsh en Valencia. Entre 1228 y 1230, Muhammad ibn Yûsuf ibn Hûd, un caudillo mercenario que afirmaba ser descendiente de la antigua dinastía hudí de Zaragoza, pudo extender su autoridad desde Murcia sobre Denia, Játiva, Granada, Almería y Málaga hasta Córdoba y Sevilla, e incluso hasta Ceuta. Unicamente Valencia, gobernada por Zayyân ibn Sa'd ibn Mardanîsh permaneció independiente. Pero de todas maneras el poder hudí se destruyó casi tan rápidamente como había surgido. El propio Ibn Hûd fue asesinado por uno de sus seguidores en 1237 en Almería.[140]

El repentino fin del poder almohade en Andalucía se puede explicar tanto por el rechazo de los dogmas almohades como por el acentuado carácter beréber de la familia gobernante. No obstante, la época almohade dejó edificaciones extraordinariamente bellas y notables, sobre todo en Sevilla y la región sudoccidental.

Arquitectura almorávide y almohade

La dominación almorávide en Marruecos y Argelia occidental dejó para la posteridad edificaciones importantes y excepcionales. Nada semejante se puede encontrar en Andalucía. Es probable que el ejército beréber se dedicara ante todo principalmente a la destrucción y el pillaje.

En cambio, en Africa del Norte los almorávides aparecieron en un comienzo como fundadores de fortalezas y ciudades, y poco después como constructores de mezquitas y palacios. Las fortalezas de Beni Touada, Amergo y Tashgimout, en Marruecos, son ejemplos típicos: las dos primeras, las más antiguas, están construidas con piedra cantera y en su conjunto son arcaicas. Amergo tiene torres redondas, una barbacana y una especie de torre albarrana; los tres elementos remiten a influencias cristiano-hispánicas. El arco de entrada recuerda al de la Puerta de la Bisagra en Toledo. Tashgimout fue construida alrededor de 1125. Sus muros de barro apisonado sobre cimientos de piedra cantera y sus torres con salones abovedados superpuestos delatan claramente la herencia andaluza.[141] Pero los elevados nichos con medias cúpulas nervadas que adornan la entrada tienen sus modelos directos en el Maghreb central, en la Qal'a de los Banû Hammâd. La fundación más famosa de los almorávides fue su nueva capital, Marrakesh, que terminaría dándole su nombre a todo el país: del árabe Marrûkush al español Marruecos. Fue fundada en el año de 1070.[142] Se le dotó de un palacio, Dâr al-hajar, la Casa de Piedra, del cual se han excavado y se conocen tres patios. A dicho palacio pertenecía también el pequeño pabellón abierto, que todavía se conserva, erigido para 'Alî ibn Yûsuf (1106–42), hijo de una andaluza. Su cúpula de sombrilla es una reproducción de la cúpula de la estancia anterior al mihrâb en la mezquita mayor de Córdoba. Se levanta sobre una arquería formada por arcos compuestos entrecruzados, que a su vez son una miniatura amanerada de las cúpulas nervadas cordobesas. Las albardillas están ricamente decoradas con estucos tallados.

Excavaciones realizadas en Chichaoua, al occidente de Marrakesh, han puesto al descubierto los restos de algunas plantaciones de caña de azúcar y un asentamiento con viviendas elegantes. Los fragmentos de la decoración son de estucos y pinturas murales, que parecen hallarse enteramente dentro de la tradición del arte taifa, siendo quizás más robustos. No se pueden pasar por alto los elementos del Maghreb central, y muchos detalles ya nos remiten a la estética de los almohades.[143] Un baño bien conservado en Nedroma nos proporciona un buen ejemplo de lo que eran los hammâm públicos de la ciudad almo-

Jerez de la Frontera, alcázar Santa María la Real
Sobre el oratorio octogonal, inscrito en un cuadro, se levanta una amplia cúpula. La edificación de esta extraordinaria mezquita almohade esté hecha fundamentalmente de ladrillo cocido, su severa sencillez es muy impresionante.

Kairuan, Túnez, mezquita de Sîdî Ogba
La edificación sacra más importante del Maghreb fue construida en la época de la conquista islámica, conservando hasta la actualidad la forma que adquirió a lo largo del siglo IX. En ella aparece por primera vez, en todo el mundo islámico, la planta de diseño T claramente definida.

ARRIBA:
Sala de oración, vista de occidente a oriente; a la derecha se reconoce el mihrâb

AL LADO:
Fachada de la sala de oración que da al patio

rávide.[144] La habitación principal, destinada a mudarse de ropa y descansar, posee una cúpula impresionante y monumental. El cuarto caliente, más modesto, recibe calefacción todavía como en la Antigüedad, por medio de hipocaustos y conductos de aire caliente en las paredes. El logro arquitectónico más importante de este baño es su habitación central abovedada: no se conocen antecedentes de la misma ni en el Maghreb occidental ni en Andalucía.

Prácticamente no se conservó nada de los palacios almorávides en Fez y Tlemecén. No obstante, algunas mezquitas mayores norteafricanas dan testimonio no sólo del fervor religioso de quienes ordenaron su construcción, sino también de la experiencia de sus arquitectos. Las mezquitas mayores de Argel, Nedroma y Tlemecén fueron construidas por los almorávides, la mezquita Qarawiyyîn de Fez le debe sus rasgos esenciales a esa dinastía. Las mezquitas de los viernes almorávides no tienen una planta unitaria: mientras las mezquitas de Argel, Nedroma y Tlemecén adoptan el esquema de Córdoba, así como el de Qairawân – el esquema de una nave longitudinal con una o varias arquerías transversales – la mezquita Qarawiyyîn sigue el plan de la nave transversal, que tiene su origen en la mezquita omeya de Damasco. En todo caso, en la última mezquita no se trata de una construcción enteramente nueva, sino de la ampliación de una edificación del siglo IX, lo cual puede ser la explicación del esquema tan arcaico. A las formas de arco andaluzas se le agregan ahora nuevos arcos dentados. Al igual que en Córdoba, el eje del mihrâb se encuentra destacado por cúpulas. La cúpula de la estancia anterior al mihrâb de Tlemecén, de alrededor de 1136, está constituida por una yesería calada, con estucos ricamente adornados, sobre una crucería de ladrillos: aparece por primera vez en esta región del Occidente islámico el motivo de las muqarnas. Las crucerías de ladrillos y las muqarnas indican que ciertas técnicas y formas de la arquitectura iraní han sido adoptadas y asimiladas por los constructores islámicos occidentales. En la zona superior de la fachada del mihrâb, una ventana permite que a través de sus rejas la luz caiga sobre el interior de la cúpula. Las

Tlemecén, Argelia, patio de la mezquita mayor
La mezquita almorávide proviene del siglo XI y fue ampliada en el siglo XIII.

finas y refinadas formas de los estucos tallados de la cúpula cobran vida con el juego de luces que produce la ventana enrejada y dan la impresión de ingravidez. Entre 1135 y 1142 la mezquita Qarawiyyîn fue reedificada. La riquísima decoración vegetalizada, geométrica y epigráfica de sus estucos parece haber sido tomada directamente de las decoraciones taifa andaluzas; pero la planta de la instalación, muchas de las formas de arco cada vez más complicadas y la cúpula de muqarnas, evidencian inspiraciones independientes de Andalucía. Por razones dogmáticas estas mezquitas carecían de alminar. Los llamados a la oración se hacían desde los techos o desde las puertas de las mezquitas.

En la Andalucía densamente poblada e intensamente cultivada, la cuestión de la dominación del país se planteó desde una perspectiva totalmente distinta a la del Africa del Norte. Si bien las destrucciones ulteriores causadas por los almohades y los cristianos no se pueden subestimar, lo cierto es que probablemente nunca existió una arquitectura específicamente andaluza-almorávide en España. Desde el punto de vista puramente material, los almorávides no tuvieron ninguna oportunidad de realizar grandes empresas constructoras. Yûsuf ibn Tâshufîn llegó en tres campañas a España, 'Alî ibn Yûsuf participó en cuatro expediciones militares, Tâshufîn ibn 'Alî ya no estuvo en el país. Por otro lado, algunos caudillos locales que lograron entenderse con Yûsuf mejor que al-Mu'tamid o que habían podido ofrecer resistencia a los almorávides, continuaron ejerciendo cierto mecenazgo; por ejemplo, al-Musta'in, el hudí de Zaragoza, también el señor de Valencia y Murcia. En Niebla, Mértola y Silves (Portugal) llegaron al poder por un tiempo los adeptos del dirigente místico Abû l-Qâsim ibn Qasî, declarado adversario del movimiento almorávide. Por eso, de antemano podemos presumir que más que un arte de la construcción almorávide, lo que se dio fue una arquitectura taifa bajo la dominación almorávide. Pero incluso de ésta casi no se conservó nada. En el período de la decadencia de los almorávides, la ciudad portuguesa de Mértola desempeñó un papel importante como centro del movimiento político-reli-

DERECHA:
Alcalá de Guadaira
La planta de la fortaleza se adapta al terreno. La muralla tiene principalemte torres rectangulares de diversa anchura, y un adarve protegido por almenas que, como sucede en toda la España islámica, no sobresale. Del antemuro, que también poseía torres, sólo quedan unos pocos restos.

IZQUIERDA:
Salé, Marruecos, mezquita mayor
La mezquita es una fundación almohade del siglo XII.

gioso insurgente de Ibn Qasî, pero la mezquita mayor del poblado probablemente fue construida sólo a comienzos de la época de dominación almohade, o sea, después de 1157.[145] El mihrâb de la que fuera la mezquita mayor de Almería tiene también restos de estucos decorados que provienen de esa época.

Murcia y Monteagudo

Algunos autores consideraban que el Castillejo de Monteagudo, en las cercanías de Murcia, debía fecharse en la época almorávide.[146] Sin embargo, de acuerdo con investigaciones recientes, se trata de una edificación de Muhammad ibn Mardanîsh (1147–72)[147] Este gobernante, a quien los cristianos llamaban «Rey Lope», provenía de una familia muwallad y era «de temperamento violento, constitución robusta, de gran coraje y espíritu de lucha».[148] Como resultado de los disturbios y la confusión que produjeron las luchas entre los régulos taifa y los almorávides, quienes realmente nunca pudieron dominar por completo a Andalucía, logró someter bajo su mando a Valencia y Murcia. Temporalmente pudo extender sus dominios hasta Jaén y Almería, Cádiz y Granada. Durante su mandato, Murcia, su capital, se convirtió en un centro político, económico y cultural de importancia.

La ciudad se encuentra ubicada en una zona extraordinariamente fértil, con extensos terrenos regados artificialmente y cultivados en forma intensiva, que además llama la atención por la cantidad de fortalezas que posee. Se tiene la impresión de estar frente a una tupida red de fortalezas,[149] ya que Aledo, Mula, Orihuela o Castillejo de Monteagudo son también, sin equívoco, instalaciones militares. Pero en muchos otros casos parece que más bien se trata de munyas, es decir, mansiones rurales de los habitantes acaudalados de Murcia, de mane-

Monteagudo
Arriba, el Castillar, una fundación romana; abajo, el Castillejo, una mansión rural árabe.

Planta del Castillejo   (M. Gómez-Moreno)

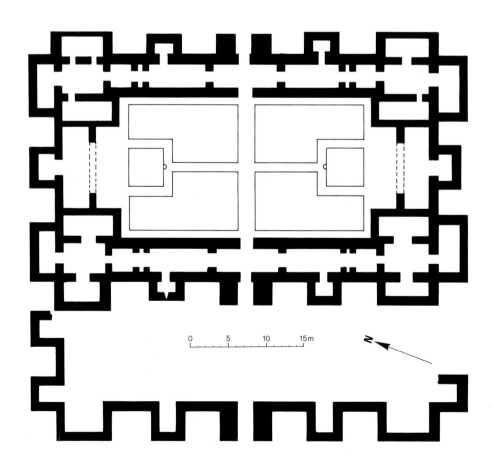

ra que la gran cantidad de restos de muro que todavía se conservan probablemente cumplían más funciones delimitadoras que defensivas. Es posible que el Castillejo de Monteagudo, 400 metros al noreste del promontorio de Monteagudo haya sido una munya de ésas. La edificación rectangular de 61 por 38 metros de lado, posee un muro exterior de barro apisonado con torres también rectangulares. La única entrada que se ha conservado se encontró en la parte media del costado longitudinal noreste, siendo probable que en el lado opuesto y en el mismo lugar también haya existido una entrada o un balcón. A unos 14 metros del costado noroeste del muro longitudinal se hallan los restos de un antemuro. Las instalaciones interiores del palacio se encuentran determinadas por un jardín central, cuyos andenes elevados cortados en cruz lo dividen en cuatro compartimientos iguales. En los costados más angostos se encuentran, uno frente al otro, dos pabellones construidos dentro del patio, tema que con posterioridad se repite también en la Alhambra nazarí, de donde se propagó a Marruecos. Los costados longitudinales tienen galerías, mientras que cada uno de los costados laterales dispone de un recibidor construido dentro de la torre de en medio, con un pórtico antepuesto al lado del jardín. También las otras torres, con la excepción de las de la puerta de entrada, están ampliadas. En las ruinas se encontraron restos de pinturas y estucos. Los elementos vegetalizados tallados en estos últimos, sobre todo las hojas pinadas, las medias palmetas asimétricas y los pecíolos, arriostrados en la armadura de los arcos, pertenecen a la tradición taifa. No obstante, en las decoraciones geométricas pintadas aparecen con más fuerza elementos maghrebíes. El palacio plantea una larga serie de interrogantes: ni siquiera sus funciones o la fecha de su construcción se conocen con exactitud. Lo único que se puede afirmar con seguridad es que constituye un ejemplo importante e interesante de obra arquitectónica ejecutada por un gobernante beréber independiente. Y que además, al igual que la Aljafería, representa un eslabón entre Madînat al-Zahrâ' y los palacios de la Alhambra.

Artesanía artística

De ese período se conservan algunos tejidos de seda de gran valor artístico, que reproducen motivos de animales heráldicos en medallones. Posiblemente provienen de Murcia, que fuera famosa por sus manufacturas de seda. La tradición de los cofrecillos y estuches de marfil ricamente tallados parece haberse perdido a partir de 1050. Los cofrecillos que se adjudican a los últimos años del siglo XI y el siglo XII son raros y la mayoría provienen de Cuenca, donde probablemente todavía funcionaba un taller originario de Córdoba. La conformación artística de esos trabajos demuestran un empobrecimiento e incluso el agotamiento de la actividad.[150] También puede ser que provenga de esta turbulenta época un almirez de bronce que se guarda en el Museo Villanueva y Geltru en Barcelona, un cofrecillo de plata del tesoro de San Isidoro de León y diferentes paneles de madera con inscripciones y cintas trenzadas, por ejemplo los del Museo Federico Marés en Barcelona.[151]

Una grandiosa obra de arte es el minbar de la mezquita Kutubiyya de Marrakesh, que fue terminada entre 1125 y 1130 en Córdoba por encargo de los príncipes almorávides para la mezquita del viernes de su propia capital. Los almohades, enemigos y sucesores de los almorávides, destruyeron la mezqui-

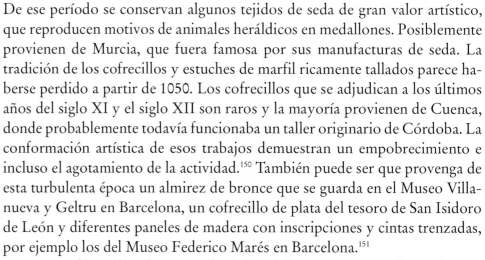

Marrakesh, Marruecos, la madrasa de Ben Yûsuf
La Escuela de Teología Superior y Derecho de Ben Yûsuf, es una fundación mariní del siglo XIV.

ARRIBA:
La puerta de entrada renovada en este siglo

AL LADO:
Detalles de un panel de pared del siglo XVIII con mosaicos de loza fina y grabados de la misma loza, que comprueban su afinidad con los antiguos modelos.

ta, pero conservaron el minbar para incorporarlo a su propia mezquita. El púlpito de casi cuatro metros de altura se encuentra adornado con incrustaciones. Sobre los costados del minbar se extiende un entretejido romboidal ajedrezado, compuesto de piezas de marfil e incrustaciones de maderas preciosas, que le proporcionan una delicada policromía. Los pequeños campos poligonales que forman se encuentran ricamente decorados por arabescos con medias palmetas asimétricas pinadas, piñas, palmetas y cogollos. La gran variedad de motivos y las diversas técnicas de tallado permiten concluir que se trata de un taller importante, al cual quizá también se le puede adjudicar el minbar de la mezquita Qarawiyyîn de Fez. Ambos probablemente se remiten al modelo del perdido minbar de al-Hakam II y confirman que el arte de la talla en madera y el trabajo de marquetería no se habían olvidado en la España almorávide.[152]

Los talleres de alfarería trabajaron probablemente sin mayores interrupciones en cada ciudad de importancia para satisfacer las necesidades cotidianas.[153] Mercancías suntuosas se comenzaron a producir desde el siglo X, aunque podemos suponer que la cerámica de lujo, la joyería, etc. languideció durante el interminable período de las guerras bajo la dominación de los almorávides. No obstante, se conservan fragmentos de orfebrería de los tiempos de Ibn Mardanîsh en Murcia.[154] La técnica de los productos azuliblancos de óxido de cobalto fue importada del Oriente presumiblemente

León de bronce, aprox. 1200, Louvre, París
El león fue descubierto en la provincia de Palencia, aunque no se sabe cómo llegó hasta allí. La inscripción sólo contiene una bendición. Probablemente se trata del adorno de una fuente, ya que la figura tiene junto a las fauces enteramente abiertas otra apertura en la parte inferior.

PAGINA DOBLE SIGUIENTE:
Vasijas de cerámica para el uso diario, Centro de Investigaciones Arqueológicas, Murcia
Piezas halladas en el pozo de la «casa árabe» en el barrio San Nicolás en Murcia: brasero, vasijas de cocina, recipientes para beber, platos platillos, cántaro de doble asa y lamparilla de aceite de la promera mitad del siglo XIII.

149

Seda de pavos reales, tejido español del siglo XII, Musée de Cluny
Se desconoce la finalidad originaria de la tela; pero constituye una convincente confirmación material de los textos literarios que a partir del siglo XI ensalzan las fábricas de tejidos andaluces.

Fragmento del manto de Don Felipe, Musée de Cluny
Seda del siglo XIII, probablemente de Almería.

desde la época de los almorávides, a pesar de que su apogeo lo alcanzó con la llegada de los almohades.[155] Si bien la época de los almorávides no dejó un punto ciego en el amplio espectro del arte andaluz, lo cierto es que no se tiene un cuadro completo y articulado de la misma. Sin duda alguna, en el campo de la arquitectura y de las artes plásticas la corriente cultural se desplazó del norte al sur de la región mediterránea occidental. Y cuando la arquitectura almorávide en el Maghreb alcanzó su punto culminante y se hubiese podido convertir a su vez en centro de irradiación, ya hacía tiempo que se había iniciado la decadencia de la dinastía, de manera que fueron sus sucesores quienes recogieron la cosecha.

Una nueva fe – una nueva estética

Con su nuevo credo los almohades también trajeron una nueva estética. En un principio, estos beréberes sedentarios del Alto Atlas eran tan ascetas y enemigos del arte como sus predecesores. Su propaganda anti-almorávide no se basaba únicamente en argumentos religiosos, sino de manera muy particular en argumentos morales. Acusaron a los almorávides de llevar una existencia de lujos y molicie y despreciaron sus palacios y su estilo de vida. Su profesión de fe implicaba en primer lugar el retorno a la sencillez más extrema. Pero su gusto y su actitud cambiaron de modo más rápido y fundamental que los de los almorávides, al grado que la época de los almohades ha pasado en la historia del arte y muy particularmente en la historia de la arquitectura, como una de las más importantes del Occidente islámico. Mucho más fructífera que las épocas de los almorávides y los príncipes taifa.

La capital política del imperio almohade fue Marrakesh; Tinmal se convirtió en un santuario muy venerado. Marruecos fue y se mantuvo como el centro del poder almohade. De manera que su arquitectura, al igual que la arquitectura almorávide, no se puede comprender sólo desde España.

De los almohades se conservaron sobre todo sus mezquitas, la más antigua de las cuales se halla en la ciudad de Taza, fundada en 1135. La primera Kutubiyya en Marrakesh probablemente fue construida en 1147, la mezquita conmemorativa de Tinmal se edificó alrededor de 1153 y la segunda Kutubiyya[156] cerca de 1158. La mezquita del viernes en Sevilla se levantó poco después de 1172, la de Salé más o menos por la misma fecha. La mezquita de Rabat se construyó alrededor de 1196/97, la de Qasaba de Marrakesh más o menos al mismo tiempo, mientras que la ampliación de la mezquita andaluza en Fez se realizó entre 1203 y 1207. Además se erigieron innumerables salas de oración más pequeñas a todo lo largo y ancho del enorme imperio.

Las mezquitas mayores almohades se caracterizan por sus naves perpendiculares a la qibla, y porque la nave central se destaca por su mayor anchura. Las naves chocan con la nave de la qibla transversal a ellas, un transepto. De esa manera queda arquitectónicamente destacado con claridad el diseño de planta T que, pasando por la Córdoba de la época califal, se remonta a Qairawân y Samarra y finalmente llega hasta Medina. En Tinmal y Marrakesh las bóvedas muqarnas destacan los tramos de penetración de la nave central y las dos naves exteriores con el transept, la nave de la qibla. La idea de levantar varias cúpulas en la nave de la qibla fue tomada de la mezquita fatimí de al-Hâkim en El Cairo. En cualquier caso, se estableció en el programa de construcción almohade de manera más rígida e intencionada, ya que cada una

Marrakesh, Marruecos, alminar de la Kutubiyya
El más antiguo de los alminares almohades, antecesor directo de la Giralda en Sevilla, es el símbolo de Marrakesh.

153

de esas cúpulas sujeta una nave longitudinal con una transversal. Las naves exteriores se prolongan hasta las galerías que rodean al patio y que encierran como elementos espaciales abiertos a dichas naves en la sala de oración. Esta tendencia a ordenar de manera formal el patio y la sala de oración se presenta de modo todavía más nítido en la mezquita Qasaba de Marrakesh y en la mezquita de Rabat. Desde un principio, la arquitectura sacra almohade se basó en grandiosas concepciones planificadas y claramente delimitadas, que se realizaban de manera rigurosa hasta en el último detalle. Debido a esa coincidencia entre la planta proyectada, el concepto tipológico, los fundamentos geométrico-metrológicos y los recursos decorativos, esas mezquitas se convirtieron en obras maestras admirables. La primera barraca de obra parece haberse establecido en Marrakesh. Desde allí se dirigieron las construcciones de Tinmal,[157] y a partir de éstas la influencia de la concepción almohade de la construcción se proyectó hacia Andalucía y Túnez.

Incluso la planificación de ciudades enteras se subordinó a la arquitectura de la mezquita mayor. De esa manera, Taza se encuentra orientada de modo totalmente unívoco hacia la qibla de la mezquita mayor, y el mismo principio se puede constatar en Salé, Rabat y la Qasaba de Marrakesh.[158] Las dimensiones y la audacia de las concepciones arquitectónicas sobrepasan todo cuanto se hubiera visto hasta entonces en el mundo islámico occidental.

En el Maghreb no se han conservado palacios almohades. La arquitectura secular de esa época sólo se conoce por algunas puertas de ciudad impresionantes que han llegado hasta nuestros días. Sus fachadas imponentes y las unidades espaciales sucesivas arregladas en diversos órdenes – salas con cúpulas o patios – muestran que, más allá de las finalidades defensivas, ofrecían un marco para actividades de recepción y administración de la justicia.

No obstante las distintas proporciones entre la planta, la proyección vertical y la decoración, un esquema unitario de medida geométrica es igualmente obligatorio para todas.[159] En consecuencia, la decoración se vuelve más rígida, produce un efecto menos lúdico, aunque de ninguna manera monótono, que el que producía en la época de los príncipes taifa y almorávides. La diferencia, por ejemplo, entre los estucos decorativos de la Aljafería o del pabellón de 'Alî

Sevilla, alcázar de Pedro el Cruel, frontispicio
Probablemente trabajaron artesanos de Granada en esta construcción de Pedro el Cruel. La inscripción árabe tiene un contenido religioso.

Sevilla, vista del alcázar desde la Giralda
Tanto el palacio abadí de al-Mu'tamid como el posterior palacio almohade de Abû Ya'qûb se encontraban ubicados poco más o menos en el lugar en que Pedro el Cruel levantó su alcázar, el cual seguramente tomó muchos elementos de las anteriores construcciones.

ibn Yûsuf y la mezquita de Tinmal es notable: el nuevo estilo es claro y amplio, está en condiciones de incluir superficies vacías y crear magníficas composiciones de conjunto.

La técnica del estucado ya era común en la época taifa y se continuó desarrollando bajo los almohades, en particular en los capiteles de Tinmal y de la Kutubiyya, así como en las cúpulas muqarnas. Tanto para la construcción como para los adornos se usaron ladrillos cuidadosamente cocidos, que podían formar grandes paneles con entretejido romboidal (losangeado). Las piedras talladas, que casi no se habían usado en el siglo XI, volvieron a utilizarse y se esculpieron para las fachadas de las puertas monumentales. Algo nuevo, tanto en Marruecos como en España, fueron los azulejos, que se utilizaron por primera vez en el mundo islámico occidental en la decoración exterior del alminar de la mezquita Kutubiyya. Sin duda alguna suponen influencias provenientes del Maghreb central y a través de ellas del islam oriental. Otra téc-

nica decorativa usual fue la pintura. Los estucos tallados siempre fueron recubiertos de colores, pero también cualquier superficie blanca, como algunas en Castillejo de Monteagudo y en Chichaoua, fueron pintadas con modelos geométricos.

La capital Sevilla y su mezquita del viernes

La capital andaluza de los almohades fue Sevilla. El alminar de su mezquita mayor, la Giralda, se levanta todavía en la actualidad como un símbolo del ancestral poder de los almohades, y al mismo tiempo se ha convertido en el emblema de la ciudad. La torre se erigió entre 1172 y 1198 y su actual coronación la obtuvo en el siglo XVI. Su nombre proviene de la estatuilla que gira con el viento (Giraldilla), una veleta que representa a la Santa Fe y que se alza sobre la torre. El material con que fue construida se compone de grandes sillares en los cimientos, de expolios de edificaciones abadíes para las hileras siguientes, y sobre todo, de ladrillos cuidadosamente cocidos. En la decoración, al igual que en la mezquita Kutubiyya, se utilizaron azulejos de color.[160] Sobre la planta cuadrada de 14,85 metros de lado se levanta el alminar, que llegó a tener más de 70 metros de altura. Alrededor del núcleo central con sus siete cuartos con cúpula sobrepuestos sube una rampa de 34 secciones que conduce hasta la plataforma y la parte de la construcción que le agregaron los cristianos. Las fachadas están subdivididas en tres porciones, la zona lisa del zócalo y las dos superiores de adorno losangeado. La división en tres partes también es vertical: la zona central de las ventanas está flanqueada por dos paneles de ladrillos tallados dibujando rombos, que arrancan de dos arcadas gemelas ciegas y están formados por la prolongación y el entrecruzamiento de los arcos festoneados. El remate está constituido por una arcada ciega de arcos dentados polilobulares que se entrecruzan y están montados sobre columnas.

Un relieve de la Giralda en su antigua condición que ha llegado hasta nosotros permite reconocer que sobre la arcada ciega se encontraba una plataforma coronada de almenas, encima de la cual se levantaba, a partir de una arcada gemela que le servía de base, una torrecilla más delgada. Esta torrecilla poseía asimismo paneles con adorno losangeado y una corona de almenas debajo de la cúpula superior.

La torre es más alta y más esbelta que el alminar de 'Abd al-Rahmân III en Córdoba. Por sus proporciones recuerda a los alminares del Maghreb central, como el de la Qal'a de Banû Hammâd en Argelia. Pero el remate de la arcada ciega con los arcos que se entrecruzan y las ventanas gemelas son una reproducción de motivos de la época califal. Comprueban que los nuevos gobernantes y constructores de ninguna manera despreciaban la antigua herencia, sino que, por el contrario, la aprovechaban para dar más prestigio a sus propias y ambiciosas construcciones.[161] El muro interior de la catedral muestra todavía algunos restos islámicos, pero la sala de oración ha sido totalmente reconstruida.[162] La mezquita mayor original de los almohades fue construida por Abû Ya'qûb alrededor de 1171 con 17 naves de 13 tramos cada una. La nave central y las naves exteriores eran más anchas que las restantes y probablemente tenían un tramo adornado con cúpula que atravesaba el transepto. El patio estaba rodeado por un peristilo, encontrándose la entrada principal en la mitad

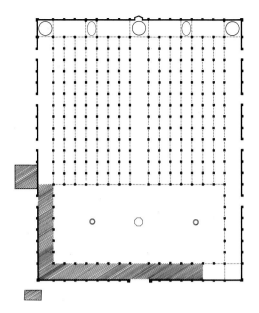

Sevilla, planta esquemática de la mezquita mayor almohade (según H. Terrasse)

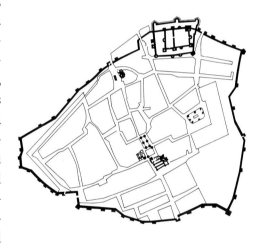

Niebla, muralla de la ciudad, planta de la misma y del alcázar (A. Marín Fidalgo)
La ciudad construida sobre una colina se encuentra rodeada por un muro fortificado de tres kilómetros de largo. También las ruinas de la vieja fortaleza son de la época mora.

del costado norte. La planta es en términos generales típicamente almohade, aunque probablemente la longitud de las arcadas sea una copia de la mezquita de Córdoba.

En Bollulos de la Mitación, al occidente de Sevilla, hay una pequeña mezquita almohade que ha sido transformada en iglesia cristiana: la ermita de Cuatrohabitan. Tiene un oratorio de tres naves, cuyas dos filas de arcadas poseen cinco arcos sencillos enmarcados en un alfiz. La entrada se encuentra donde antes era el mihrâb. Hacia el norte se halla el alminar, de planta cuadrada (únicamente 3,28 metros por lado) como la Giralda, construido con ladrillos cocidos. Cada uno de los cuatro frentes de la torre es distinto: uno es liso, los otros tienen tres paneles rectangulares superpuestos y algo hundidos, cada uno con dos estrechas ventanillas. Las ventanillas de los dos paneles inferiores están enmarcadas por arcadas gemelas. Todo el alminar es modesto, pero constituye una réplica armoniosa de la Giralda. La construcción no está fechada, pero probablemente proviene de los años entre 1198 y 1248.

Otras mezquitas almohades de la provincia suroccidental

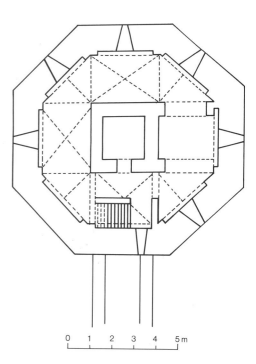

Planta (L. Torres Balbás)

La actual iglesia de Santa María de la Granada, en Niebla, cuyo historial arquitectónico todavía es bastante oscuro, tiene en su patio restos de arcos ojivales lobulados apoyados sobre columnas. En cualquier caso dan testimonio de una fase de construcción almohade, a la cual probablemente perteneció también el alminar original, que entretanto ha sido reconstruido como campanario. En la bastante deteriorada iglesia de San Martín, también en Niebla, se conserva todavía una arcada de ladrillo que tal vez se remita a una mezquita almohade.[163]

La mezquita en el alcázar de Jerez de la Frontera, actualmente la Capilla de Santa María la Real,[164] ubicada en la esquina norte del alcázar, es de un tipo totalmente diferente y a primera vista muy desconcertante: el oratorio tiene

Niebla, Santa María de la Granada
La iglesia tiene una historia arquitectónica complicada, a la que sin duda alguna también pertenece una etapa almohade.

una planta cuadrada de apenas 10 metros de lado, sobre la que se levanta una amplia cúpula octogonal. Hacia su lado noroccidental se abren tres arcadas hacia un pequeño patio con una entrada en forma de U. En la esquina norte se ha construido un alminar, en el centro del patio hay una pila a la que habría que agregar en la esquina norte una fuente profunda, cuyo borde de cerámica se ha conservado. Casi toda la construcción está hecha de ladrillo. El salón de la cúpula, aunque parezca contradictorio, está orientado: el mihrâb es un nicho profundo, cuadrado con una cúpula (restaurada) que se reproduce en miniatura en las esquinas del muro de la qibla. Detrás de las grandes arcadas esquineras situadas diagonalmente, sobre las cuales descansa la cúpula principal, existen unas cuñas triangulares: cada una de las que se encuentran del lado del mihrâb posee una cúpula en miniatura, mientras que las que se hallan en lado opuesto contiguo al patio, sólo tienen bóvedas sencillas de arista.

Jerez de la Frontera, alcázar

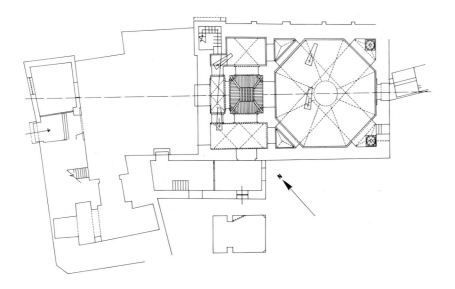

Planta de la mezquita en el alcázar
(A. Jiménez Martín)

Jerez de la Frontera, Santa María la Real, el antiguo alminar en el alcázar

Las mezquitas almohade son en su mayoría de varias naves. La del alcázar de Jerez de la Frontera parece ser tan excepcional que se trató de interpretar como si originalmente hubiese tenido tres naves. Sin embargo, esta interpretación no convence, por la sencilla razón de que no se trata de una mezquita del viernes, sino de una capilla palaciega, como la mezquita de la Aljafería. En ambas la planta está constituida por un octógono inscrito en un cuadrado. Pero el arquitecto de la mezquita del alcázar no sólo adoptó la antigua tradición del salón central para la capilla del castillo, sino que mediante una reflexión consecuente adaptó ese esquema a los requerimientos ideológicos de los nuevos tiempos. Prueba de lo anterior son las tres pequeñas cúpulas «orientadas» que se hallan del lado de la qibla. La edificación extraordinariamente armónica y clara fue erigida a finales del siglo XII y pertenece a la época del florecimiento de la arquitectura hispanoalmohade.

Palacios y fortalezas

Sevilla, vista antigua del parque del alcázar

Sólo en Sevilla quedan algunos restos de los palacios almohades de Andalucía, los cuales no son suficientes para permitirnos reconstruir la situación general.[165] En el interior del actual alcázar se encuentran con seguridad innumerables cuartos y patios que se remontan a instalaciones almohades, pero éstas han sido destruidas, reconstruidas y modificadas tantas veces, que se vuelve muy difícil precisar la fecha de cada elemento individual. La mayor parte de las edificaciones en su estado actual provienen de la época de Pedro el Cruel, quien hizo traer artesanos de la Granada nazarí en el tercer cuarto del siglo XIV, con el fin de que le construyeran un palacio según sus concepciones. Por tanto, las inscripciones árabes que alaban a Allâh de ninguna manera son indicadores de que quienes ordenaron la edificación fuesen islámicos. Ya en el siglo XIII y a principios del siglo XIV la disposición de los diseños almohades se había transformado. Además, hasta la fecha no se ha podido aclarar qué fue lo que los almohades tomaron del palacio abadí de Mu'tamid. Con seguridad es almohade el patio del yeso, un jardín largo, rectangular, con arriates y un canal por el medio. Los edificios son de ladrillos, a uno de cuyos costados longitudinales se encuentra un pórtico de siete arcos. El arco central de ojiva más elevado tiene el típico perfil del arco lobulado, con segmentos contiguos de arcos escarzanos y ojivales, de tal manera que sus pechinas están provistas de la usual red de arcos entrecruzados. Se encuentra flanqueado a cada lado por tres arcos lobulados más pequeños, sobre los cuales se levantan unos paneles de rombos calados. En uno de los costados angostos se encuentra una entrada de tres arcadas escayoladas, que conduce a una habitación con cúpula, la cual en todo caso fue modificada por los señores cristianos del alcázar. También es probable que sea almohade una cúpula nervada, adornada con estucos y una coronación de muqarnas, que se encuentra en el patio de las banderas.[166] El ya mencionado crucero es un jardín con andenes o paseos a elevado nivel que se entrecruzan, pilas y arriates instalados a profundidad, que se construyó sobre un jardín del antiguo palacio abasí. En el centro, donde se cruzan los andenes, se encuentra una pila redonda empotrada, cuyas paredes todavía muestran pinturas decorativas. Las paredes de ladrillo de los arriates, que entre otras plantas tuvieron en un tiempo árboles de naranjo,[167] también tienen bonitas pinturas al estilo de las conocidas en los estucos, quizá con la finalidad de sustituir los colores que faltan en el invierno.[168]

La sala en el costado longitudinal del Patio del Yeso tiene un motivo arquitectónico que, a partir de entonces, se encuentra repetidas veces en las edificaciones islámicas occidentales. Sobre las puertas de la lujosa sala se encuentran colocadas unas ventanillas con primorosas rejillas de estuco, las cuales permiten el ingreso de una luz discreta cuando las puertas están cerradas y además proporcionan ventilación. La gran cantidad de capiteles de Madînat al-Zahrâ' de la época de los califas llegaron probablemente a formar parte de las construcciones cristianas a través de los almohades. En las mismas mezquitas almohades fueron un elemento muy estimado.[169]

De los pocos elementos materiales de los palacios almohades que han llegado hasta nosotros,[170] se puede sacar en claro por lo menos un hecho: los almohades no persiguieron aquella austeridad tan apreciada por Ibn Tûmart, austeridad que incluso se expresó en la arquitectura sacra. En el *hortus conclusus* se integraron la riqueza del decorado con los juegos de agua y los aromáticos

ARRIBA Y ABAJO:
Sevilla, alcázar, Patio del Yeso
Se conserva en gran medida el carácter almohade del Patio del Yeso. La fachada, rítmicamente seccionada en tres partes, con sus paneles de figuras romboides (losangeadas) que surgen del entrecruzamiento de los arcos festoneados, pertenece a los raros ejemplos de arquitectura palaciega almohade que se conservan.

Sevilla, alcázar, sala junto al Patio del Yeso
La taza plana de la fuente en el centro de una sala con cúpula, es típica de las habitaciones en los palacios del Occidente islámico en la Alta Edad Media.

AL LADO:
Alcázar, Patio de las Muñecas
Los capiteles y las columnas son expolios de la época del califato omeya, probablemente de Madînat al-Zahrâ'. Se trasladaron a Sevilla presumiblemente en los tiempos de al-Mu'tamid.

PAGINA DOBLE ANTERIOR:
Sevilla, alcázar, Salón de Embajadores
La concepción y la realización de la sala de recepción de Pedro el Cruel proviene en gran parte de la arquitectura nazarí contemporánea. La sala pertenece a los famosos ejemplos del arte mudéjar de Sevilla.

arbustos ornamentales, como expresión de un suntuoso refinamiento del disfrute de la vida. El Patio del Yeso ya se encuentra muy cercano a los jardines de la Alhambra. El parque que todavía hoy se extiende por detrás del alcázar probablemente también es de origen almohade. La propia Marrakesh almohade ya era famosa por sus amplios parques con grandes extensiones de agua artificiales, de los cuales una parte todavía se conserva en la actualidad.

En la época almohade el islam hizo el último esfuerzo por estabilizarse en España. Por una parte, pretendían apoyar la resistencia contra la Reconquista, y por otra, contribuir al control administrativo de los andaluces que se rebelaban contra los beréberes. Las murallas de todas la ciudades de mayor tamaño fueron mejoradas o reconstruidas, se arreglaron las fortalezas de las ciudades y se fundaron nuevos burgos. Se construyeron nuevos sistemas de fortificaciones en Sevilla, la nueva capital, en Córdoba, la antigua capital, en Badajoz, Cáceres, Trujillo y Montanchez en Extremadura, y en Ecija, Jerez de la Frontera y Gibraltar más hacia el sur. Una fundación de esa época es Alcalá de Guadaira. Hacia el este, a finales del siglo XII y principios del siglo XIII se fortificaron nuevamente los alrededores de Valencia, Alicante y Murcia.[171] Muchas cumbres montañosas coronadas pintorescamente con ruinas de muros dan todavía testimonio de esas últimas confrontaciones guerreras entre el islam y la cristiandad en el sudeste de Andalucía.

En algunos lugares, como en Sevilla y Córdoba, delante de las murallas principales se levantaron antemuros guarnecidos por torres y con adarves. Las torres eran redondas, poligonales[172] o – en la mayoría de los casos – cuadradas; eran más grandes y sobresalían más por encima de los muros que las de la época de los califas. Sus bases siempre eran sólidas, pero a la altura de los adarves se construyeron casetas de guardia, sobre las cuales había una terraza almenada. Una novedad fueron las torres albarranas, torres flanqueadoras que se encontraban a cierta distancia de la muralla principal, con la cual se comunicaban a través de un muro transversal. Las torres albarranas tenían sobre su base sólida casetas de guardia, en ocasiones en varios pisos, sobre las cuales había una terraza coronada de almenas. Como material de construcción para los muros se usaba con frecuencia barro apisonado, a menudo con junturas pintadas. Para las torres y las puertas se utilizaban ladrillos cocidos y piedra labrada. No obstante, en los lugares alejados se continuó construyendo con las técnicas consagradas por el uso, por ejemplo en Sierra de los Filabres, donde se emplearon planchas de pizarra y tierra.[173] Hasta el momento, sólo excepcionalmente se ha podido adjudicar una fecha exacta al surgimiento de las innumerables y diferentes instalaciones fortificadas andaluzas, burûdj, husûn, qusûr, qilâ, qulay'ât, qayaât,[174] que cubrían con una tupida red al país, sirviendo para fines administrativos, de defensa, ataque y almacenamiento.

Entre esas construcciones se destacan la Calahorra en Córdoba y la Torre del Oro en Sevilla. No son únicamente monummentos que pretenden hacer ostentación de poder, sino torres fortificadas, cuya construcción fue bien planificada y ejecutada, para que sirvieran de cabeceras de puente. La Torre del Oro, una torre dodecagonal con una escalera interna de caja exagonal y originalmente de tres pisos, era una torre esquinera de la muralla de la ciudad; parece ser que en la otra ribera se encontraba otra torre semejante, y que en tiempos de guerra se sujetaba una cadena entre ambas torres, con el fin de proteger el puerto. Su nombre lo adquirió de las resplandecientes losas doradas que en un tiempo la recubrieron.

Sevilla, Alcázar, entrada de la Sala de la Justicia
Esta conformación de la fachada del patio interno se inspiró sin duda alguna en el Patio del Yeso almohade, si bien no logra alcanzar su ponderada armonía y su riguroso ritmo.

Sevilla, pabellón moderno en el patio del alcázar
La decoración de este pabellón confirma la supervivencia de las viejas formas de la época mora.

AL LADO Y PAGINA SIGUIENTE:
Detalle de los mosaicos de loza fina del alcázar

Sevilla, Torre del Oro
Se supone que al otro lado del Guadalquivir, frente a esta torre de planta dodecágona, se levantaba otra similar, y que una cadena tensa entre ambas torres podía bloquear el puerto. En cualquier caso, esta torre no sólo es una notable cabeza de puente fortificada, sino al mismo tiempo un monumento de prestigio para demostrar el poder de la época almohade.

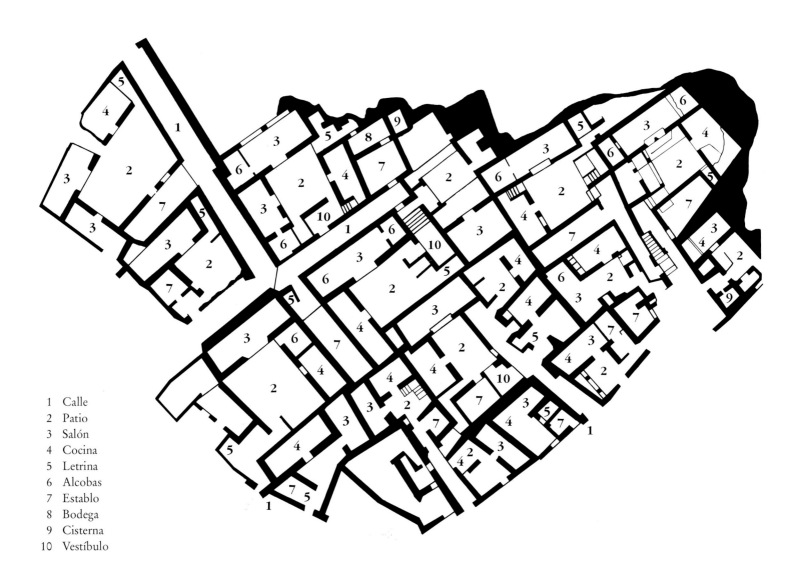

1 Calle
2 Patio
3 Salón
4 Cocina
5 Letrina
6 Alcobas
7 Establo
8 Bodega
9 Cisterna
10 Vestíbulo

Cieza, ruinas de la antigua ciudad islámica Siyâsa
Ciudad que en un tiempo dominaba el valle del Segura y fue abandonada después de la reconquista cristiana. Desde hace algunos años se inició su excavación.

Paisaje en Archidona
También en Archidona se encuentra el mismo cuadro que con frecuencia se halla en otros lugares: ruinas de un antiguo castillo moro que marcan el aspecto de la ciudad. Pero en este caso es más impresionante el paisaje circundante.

La Andalucía suroriental nunca se sometió realmente a los almorávides o a los almohades, y batalló de modo permanente por su independencia. Por eso nos parece totalmente legítimo hablar, en Valencia o Murcia, tanto de un dominio taifa almorávide como de uno taifa almohade. Pero entonces se plantea en la historia del arte la pregunta de si esas fuerzas centrífugas llegaron a encontrar sus propios medios de expresión artística, un estilo artístico específico. Las excavaciones realizadas en Murcia y sus alrededores en los últimos años parecen conducir a una respuesta afirmativa.[175] Han dejado al descubierto ruinas muy reveladoras, con frecuencia sin precedentes, como el actual Convento de Santa Clara, un palacio ricamente decorado de los siglos XII y XIII, donde merece especial mención una techumbre de yesería muqarna exquisitamente pintada. A ella pertenecen también los fragmentos y piezas de cerámica encontrados en el hueco de un pozo en el barrio San Nicolás, o la cerámica esgrafiada difundida por todos los alrededores, esto es, cerámica negra (de manganeso) no vitrificada, adornada con rendijas, cuya técnica probablemente se inspiraba en el deseo de imitar el trabajo en metal. Entre los restos de cerámica merecen asimismo atención especial los soportes de jarrón en forma de casa, que hasta la fecha se conocían del Oriente y que aparecen aquí como un fenómeno paralelo excepcional.

La provincia de Murcia: Cieza

La Cieza actual, en la parte norte de Murcia, se encuentra ubicada en la planicie del Segura, al este de un «despoblado», es decir, de una ciudad islámica de nombre Siyâsa, que después de su anexión al Reino de Castilla en el año de 1243, comenzó a ser paulatinamente abandonada por sus habitantes, al parecer sin violencia ni destrucciones, pero que nunca más se volvió a poblar. Siyâsa, una parada sobre el trayecto de Cartagena a Toledo, fue fundada sobre una colina en tiempos inmemoriales (se han encontrado algunos restos de cerámica romana).[176] La fortaleza se encuentra en la esquina noroccidental de la ciudad amurallada, mientras que hacia el sur, fuera de los muros, hay un cementerio grande. Hasta el momento se ha excavado el sector oriental de la ciudad, en el cual se han encontrado residencias de gente más o menos acomodada, con patio interior, dormitorios, salas, cocinas, letrinas y fuentes, separadas entre sí por callejones. Todavía no se ha descubierto la mezquita. Los hallazgos arqueológicos y las fuentes escritas indican que la ciudad prosperó en el siglo XII y a principios del siglo XIII. La decoración de las casas evidentemente se concentraba en el patio y el salón rectangular transversal. Constaba de estucos primorosamente tallados y pintados, los cuales podrían clasificarse en tres grupos: estucos del período posterior al califato, que todavía guardan claras resonancias de las formas de expresión omeyas; un segundo grupo emparentado con el Patio del Yeso; y un tercero, que debido a su extraordinaria elegancia ha sido calificado por Julio Navarro Palazón como protonazarí.

Irradiaciones al norte cristiano

En ciudades que desde hacía bastante tiempo habían sido reconquistadas por los cristianos, como Toledo, o en otras que nunca cayeron en manos islámicas, como Burgos, se encuentran estucos de genuina decoración almohade. Eso demuestra que, no obstante el implacable avance de la Reconquista, los señores cristianos se encontraban entusiasmados con las creaciones artísticas de sus enemigos vencidos, por lo que no tenían ningún reparo en que maestros de sus talleres trabajaran para ellos. Los capiteles de estuco y la yesería de las paredes de la antigua sinagoga de Santa María la Blanca, en Toledo,[177] o de la Capilla de

Monasterio de Las Huelgas en Burgos, techumbre de madera de la Capilla de Santiago
Monasterio cirsterciense fundado a finales del siglo XII por Alfonso VIII, como apoyo directo a la corona. Muchos detalles decorativos de su claustro principal y de sus dos capillas dan testimonio de la admiración que la élite cristiana de la época sentía por el arte moro. Tanto esta cúpula de madera de colores con su patrón de estrellas como los revestimientos de yeso de la bóveda del claustro de San Fernando son trabajos mudéjares, probablemente de finales del siglo XIII. En gran parte fueron concebidos en «estilo morisco», pero no fueron realizados necesariamente por musulmanes.

la Asunción, en el Monasterio de Las Huelgas en Burgos, son puramente almohades. El Monasterio de Las Huelgas fue fundado en 1187 por Alfonso VIII
para su esposa, Eleonor, hija del rey inglés Enrique II. La Capilla de la Asunción probablemente se terminó de construir a principios del siglo XIII. La
cúpula principal, con su arquería de yeso, tres pequeñas cúpulas muqarnas de
estuco, la forma de la pechina y sobre todo los arcos escarzanos, los arcos de
piñas colgantes, los arcos lobulados con lóbulos quebrados y los motivos de
relleno vegetalizados de medias palmetas lisas y cogollos, pertenecen a las me-
jores contribuciones de la decoración almohade. El artesonado de madera en
la techumbre del claustro principal del convento bien puede provenir de la
misma fecha, pero es probable que hayan sido realizados por maestros de obra
mudéjares, permaneciendo el repertorio de formas unívocamente ligado a los
caracteres de cuño almohade.[178] En esta capilla privada inicia el legado hispano-islámico su prolongada carrera en el arte hispano-cristiano.

Desde un principio habían existido beréberes en la España islámica, pero al
igual que los turcos bajo las primeras dinastías islámicas del Cercano Oriente,
durante bastante tiempo ocuparon un lugar subordinado en la escala social.
Finalmente, cuando siglos después las dinastías beréberes tomaron el poder,
chocaron con la enconada resistencia de la vieja capa superior árabe. No obstante, el contacto resultó ser muy fructífero para ambos bandos. Si bien en el
campo de la arquitectura Andalucía había sido en la época de los almorávides
la que más había aportado, con los almohades, que recibieron la herencia almorávide, la relación se invirtió. Pocas veces se construyó con más conciencia
de estar propagando la voluntad de dominio que en la época de los califas
almohades. Mas a pesar de esa poderosa autoestimación, siempre buscaron
legitimarse con la esplendorosa época del califato de Córdoba.

*Revestimientos de yeso en el claustro de San Fer-
nando*

El escudo de armas de Castilla

PAGINA DOBLE SIGUIENTE:
*Monasterio de Las Huelgas en Burgos, Capilla
de la Asunción*
El decorado en yeso de la cúpula y las arcadas
probablemente proviene de talleres almohades.

1237–1492

El dominio de los nazaríes

Muhammad ibn Yûsuf ibn Nasr, fundador de la dinastía nazarí, pertenecía a la familia de los Banû l-Ahmar. Durante el proceso de descomposición del imperio almohade, tomó el poder en 1232 en Arjona, en las cercanías de Jaén, y luego se apoderó del propio Jaén en 1233. Al año siguiente ocupó por un mes Sevilla y se instaló en 1237 en Granada, capital de la taifa zirí del siglo XI.[179] Finalmente, en 1238 anexó al nuevo sultanato Almería y poco después, Málaga. Al caer Jaén en 1246 en poder de Fernando III de Castilla, Muhammad I se replegó a Granada y reconoció la supremacía de Fernando, es decir, comenzó a pagar regularmente un tributo y participó en las campañas cristianas, por ejemplo, contra Sevilla. En compensación retuvo el dominio sobre una región que se extendió al sur desde Tarifa hasta unos sesenta kilómetros al este de Almería, y cuya frontera norte corría por los alrededores de Jaén. Sin embargo, no se debe considerar a esa frontera como inmovible, ya que se modificó en el transcurso de la historia del sultanato de acuerdo con las vicisitudes de la guerra y otras circunstancias. El territorio abarcaba en un primer momento lo que en la actualidad son las provincias de Granada, Málaga y Almería. No obstante que los numerosos puertos de la costa ofrecían excelentes lugares de desembarco a eventuales tropas auxiliares africanas, a los castellanos probablemente les pareció muy dispendiosa la conquista de aquel territorio montañoso, sobre todo porque Muhammad I había demostrado ser un vasallo digno de confianza.

Durante este último sultanato de la Península Ibérica los baladiyyûn, shâmiyyûn, muwalladûn y beréberes se habían fusionado desde hacía tiempo formando una población mestiza arábigo-islámica bastante homogénea, caracterizada según Ibn al-Khatîb, historiador y visir de Granada, por ser de «tamaño mediano, piel blanca, cabello negro, facciones regulares, espíritu alegre, con talento para la enseñanza ... »[180]

Gran parte de las comunidades mozárabes se habían disuelto, ya que la mayoría de sus miembros habían huido a la España cristiana durante las persecuciones de cristianos emprendidas por los almorávides y los almohades. A pesar de ello habían algunos cristianos en Granada: por un lado, la escolta personal del sultán y, por otro, en establecimientos comerciales, donde participaban catalanes, florentinos, venecianos y sobre todo genoveses. A ello debe agregársele una considerable cantidad de prisioneros, secuestrados por medio de razias o la piratería, que se encontraban sometidos a trabajo forzado y eventualmente compraban su libertad. La comunidad judía había llegado a tener considerable poder durante la época zirí, pero lo había perdido debido al pogrom de 1066. La persecución de los judíos se dio en toda Andalucía tanto durante la dominación almohade como posteriormente con la llegada de los gobernantes cristianos. Por contraposición, los sultanes nazaríes acogieron de buen grado a los judíos que buscaban refugio. Estos participaron en la vida cultural y económica de Granada como médicos, traductores, artesanos y comerciantes. En esta última actividad, desempeñaron el papel de intermediarios entre las grandes casas comerciales extranjeras y la población local.[181] La población de Granada también se incrementó con la llegada de musulmanes o muslimes que huían de las regiones ocupadas por los cristianos. En la colina de Albaicín se establecieron muchos andaluces orientales. La política exterior de Granada se agotó en la difícil tarea de mantener el equilibrio entre sus dos poderosos vecinos: los diferentes príncipes cristianos y los gobernantes beréberes de Africa del Norte, quienes por su parte permanentemente hacían y deshacían sus alianzas.

A partir de la caída de los almohades una nueva dinastía bereber se hizo del poder en Marruecos: los meriníes deambularon como nómadas en Marruecos oriental durante los siglos XII y XIII, antes de conquistar a mediados de éste último siglo a Taza, Fez, Meknes y Salé. Veinte años más tarde también ocuparon Marrakesh. Sus pretensiones de poder carecían de todo fundamento religioso, por lo cual buscaron con todo ahínco legitimarse mediante la Jihâd. Sin embargo, sus seis expediciones militares contra España realizadas entre 1275 y 1291 no les proporcionaron resultados permanentes. La aplastante derrota de Río Salado en el año de 1340 puso fin a la política de Jihâd de los meriníes. No obstante, pudieron sostenerse por bastante tiempo en Algeciras, Tarifa y Ronda. Esta última ciudad perteneció o bien a los nazaríes o bien a los meriníes, pero de hecho permaneció en gran parte independiente, hasta su toma por Fernando VII en el año de 1485.

La política interior de los nazaríes tuvo que enfrentar con frecuencia la sublevación de caudillos, los cuales por su parte buscaban el respaldo de los vecinos cristianos o marroquíes. Granada vivió su época de esplendor en el

Ronda, la catedral
En la catedral actual todavía se encuentran restos de la decoración en yeso de un mihrâb de finales del siglo XIII.

Ronda, Puente de San Miguel
La ciudad sobre una meseta rocosa se encuentra dividida en dos partes por un abrupto desfiladero, el «Tajo», en cuyas profundidades corre el Gualdalevin: al sur, la vieja ciudad mora, y al norte, la ciudad moderna. Los tres puentes sobre el Tajo son de lo más impresionante.

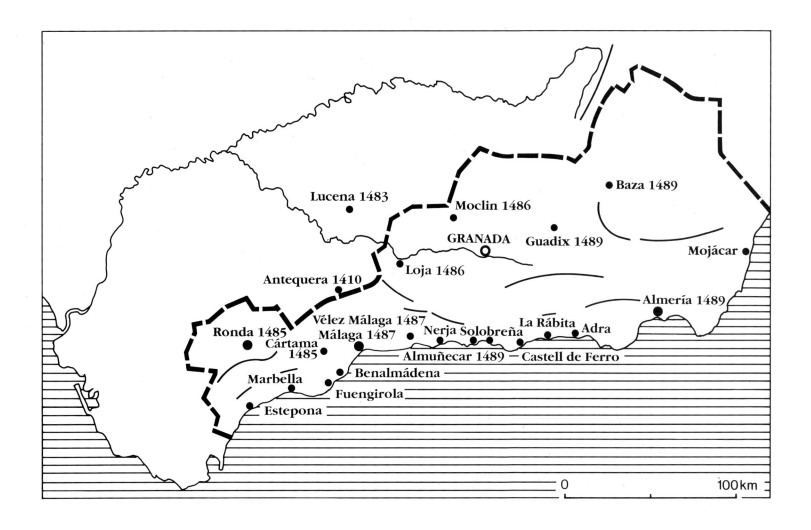

Lucena 1483
Baza 1489
Moclin 1486
GRANADA Guadix 1489
Mojácar
Loja 1486
Antequera 1410
Almería 1489
Vélez Málaga 1487
La Rábita
Ronda 1485 Nerja Solobreña Adra
Málaga 1487
Cártama
1485 Almuñecar 1489 — Castell de Ferro
Marbella Benalmádena
Fuengirola
Estepona
0 100km

Mapa del sultanato nazarí de Granada
(R. Arié)

siglo XIV bajo los sultanatos de Yûsuf I (1333–54) y Muhammad V (1354–59 y 1362–91). Las buenas relaciones que el sultanato mantuvo por momentos con Castilla y Marruecos le ayudaron a superar algunos de los disturbios internos. En general, el siglo XIV fue una época de bienestar económico: la agricultura intensiva, la artesanía altamente desarrollada y las relaciones comerciales amplias le proporcionaron a Granada un fundamento sólido para su famosa época de esplendor. De dicha época provienen los palacios más bellos de Granada y su Alhambra.

Las querellas intestinas por el trono de la familia nazarí fueron debilitando a Granada en la misma medida en que creció la amenaza cristiana. La unificación de los reinos de Castilla y Aragón por medio del matrimonio de Isabel y Fernando en 1469, selló la suerte del sultanato. Antequera ya había caído en 1410, Gibraltar y Archidona cayeron antes de 1464, Málaga se rindió en 1487 y Almería en 1489. El último sultán nazarí, Abû 'Abd Allâh Muhammad XII, llamado Boabdil por los españoles, abandonó la Alhambra en enero de 1492.

Con eso llegó a su fin la historia política de la España islámica. Sin embargo, su influencia cultural permanecería viva todavía durante varios siglos, no sólo en Africa del Norte donde la Granada nazarí se convirtió en el modelo artístico determinante hasta la modernidad, sino también en la España cristiana, donde el arte mudéjar atrajo la atención de amplios círculos. En todo caso, allí comenzó la época de la intolerancia religiosa, que condujo al punto culminante de la atrocidad con la Inquisición y puso fin a la presencia del islam en España con los edictos de expulsión de 1609 hasta 1614.

La arquitectura nazarí

«La ciudad de Granada no tiene par
ni en El Cairo, ni en Damasco, ni en Irak;
es la desposada que miramos sin velo,
las otras sólo son el elogio de la desposada.» O:

«Este lugar divino es el balcón de la extensa Vega; desde aquí se ven los riachuelos como plata serpenteando entre arbustos y praderas esmeralda. El céfiro de su Najd, el espectáculo de su Hauz, halaga seductoramente a los sentidos y al entendimiento. El canto de alabanza no hace justicia a esta tierra maravillosa.» O:

«Dios bendiga el precioso tiempo vivido en la Alhambra,
La noche transcurrió y tu desapareciste, preparada para la cita.
Entonces te pareció que el suelo era de plata, pero pronto
el sol envolvió la Sabîka en su vestido dorado.»[182]

Las citas las hemos tomado de un granadino en el destierro, de manera que no se pueden valorar como objetivas. Sin embargo, todavía en la actualidad Granada continúa siendo un oasis exquisito en medio de un territorio montañoso y árido. Desde el siglo XI se había desarrollado como una ciudad importante, pero sobre la colina de la Sabîka sólo había un fortín de menor importancia. Allí fue donde se edificó la Alhambra nazarí («al-Qal'a al-hamrâ'», «la ciudadela roja»), con sus murallas rojas, relucientes, de barro apisonado, coronadas por almenas. A sus pies, de forma semicircular, descansa la ciudad baja, Granada, a la cual se comunicaba por medio de un muro. Desde un principio, la Alhambra fue una ciudad palatina, que se impuso sobre la ciudad fortificada de Granada y el sultanato del mismo nombre. En este sentido fue una sucesora directa de Madînat al-Zahrâ' y la Qasaba almohade de Marrakesh y por supuesto, mucho más grande y compleja que las ciudadelas y los palacios de los régulos taifa. Pero por otro lado, su manifiesto carácter de fortaleza y su estratégica ubicación protegida por todos los flancos, la convierten en una ciudad palatina específica de la Alta Edad Media. Desde el punto de vista de la historia arquitectónica representa una síntesis de las construcciones palaciegas del Islam primitivo y la arquitectura defensiva mucho más avanzada, después de siglos de guerras y amenazas.

La Alhambra se extiende sobre una superficie de 720 metros de largo por 220 metros de ancho, en una colina sobre las faldas de la Sierra Nevada, cuyo declive occidental penetra en la Madina, al igual que un «gigantesco barco

Granada, la Alhambra
Vista desde el Generalife sobre la Torre de las Damas y el complejo del Portal, el Peinador de la Reina y la Torre de Comares. La Alhambra es una ciudadela extraordinariamente fortificada y un palacio de recepción sumamente suntuoso, aunque también posee barrios residenciales íntimos.

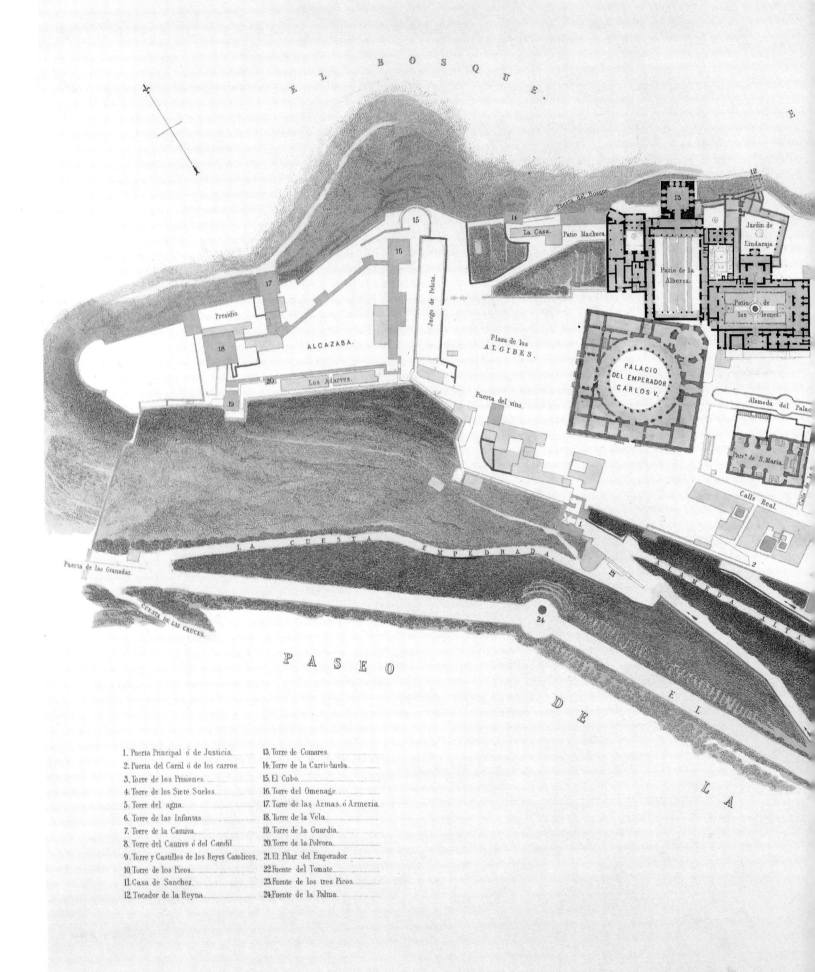

E L   B O S Q U E.

Puerta del Bosque

La Casa. Patio Machuca.

Jardin de Lindaraja.

15

14

Patio de la Alberca.

16

Patio de los leones.

17

Juego de Pelota.

Presidio

Plaza de los ALGIBES.

18

ALCAZABA.

PALACIO DEL EMPERADOR CARLOS V.

20 Los Adarves.

Puerta del vino.

Alameda del Palac

19

Parr.ª de S.ª Maria.

Puerta de las Granadas.

Calle Real.

LA   CUESTA   EMPEDRADA.

El Pilar del Emperador

ALAMEDA ALTA

CUESTA DE LAS CRUCES.

1

21

24

P A S E O

D E

L A

1. Puerta Principal ó de Justicia.
2. Puerta del Carril ó de los carros.
3. Torre de los Prisiones.
4. Torre de los Siete Suelos.
5. Torre del agua.
6. Torre de las Infantas.
7. Torre de la Cautiva.
8. Torre del Cautivo ó del Candil.
9. Torre y Castillos de los Reyes Catolicos.
10. Torre de los Picos.
11. Casa de Sanchez.
12. Tocador de la Reyna.
13. Torre de Comares.
14. Torre de la Carrichuela.
15. El Cubo.
16. Torre del Omenage.
17. Torre de las Armas, ó Armeria.
18. Torre de la Vela.
19. Torre de la Guardia.
20. Torre de la Polvora.
21. El Pilar del Emperador.
22. Fuente del Tomate.
23. Fuente de los tres Picos.
24. Fuente de la Palma.

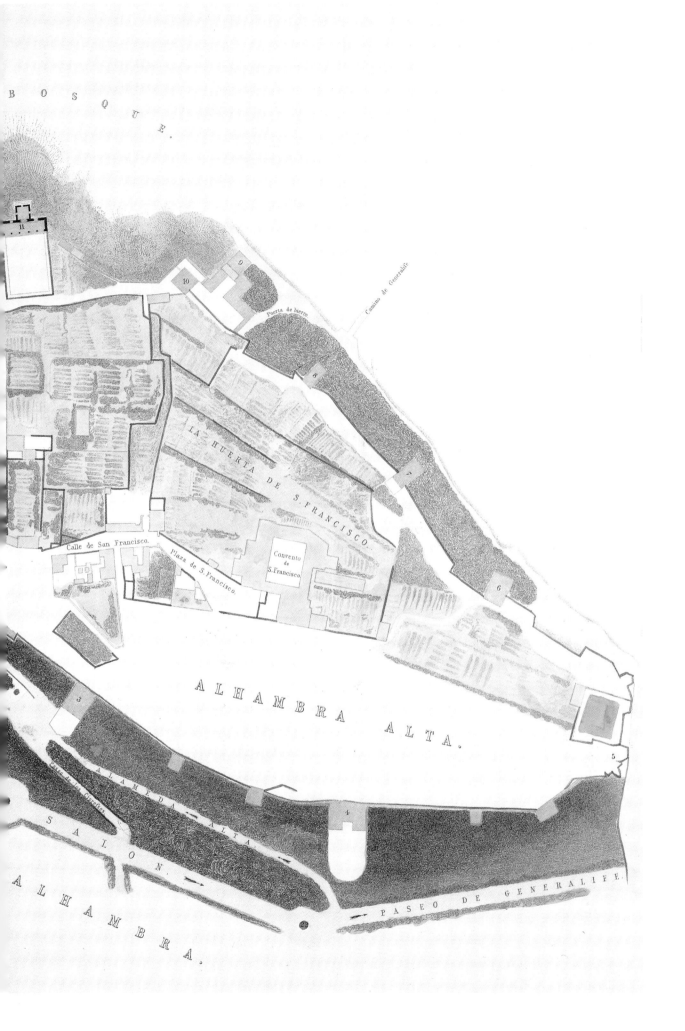

B O S Q U E.

11

9

10

Camino de Generalife.

Puerta de hierro.

8

LA HUERTA DE S. FRANCISCO.

7

Convento de S. Francisco.

Calle de San Francisco.

Plaza de S. Francisco.

6

ALHAMBRA ALTA.

3

5

ALAMEDA ALTA.

Cuesta de los Chinolos.

SALON.

4

ALHAMBRA.

PASEO DE GENERALIFE.

Plano de la Alhambra según Owen Jones, 1842

ABAJO:

Planta del Palacio de Comares y del Palacio del
Patio de los Leones, según Owen Jones, 1842
El diseño, a pesar de haber sido hecho hace tanto
tiempo, es bastante exacto, aun cuando algunos
de los nombres de la parte occidental estén equi-
vocados. Por ejemplo, la Mezquita es en realidad el Mexuar. Unicamente la pequeña estancia situada transversalmente sobre el angosto lado norte es un oratorio, que evidentemente no
fue reconocido como tal por el autor del diseño,
ya que transformó el nicho del mihrâb en un
paso. El Patio de la Mezquita es el actual Cuarto
Dorado, la entrada principal al Palacio de Comares.

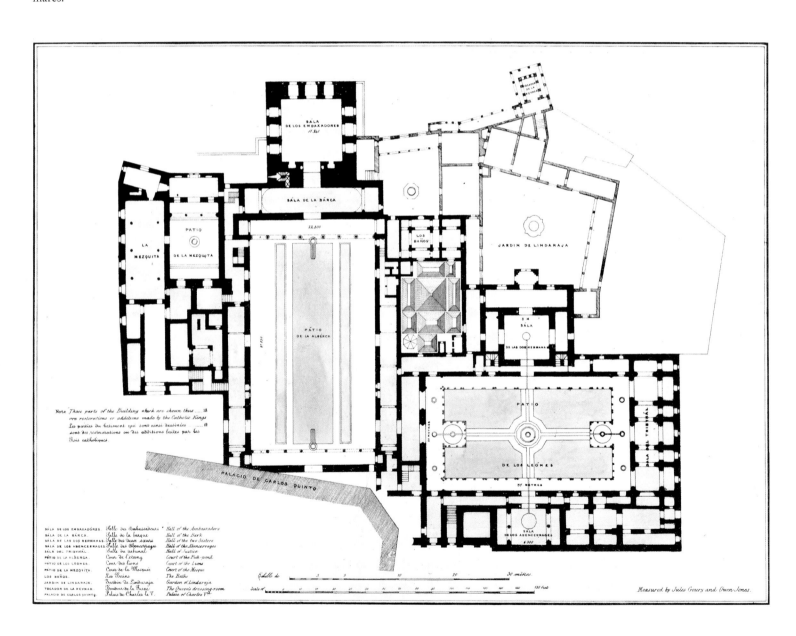

fondeado entre la montaña y la planicie» (L. Torres Balbás). Domina, pues, al angosto y profundo valle del Darro por su flanco norte y al amplio valle del Genil y la Vega por su lado sur.

Las murallas con sus 23 torres y cuatro puertas encierran, junto a los siete palacios, residencias de las más diversas categorías sociales, toda clase de oficinas, la casa de la moneda real, mezquitas privadas y públicas, talleres, cuarteles y presidios, baños públicos y privados, la necrópolis real, jardines, una obra avanzada (las Torres Bermejas), una residencia de verano (el Generalife) y también una fortaleza del siglo XI, que los ziríes habían construido en la punta oeste de la colina, frente a la ciudad, y cuyos restos todavía se encuentran en la Torre de la Vela. Dentro de la misma Alhambra se hallaban una «ciudad alta» en el sector sudeste, y una «ciudad baja» en el lado noroeste, comunicadas entre sí por dos ejes longitudinales que atravesaban toda el área, las actuales Calle Real y Calle Real Baja. Con el transcurso del tiempo fueron desapare-

La Alhambra, vista aérea del noroeste al sureste
«Al igual que un gigantesco barco fondeado entre la montaña y la planicie», la Alhambra se extiende en una estribación de la Sierra Nevada sobre la fértil Vega. En la Alhambra, la arquitectura y la naturaleza sufren una extraordinaria simbiosis visual. Con su pesado palacio, Carlos V estampó un sello indeleble en la ciudad palatina nazarí.

La Alhambra, Palacio del Portal
El palacio constituye una especie de vestíbulo
de la Torre de las Damas que se encuentra atrás,
y desde la cual se tiene una vista panorámica
magnífica. La instalación, que al parecer nunca
tuvo un patio, probablemente pertenece a las
edificaciones de Muhammad III y, en consecuencia, es el palacio conservado más antiguo de
la Alhambra.

ciendo las edificaciones más sencillas, siendo mantenidos de manera consciente únicamente los palacios más bonitos, de manera que el cuadro actual es
bastante engañoso. Al igual que todas las otras ciudades palatinas islámicas, la
Alhambra tenía también sus tiendas y talleres, sus pobres y sus ricos.

El sultanato de Granada representó el último refugio de los musulmanes
españoles en la Península Ibérica, y la Alhambra era su orgullo. Los reyes
católicos la tomaron sin ninguna destrucción y se acomodaron en ella con el
evidente deseo de preservar tanto como fuera posible la integridad de los palacios. El mismo Carlos V, cuya pesada construcción no armoniza en absoluto
con la estética nazarí, sólo quería edificar una especie de entrada imperial al
verdadero palacio, el palacio nazarí. A éste, lo arregló y dispuso de acuerdo
con sus propios objetivos, pero de ninguna manera lo destruyó. En los siglos
XVII y XVIII casi nadie de preocupó por la conservación de las construcciones islámicas. El interés por la ciudad palatina de los nazarí sólo se despertó
en el contexto de las guerras napoleónicas y sobre todo con el romanticismo.
Las investigaciones científicas comenzaron hace poco más de un siglo y todavía no han concluido.[183] Ya se tiene algún conocimiento de la historia arquitectónica de la Alhambra, pero todavía existen muchos detalles totalmente
oscuros, y las excavaciones nos proporcionan repetidas sorpresas.

Muhammad I visitó la alcazaba zirí poco tiempo después de haber tomado

Techumbre de madera tallada y pintada de la galería del Portal

Granada y de inmediato dio orden de que se instalara el suministro de agua y se construyera una muralla circundante más amplia. Su hijo y sucesor, Muhammad II, completó la construcción del muro exterior. Pareciera que la Torre de las Damas y la Torre de las Almenas, ubicadas en el costado norte de la fortaleza, también son de ese período. Muhammad III (1302–09) hizo que se erigiera una mezquita del viernes (en el lugar donde en la actualidad se halla la iglesia de Santa María) y un baño público contiguo a la misma. La fachada exterior de la Puerta del Vino también es de su época. Nuevas investigaciones le adjudican asimismo el Palacio del Partal, el cual es el palacio más antiguo de cuantos se han conservado en la Alhambra. Si bien es cierto que la pequeña mezquita que le pertenece tiene inscripciones con el nombre de Yûsuf I, lo más probable es que su construcción se remonte al período de Muhammad III. A más tardar a principios del siglo XIV, la Alhambra ya era una ciudad palatina independiente de la ciudad de Granada. Los sultanes que más contribuyeron a su construcción fueron Yûsuf I y sobre todo Muhammad V, quienes erigieron las mundialmente famosas edificaciones de lujo que en parte todavía se conservan, aunque para ello ordenaron destruir algunas de las más antiguas. Las Puertas de las Armas, de la Justicia y de Siete Suelos, las torres del Candil, de la Cautiva, de la Machuca y de Comares, fueron todas construidas o, lo que es más probable, reconstruidas en la época de Yûsuf I. Sin embargo, esos

Granada, la Alhambra
Vista desde el Generalife al oeste sobre la ciudad palatina. La muralla circundante dotada de torres, que se alza sobre las pendientes recuerda su situación otrora amenazada, cosa que fácilmente cae en el olvido ante el esplendor y el encanto de sus interiores.

AL LADO:
La Alhambra, el Mexuar
La Sala del Consejo de Visires de los gobernantes árabes, que durante siglos sirvió como capilla cristiana, fue remodelada profundamente en ese tiempo.

A LA DERECHA:
La Alhambra, Torre de las Infantas
Al igual que la Torre de la Cautiva, también esta torre se amplió hasta convertirse en un castillo de placer con patio interior y galerías.

Granada, parte interior de la Puerta del Vino
La puerta, a la que conducía una de las dos calles principales de la ciudad palatina, probablemente proviene de la época de Muhammad III. No obstante, la decoración de este costado fue renovado por Muhammad V. Ladrillos, estucos pintados y loza fina azul y blanca contribuyen a darle a la fachada un colorido discreto.

La Alhambra, Torre de la Cautiva, decorado de pared con mosaico de loza fina y yeso tallado
Las inscripciones coránicas no sólo adornan los oratorios, sino también las salas de recepción y las habitaciones. En nítida letra cursiva aparece aquí reproducido sobre un fondo claro, uno de los sura más importantes en la confrontación con la fe cristiana: «En el nombre de Dios, el misericordioso y compasivo. Dí: él es Dios, el Unico, Dios, de un extremo a otro. No ha engendrado ni ha sido engendrado. Nadie se le puede igualar.»

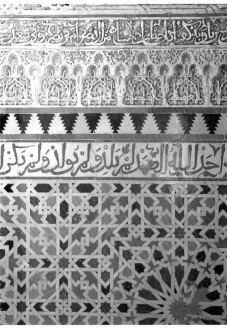

La Alhambra, cúpula de la Sala de las Dos Hermanas

Los diminutos nichos y fragmentos de nichos de la cúpula muqarnas en la Sala de las Dos Hermanas se encuentran organizados sobre la base de un esquema geométrico que parte de una estrella central. Las bóvedas, que parecen flotar por encima del cinturón de luz de las ventanas, sólo tienen función decorativa. Fueron colgadas – como bóvedas ya terminadas – del entramado del tejado, quedando sujetas a él mediante unos tirantes que no se aprecian desde abajo.

La Alhambra, Cuarto Dorado, pared sur

La fachada principal del Palacio de Comares surgió bajo Muhammad V. La puerta de la derecha daba acceso a las habitaciones privadas del sultán, por la izquierda se llegaba a la entrada con varios recodos que conducía al complejo de Comares. La pared elevada por tres gradas de mármol es una de las creaciones más impresionantes del arte arquitectónico nazarí. La decoración – loza fina, yeso y madera – recubre toda la superficie. Los modelos permanentemente cambiantes en sus particularidades, compuestos por motivos geométricos, vegetalizados y epigráficos, se encuentran agrupados en formas geométricas claras, como paneles rectangulares, pechinas y frisos. Conforma el punto culminante de una estética que repudia los acentos fuertes, los colores chillones, la improvisación y el desorden, y es capaz de crear una armonía rigurosamente ordenada y matizada.

192

La Alhambra, nicho de la pared norte del Patio de los Arrayanes

La decoración de la pared sigue un esquema preciso: en la parte inferior un mosaico de loza fina con motivos geométricos y una especie de friso de almenas en loza fina bicolor como remate; por encima, paneles de estuco. Las pechinas del arco tienen más que todo motivos vegetalizados. El intradós del arco está revestido de ornamentación geométrica y el alfiz con frecuencia tiene decoración epigráfica.

trabajos no modificaron en nada el curso de la muralla. Es de suponer que también el Mexuar (del árabe Mashwar, Sala del Consejo) y el Cuarto Dorado se remontan a la misma época, si bien en la majestuosa fachada sur de este último, que a su vez es la fachada de entrada al Palacio de Comares, aparecen unas inscripciones en nombre de Muhammad V. La maciza Torre de Comares[184] alberga el Salón de los Embajadores, la sala del trono de Yûsuf I, uno de los lugares cumbres de la Alhambra. La Sala de la Barca (del árabe baraka, bendición), situada delante, un salón de ingreso, se abre a un pórtico que constituye el costado norte del Patio de los Arrayanes, también conocido como Patio de la Alberca (del árabe al-Birka). Su planta rectangular de 34,7 por 7,5 metros, lo ocupa casi por completo, flanqueada por setos de arrayanes en sus lados largos, una gran alberca en la cual se reflejan las fachadas del patio. En su costado oriental se encuentra el baño de Yûsuf.[185] Allí se incorpora en forma transversal al complejo del Patio de los Arrayanes, el Palacio de Muhammad V, cuyo centro lo constituye el famoso Patio de los Leones. Cuando los Reyes Católicos habitaron esos palacios, establecieron una comunicación directa entre los mismos. En el Patio de los Leones, dos andenes o paseos recorridos por canalillos de agua se cruzan en el centro, donde se encuentra una fuente sostenida por doce leones dispuestos en círculo. El pedestal de los leones, que evidentemente no fue hecho para la fuente que soporta, a menudo se le considera proveniente del siglo XI. Sin embargo, los leones son tan parecidos a los leones del Partal que de igual manera se pueden fechar en el siglo XIV.[186] Cuatro galerías sostenidas por columnas rodean al patio con sus arriates que originalmente se hallaban a un nivel inferior. En los lados menores avanzan sobre el mismo dos pabellones abiertos con arcos de mocárabes, que conforman una sutil transición entre éste y la arquitectura del palacio. El patio limita a cada lado con suntuosas salas con bóvedas de estalactitas. Al occidente se encuentra la Sala de los Mocárabes, una especie de largo vestíbulo con techumbre renacentista de reciente fecha. Al oriente, la Sala de los Reyes,

La Alhambra, techumbre de madera de la Sala de Comares

Esta obra maestra de marquetería monumental de principios del siglo XIV, sirvió durante siglos como modelo para las techumbres de madera moriscas y mudéjares de las salas de lujo. La decoración de estrellas ordenada en siete registros está compuesta por más de 8000 tablillas de madera poliédricas. No se debe comprender únicamente como una representación estilizada del cielo estrellado, sino además de ello, como una alusión a los siete cielos superpuestos, descritos en la literatura escatológica islámica. La cúpula central dominante funge aquí como imagen del trono de Dios predominante sobre todas las cosas.

dividida en múltiples recintos, que es la más importante del complejo. En los costados sur y norte se hallan dos viviendas: la primera agrupada alrededor de las tres secciones de la Sala de los Abencerrajes, con su fuente central; y la segunda que tiene como punto medio la Sala de las Dos Hermanas, la cual conduce a un amplio recinto con una alcoba central, el Mirador de Daraxa (del árabe «Dâr 'A'isha», «la casa de 'A'isha»). En la actualidad, desde allí se mira un patio romántico erigido por los reyes cristianos; anteriormente se tenía una vista panorámica del Darro y la colina de Albaicín. El Convento de San Francisco, el actual Parador, se levanta sobre un antiguo palacio islámico. Los restos de otro importante complejo más arriba del Jardín del Partal pertenecieron en un tiempo al palacio de Yûsuf III (1408–17). Su torre dominaba un patio con una alberca longitudinal rectangular, así como otros patios colindantes, un baño, una entrada monumental y diferentes edificios que todavía no se han podido identificar.

La necrópolis real, la Rauda, fue en gran parte destruida cuando se construyó el Palacio de Carlos V. Provenía probablemente de principios del siglo XIV.[187]

De la Puerta de Hierro hay un camino que pasa bajo la Torre de los Picos y conduce al Generalife, una residencia rural, o mejor dicho, un castillo privado,

La Alhambra, Alberca o Patio de los Arrayanes
Al costado norte del patio se encuentra la Torre de Comares, la cual tiene antepuestas la Sala de la Barca y el Pórtico. La Torre de Comares es una de las más formidables de toda la Alhambra; la ocupa en gran parte la Sala de Comares, la Sala de los Embajadores, que sirvió de sala de recepción oficial de Yûsuf I.

La Alhambra, vista al Patio de los Leones
El Palacio del Patio de los Leones, una obra de la época de mayor esplendor del sultanato nazarí, fue construido por Muhammad V en la segunda mitad del siglo XIV. El Patio de los Leones constituye el núcleo de un palacio autónomo, que a su vez está compuesto por una serie de unidades habitacionales independientes. En este sentido corresponde plenamente al clásico patio de las viviendas andaluzas, aunque en este caso el tema del patio se someta a variaciones de un modo extraordinariamente sutil. El patio rectangular, que otrora fuera un jardín, está rodeado de arcadas. Las galerías hasta entonces sólo se habían antepuesto a determinadas fachadas, pero jamás habían rodeado por completo a un jardín o un patio, esto es, a un espacio exterior. Los lados menores (más angostos) tienen unos pabellones con fuente que resaltan, de donde unos canales conducen agua a la fuente de leones central. A menudo se ha criticado el excesivo peso de los leones, dando a entender que no compaginan con el arte de Muhammad IV. No obstante, casi no queda ninguna duda de que son de la misma época de la taza de la fuente y que el jardín poseyó desde un principio esa fuente monumental. Las delicadas columnas que rodean el patio, cuando no solas, se encuentran en grupos de a dos y de a tres. Esta composición, que en un primer momento puede parecer arbitraria, obedece a un ritmo sutil en el cual se entrecortan diversos sistemas de ejes. Le proporciona al patio un efecto de armonía y profundidad.

Vistas en detalle del Patio de los Leones
Mediante las columnas dominan los motivos verticales. No obstante la verticalidad se quiebra, o mejor dicho, se diluye por medio de los anillos de los fustes, los ábacos de los capiteles, los bloques de las impostas, las muqarnas y los paneles losangeados. Llama la atención el fraccionamiento de la decoración en pequeñas partes, que se rige por el principio de la reproducción de elementos pequeños y diminutos modificados de múltiples maneras. La geometría, la vegetación y la caligrafía se fusionan en una estrecha unidad. Los motivos vegetalizados originales sólo recuerdan muy de lejos su origen.

La Alhambra, pintura sobre cuero en la cúpula de la alcoba del medio de la Sala del Rey
El cuadro muestra una reunión de diez dignatarios islámicos. Es muy poco probable que se trate, como usualmente se asegura, de una representación de los gobernantes de la dinastía nazarí. Cada una de las tres alcobas tiene una pintura sobre cuero semejante. En general se considera que las realizaron pintores cristianos por encargo de Muhammad V. Los pintores provenían posiblemente del movimiento alrededor de la escuela de Aviñón.

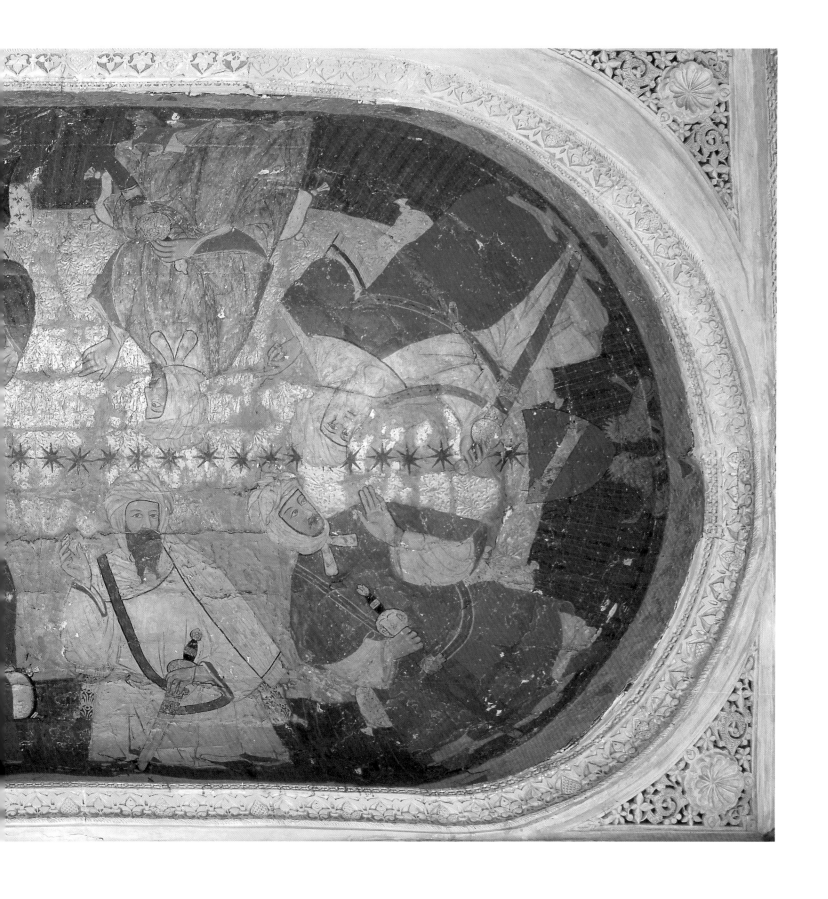

que se extiende en una pendiente por encima de la Alhambra y se encuentra sobre la acequia real. Varios jardines de diferente tipo se encuentran ordenados en el largo Patio de la Acequia (del árabe al-sâqiya, canal). Aquí se hicieron múltiples variaciones y se mejoró el tema del *hortus conclusus*, que se hizo valer por medio de la arquitectura, con lo cual se aprovecharon de manera muy ingeniosa los diferentes niveles del terreno. Ya en el siglo XVI despertaba la admiración de los viajeros una excepcional escalera de agua, o mejor dicho, una escalera con rampas de agua.[188] En la concepción general de la construcción del Generalife, al igual que en la Alhambra, se tuvo conscientemente presente la vista hacia fuera. La naturaleza se vuelve omnipresente, ya que desempeña el papel principal incluso en los interiores.

La instalación, cuyo nombre probablemente se deriva de «Jannat al-'Arîf», («Jardín de los Artistas»), presumiblemente fue construida en el primer tercio del siglo XIV, ya que una inscripción nombra a Ismâ'îl I. A partir de la conquista cristiana sufrió profundas modificaciones, hasta que un incendio ocurrido en 1958 permitió que se llevaran a cabo investigaciones arqueológicas de fondo y se reconstruyera en gran parte el complejo original.[189] En esa ocasión se descubrieron un oratorio y un baño, de lo cual se sigue que el Generalife podía haber sido residencia veraniega independiente. El Patio de la Acequia con sus dos andenes en cruz se emparenta con el Patio de los Leones. Sus fuentes actuales son modernas, pero los restos de varios conductos de barro demuestran que siempre tuvo algunas de ellas.

Todavía más arriba en la pendiente, en dirección al norte, existen ruinas de otra munya semejante, llamada «Dâr al-'arûsa», «Casa de la Desposada».

ARRIBA:
Techo del pabellón de los Abencerrajes

AL LADO:
Sala de los Abencerrajes
El contraste entre el decorado rico y extremadamente refinado de los interiores y la sencillez de los exteriores de las construcciones del mundo islámico occidental sorprende una y otra vez. En la Alhambra alcanza un punto culminante que quizá no se puede superar.

La Alhambra, Sala de los Reyes
Esta estancia, también conocida como Sala de la Justicia, se encuentra sobre el lado menor oriental del Patio de los Leones. Los arcos muqarnas le confieren al recinto un efecto de profundidad extraordinario.

Principales temas arquitectónicos de la Alhambra

Algunas particularidades llaman la atención en la arquitectura palatina tan íntima de los nazaríes: por ejemplo, las vinculaciones específicas que mantienen los salones de recepción con los juegos de agua y los jardines; el ordenamiento de las estancias con su nítida jerarquización; la peculiar relación entre las torres defensivas y los castillitos, y la complejidad del sistema de comunicaciones.

Los estanques ya habían tenido en términos generales un papel muy importante en Madînat al-Zahrâ'. Además, por lo menos uno de ellos fue construido frente a un pabellón de recepción, el Salón Rico, con el propósito de que la imagen reflejada en la superficie aumentara la belleza de la construcción. Este tema se precisó más en distintos palacios taifa, y en la Alhambra y el Generalife alcanzó una dimensión y variedad hasta entonces desconocida. En estos dos últimos lugares la mayor parte de los estanques son rectangulares y largos (acequia y alberca), aunque el que se encuentra al sur del Partal tiene forma de

La Alhambra, Baño Real

Este baño, que también se conoce como Baño del Palacio de Comares, se remonta a la época de Yûsuf I. Fue reconstruido varias veces, y en la actualidad los detalles de la distribución de sus estancias se conocen mejor que en los tiempos de Owen Jones, quien dibujó en el siglo XIX la planta y sección que arriba presentamos. El baño se halla como empotrado entre el Patio de los Arrayanes, el Patio de los Leones y la Sala de las Dos Hermanas, encontrándose muy por debajo del nivel de este complejo. Se tiene acceso a él desde el jardín inferior del Palacio del Patio de los Leones, el actual Jardín de Linderaja. El baño concuerda con las instalaciones de ese tipo usuales en el Islam occidental del Medioevo, y sólo llama la atención por su decoración cuidadosamente conservada. En términos generales, los baños de las metrópolis islámicas orientales tienen por esa época instalaciones más complejas.

U, hay algunos redondos (en el Generalife) y nunca son cuadrados. A menudo el agua fresca que fluye al estanque corre por una taza redonda y plana. El tema del agua se continúa desarrollando en las alcobas y los salones de recepción. Los canales del Patio de los Leones penetran en el interior de la Sala de los Abencerrajes y la Sala de las Dos Hermanas, hasta caer con suave murmullo en las pilas. Involuntariamente se piensa en el paraíso coránico con sus jardines, sus fuentes y sus «aposentos, en los cuales fluyen los arroyos». El jardín partido en cuadros con sus arriates profundos, sus pabellones simétricos y sus fuentes y canales, pertenece de manera inequívoca a la arquitectura de la recepción. Por lo demás, ese disfrute no se vive de manera inmediata en la misma naturaleza: los pies no se posan ni sobre la tierra ni sobre la grama, las manos no cortan flores, es totalmente inconcebible que alguien se acueste sobre la grama. Se camina sobre elevados andenes de mármol, por sobre los arriates, y se recibe desde abajo el aroma de las flores y de los azahares. Desde las alfombras y los sofás de los salones de recepción abiertos a los patios, se observa el *hortus conclusus* y se escucha el murmullo de sus fuentes.

Los recintos en forma de basílicas de Madînat al-Zahrâ' le abrieron campo a las salas con cúpula en la arquitectura de recepción. Las cúpulas de lujo nunca se apoyan sobre muros, sino que se componen de grandes bóvedas de madera, como en el Salón de los Embajadores de Yûsuf I, o de bóvedas de muqarnas cortada en diminutos fragmentos, como en las suntuosas salas de Muhammad V. Siempre se constituyen sobre un techo estructurado en forma piramidal. Los cuartos son relativamente pequeños y están agrupados en unidades de vivienda. A la sala con cúpula le pertenecen corredores laterales, alcobas, vestíbulos y pórticos. Al parecer ni bajo Yûsuf I ni bajo Muhammad V se conformó un esquema fijo del agrupamiento de cuartos. Cada habitación poseía su propio techo artesonado y su techumbre exterior, de ahí que a vista de pájaro la totalidad diera la impresión de una especie de caleidoscopio. Por otra parte la estancia principal siempre dominaba de manera notoria. También era inequívoca la jerarquización dentro de cada unidad habitacional, siendo probable que se diera una clara jerarquización de las unidades mismas, atendiendo a su ubicación, configuración y decoración. No obstante, lo anterior no se puede comprobar debido a que las casas de la población sencilla no se conservaron. Comparada con Madînat al-Zahrâ', que señaló el comienzo de un período arquitectónico, la Alhambra, que marcó el final de dicho período, nos permite concluir que la tendencia al fraccionamiento en pequeñas porciones se continuó desarrollando, las configuraciones habitacionales se multiplicaron y el principio de la jerarquización espacial se mantuvo y se refinó.

Las poderosas torres defensivas, que simultáneamente se convierten en pequeños castillos de recreo, son una peculiaridad de la Alhambra. El tema principal continúa siendo la torre maciza con planta cuadrada o rectangular, en cuyos pisos se encuentran habitaciones centrales con galerías. El cuarto de en medio muchas veces se transforma en un patio, o mejor dicho, en un patio de luz. La transformación de una torre defensiva en una arquitectura de prestigio tiene antecedentes mucho más antiguos, por ejemplo la Torre de Manâr de la Qal'a zirí de los Banû Hammâd,[190] construida en Argelia a finales del siglo XI. Sólo es nuevo el encanto de la configuración interna, la intimidad de las viviendas, que distan mucho del boato de la torre zirí de Manâr. Esta más bien se continúa en la Torre de Comares. Tanto los nombres que se les dieron con posterioridad, por ejemplo «Peinador de la Reina» y «Torre de las Damas»,

El Patio de la Acequia en el Generalife
También este jardín alargado posee los andenes elevados cortados en cruz y una fuente central, que caracterizan la instalación del Patio de los Leones.

como las leyendas que Washington Irving coleccionó, en las que narra cómo en dichas torres las infelices princesas árabes suspiraban por sus enamorados, muestran palmariamente que los conquistadores cristianos, al igual que nosotros ahora, percibieron con toda claridad la contradicción entre la apariencia externa y la configuración interior.

Los sistemas de comunicación son extraordinariamente complicados y asimismo nítidamente jerarquizados. Buen ejemplo de lo anterior lo proporciona la entrada al complejo de Comares por el Cuarto Dorado. La fachada sur del Cuarto Dorado, que separa la parte administrativa y pública del palacio de la parte privada y de recepción, tiene dos puertas. La derecha daba ingreso a las habitaciones privadas del gobernante, la izquierda conducía al complejo de Comares, a la parte del palacio donde se encontraban los salones de recepción. Esta entrada de tres recodos tenía nichos para los guardas y batientes en las puertas, que se abrían en sentido opuesto, para mayor seguridad de la vigilancia. La entrada privada era todavía mucho más complicada y llena de recodos. Ambas estaban rigurosamente separadas la una de la otra, y ambas obligaban a quien ingresara a seguir por una ruta predeterminada que no dejaba ninguna posible salida.[191] Esta separación y diferenciación de las entradas de acuerdo con categorías de usuarios, aparece con mayor claridad en ciudades palatinas posteriores, mejor conservadas,[192] pero probablemente ya se daban en Madînat al-Zahrâ'.

Si se quisieran sintetizar algunos de los aspectos funcionales más importantes de esta ciudad palatina, se podría muy bien afirmar que su función de protección y defensa desempeñó a todas luces el papel principal, y que la función de representación y recepción condujo a soluciones nuevas y específicas. Por otra parte, la función religiosa pareciera a primera vista omnipresente, gracias a la mezquita del viernes (que no se conservó), a la existencia de una buena cantidad de pequeños oratorios y a las inscripciones religiosas obligatorias, las cuales, no obstante, perdieron su dominio exclusivo, debido a que los textos históricos y poéticos ocuparon también un puesto importante en los epígrafes del lugar.[193] Además, los pequeños oratorios privados, con su sencilla planta rectangular, son muy diferentes a los antiguos oratorios de palacio, ejecutados mediante una cuidadosa planificación rica en significados. En conclusión, se tiene la impresión de que la función religiosa fue aquí, a pesar de todo, menos determinante que en otras ciudades palatinas islámicas. Ya hemos comentado en varias ocasiones la función simbólica de la decoración: no cabe la menor duda que las cúpulas, con su decoración de estrellas y muqarnas, evocan una asociación general con el cielo estrellado. Pero difícilmente se puede pasar más allá de esa interpretación.[194]

Existen muchas interrogantes que todavía no se han podido aclarar. Por ejemplo, la relación existente entre el Palacio de Comares y el complejo del Patio de los Leones. ¿Se trata de una residencia de verano o de una de invierno? ¿Son edificios de recepción y residencias privadas? ¿O se trata simplemente de dos palacios cronológicamente consecutivos, con el propósito consciente de hacer una ostentación personal? También queda abierta la cuestión de la evolución del estilo. En ese sentido, en el Patio del Harén de los tiempos de Muhammad V, en el complejo del Patio de los Leones, se encuentra una decoración de pared en estilo almohade, que difiere notablemente de las decoraciones usuales en esa época, obligándonos a modificar nuestra concepción del estilo de la misma.[195] En términos generales se puede

Granada, fachada del Corral del Carbón
Este antiguo funduq, una especie de hospedería, bodega y punto de encuentro para el comercio lejano, se encontraba en el centro de la ciudad de Granada, contiguo a la mezquita mayor y cerca del mercado (el sûq árabe). El interior de esta construcción de principios del siglo XIV se encuentra en gran parte destruido, pero su bonita fachada de ladrillo todavía se levanta en una callejuela de la ciudad vieja.

observar un refinamiento progresivo en el manejo de los elementos formales utilizados. Así, por ejemplo, las columnas de Muhammad V no son de por sí nada nuevo, pero el tipo de ordenamiento rítmico que se da alrededor del Patio de los Leones no se había visto antes. Otra cosa totalmente novedosa y sorprendente son las tres grandes pinturas de la Sala del Rey, que aparentemente provienen de un taller cristiano, cuyos maestros posiblemente habían sido formados en Aviñón.[196]

Arquitectura nazarí en la ciudad y el sultanato de Granada

También en la ciudad y en todo el sultanato de Granada se levantaron durante la época nazarí nuevas construcciones, que en parte todavía se conservan. El Cuarto Real de Santo Domingo, que más tarde fuera durante un tiempo la vivienda del Gran Inquisidor Torquemada, fue originalmente un palacio de la época de Muhammad II. De igual manera, en el Suburbio de los Alfareros se halla la Casa de los Girones, que probablemente también proviene del siglo XIII. Un poco más al sur, ya fuera del perímetro de la ciudad de Granada, se encuentra el alcázar Genil, en las cercanías del asentamiento de San Sebastián, que originalmente era un mausoleo nazarí. En el alcázar Genil, que en un tiempo poseyó dos estanques, todavía hay una sala con dos alcobas y un pór-

Vista desde Torre de la Vela hacia el oriente sobre la alcazaba, la Torre del Homenaje y la Torre Quebrada
La alcazaba fuertemente fortificada es la parte más antigua de la Alhambra. En su interior se encuentran las ruinas de un barrio residencial, el Barrio Castrense, que en otro tiempo tuvo diecisiete viviendas, un baño, una fuente, bodegas, cuarteles y establos.

Madrasa, cúpula en el oratorio
En el oratorio cuadrado se levanta una cúpula de madera y muqarnas sobre una base octogonal.

Granada, fachada del mihrâb de la madrasa
Yûsuf I mandó a erigir en Granada una madrasa, una escuela superior de jurisprudencia y teología, que fue destruida en la época cristiana y restaurada en el siglo XIX. Las trompas muqarnas en las esquinas del oratorio cuadrado facilitan la transición a la base octogonal de la cúpula.

tico cuya decoración proviene del período de Yûsuf I. En el convento franciscano de Santa Isabel la Real, en la alcazaba de Qadima, se logró conservar un pequeño palacio, Daralhorra, que se considera proveniente del siglo XV. En el mismo sector de la ciudad se encuentra otro convento con restos de una casa islámica del siglo XV: Santa Catalina de Zafra. Asimismo, quedan restos de algunas de las munyas de los alrededores, por ejemplo en el Cortijo del Cobertizo, y la llamada «Darabenaz», un poco más al sur, en el Cortijo de la Marquesa, las cuales también se consideran del siglo XV.[197] En la Casa de los Gigantes, en Ronda, se han conservado elementos de la época islámica.[198]

Se han encontrado varias ruinas de los numerosos hammâm nazaríes en Granada, Tarifa, así como en las cercanías de las aldeas de Zubia y Churriana. El hammâm de Ronda pertenece a esta serie de baños islámicos, si bien en aquella época la ciudad no se encontraba bajo la dominación nazarí, sino que era gobernada por los meriníes. Los hammâm islámicos occidentales permanecieron sorprendentemente arcaicos en comparación con los más desarrollados del Cercano Oriente. En su planta rectangular se sucedían uno tras otro los cuartos de vestir, agua fría, agua caliente y agua hirviendo. Tanto alrededor del vestuario como del *sudatorium* se construían a menudo cabinas separadas. El calentamiento se obtenía, como antaño, por medio de hipocaustos. La sala del vestuario es más amplia que las otras y tiene la mayoría de las veces una cúpula, decoración de loza fina y en ocasiones también galerías.

Muhammad V ordenó que se construyera en la ciudad de Granada un mâristân, un hospital para gente pobre, con una sección psiquiátrica, que fue demolido en 1843.[199] Su patio interior de forma rectangular tenía un estanque con dos esculturas de león como fuentes, actualmente en el Partal. La inscripción de su fundación se guarda hoy en el Museo de la Alhambra. En términos generales, este mâristân es más modesto que los existentes por esa misma época en el Cercano Oriente. El actual Corral del Carbón, un funduq, surgió a principios del siglo XIV en las cercanías de la Qaysâriyya y la mezquita mayor. Servía como almacén, centro de comercio al por mayor y hospedaje. Se conserva su portal monumental, habiéndose perdido por el contrario sus instalaciones internas. No obstante todavía se puede reconocer su planta, con el patio interno rectangular, sus galerías, celdas y su primer piso.

Muchos picachos y crestas de montaña del sultanato poseen hasta la fecha ruinas de fortalezas, que en la mayoría de los casos fueron restauraciones de fundaciones más antiguas, hechas en las épocas nazaríes o meriníes. Algunas, como Tabernas, tenían sobre todo funciones estratégicas; otras, como Alcaudete, La Guardia en Jaén o Moclín, eran fortines de refugio y vigilancia. Todavía otros, como Archidona, Antequera o Ronda, eran asentamientos fortificados o ciudades. Las macizas torres cuadradas de la época permiten presumir influencias cristianas. La Calahorra de Gibraltar y las torres albarranas de Málaga y Antequera pertenecen a esa categoría.

De la arquitectura sacra es poco lo que se ha conservado. La mezquita mayor de la Alhambra era un recinto de tres naves, con su nave central más elevada y amplia, a la que se le han adjudicado influencias cristianas. La mezquita mayor zirí, bastante más antigua, que se encontraba en el lugar que ahora ocupa la catedral de Granada, también poseía un oratorio tipo basílica de varias naves. Algunos alminares se convirtieron en campanarios y así han llegado hasta nuestros días, como por ejemplo la torre de San Juan de los Reyes, en Granada, la torre de la iglesia de San Sebastián, en Ronda (que entretanto

ha desaparecido), los alminares de Archez y Salares, en un apartado valle de las montañas costeras de la provincia de Málaga. En la antigua mezquita mayor de Ronda, en cuyo lugar se encuentra actualmente el asilo y la iglesia de Santa María, se conserva el arco del mihrâb con sus ricos tallados en yeso, el cual de hecho más bien pertenece al arte sacro meriní que al nazarí. Una madrasa (escuela superior) fundada por Yûsuf I en Granada sufrió gran deterioro en el siglo XIX: todavía se puede apreciar su patio, el oratorio cuadrado con su mihrâb y la cúpula levantada sobre arcos o trompas muqarnas. Es la única madrasa del sultanato de Granada que hasta cierto punto se conserva.

Fiñana,[200] una ciudad fortificada, un hisn en el camino de Almería a Granada, ha conservado en su ermita los restos de una mezquita nazarí. Cuatro pilastras octogonales delimitan nueve tramos. En la actualidad el oratorio es muy sencillo, pero todavía conserva un mihrâb ricamente tallado, que debió provenir de algún taller granadino sobresaliente.

Decoración arquitectónica nazarí

En la decoración arquitectónica dominan los paneles de mármol, los estucos de color esculpidos y engastados y la loza fina policroma. También se trabaja la madera con sentido decorativo en las techumbres, aleros, consolas y puertas. Se talla, se pinta o se hacen trabajos de marquetería. En ventanas, puertas y balcones se colocan enrejados y cancelas de madera torneada. Los vidrios de color, engastados en estucos, de las lumbreras, eran usuales tanto en Andalucía como en el Marruecos meriní.

La Alhambra presenta una gran variedad de formas de arco, desde los arcos de herradura de la época califal, pasando por el sencillo arco de medio punto (romano), el arco escarzano (rebajado) y el arco peraltado, hasta los arcos lobulados y de muqarnas. Las formas amplias y generosas de la época almohade se disuelven en elementos diminutos. La imposta entre los capiteles y los arranques del arco se refuerzan con gruesos sillares, cuyas caras visibles a menudo se esculpen. El mismo capitel constituye una consecuencia lógica de los arranques de la época de los califas. La parte cilíndrica inferior se independiza formalmente por entero de la parte superior, compuesta por sillares, de manera que la silueta se simplifica. Entretanto, la decoración interna se refina y llega a volverse excesiva. La parte cilíndrica del capitel, casi sin excepción, sigue el mismo modelo: una especie de cinta ondular, a la que ya se habían reducido las coronas lisas, sencillas o dobles de los capiteles del tiempo de los califas en la época almohade. La parte superior se configura en forma muy variada gracias a su compacta decoración arabesca. En la Alhambra también hay capiteles muqarna puros. Algunos pilares de mármol lucen cerca del capitel varios anillos de fuste, que en cierta forma disponen para el capitel. Son frecuentes las columnas octogonales. Al igual que otros fustes prismáticos, pueden estar revestidos con loza fina multicolor. El repertorio de motivos nazarí le otorga a los epígrafes, en particular a los de escritura cursiva, un lugar de mucho valor. La escritura cúfica se utiliza más para formas religiosas repetitivas, entre las cuales hay una que se utiliza como divisa: «wa-lâ ghâliba illá'llâh», «no hay más vencedor que Dios». Bandas entretejidas y las más diversas formas de arcos y arabescos se entremezclan con los signos escritos.

Las paredes de las salas con frecuencia están cubiertas con bandas horizontales y paneles, que organizan el decorado en torno a un eje. Las medias pal-

Detalle de un mosaico de loza fina

Granada, escudilla de loza fina de la Alhambra, Museo Nacional de Arte Hispanomusulmán, siglo XIV.

Fiñana, mihrâb convertido en nicho de altar
Fiñana, un pueblo en las montañas al sudeste de Granada, fue anteriormente un asentamiento islámico fortificado. En lugar de la mezquita en la actualidad hay una ermita, que preserva los restos de la construcción sacra nazarí. En la fachada del mihrâb se conservan parte de los paneles de estuco finamente tallados, de manufactura nazarí. Proporcionan, como en muchas otras edificaciones sacras españolas, un testimonio vivo de la perennidad del lugar sagrado.

metas asimétricas, pinadas o lisas, y las diferentes formas de cogollos se unen con los círculos de pecíolos para formar un decorado en bajo relieve, denso, integrado por partecillas que se repiten una y otra vez. Con las medias palmetas se entremezclan pequeñas palmetas, así como flores de cuatro o cinco pétalos y una especie de lirio de tres miembros. Las piñas continúan apareciendo, aunque esta vez la mayor parte de las veces dentro de un espacio enmarcado por las medias palmetas. Resulta difícil separar los elementos geométricos de los vegetalizados. Los arcos entrecruzados forman un modelo poliédrico con una densa decoración interior, que utiliza los mismos elementos geométricos y vegetalizados que se interpenetran. La ornamentación de estrellas entretejidas cubre campos cada vez más extensos. A pesar de su aparente complejidad, el tema fundamental es sencillo, ya que al final siempre se remite al cuadrado. Se trata de modelos de estrellas de cuatro, ocho, doce, dieciséis y veinticuatro puntas.

En la decoración nazarí, en particular en la Alhambra de Muhammad V, se distinguen con claridad nuevos elementos cristianos. Sin embargo, al igual que el arco peraltado, que también es importado, dichos elementos no conducen a una renovación de las formas del decorado arquitectónico. Tampoco las plantas y las proyecciones verticales de los arquitectos nazaríes presentan contribuciones verdaderamente nuevas. Tanto la residencia palaciega con su patio cuadrangular y sus galerías, como la edificación sacra tipo basílica y la sala con cúpula como punto culminante de la arquitectura secular ya habían sido formuladas como programas arquitectónicos bastante tiempo atrás. Es por ello que quienes con frecuencia definen a la época nazarí como estéril y decadente, probablemente tienen cierta razón. Pero en la búsqueda de un mayor refinamiento, en el cual «un ideal de elegancia sustituye al de la fuerza,»[201] podemos ver sin duda un valor positivo. Armonía en lugar de pompa, arte del buen vivir en lugar del arrogante estrépito de las armas. La gran cantidad de turistas que visitan la Alhambra demuestra que nuestra época es particularmente sensible al carácter específico de la voluntad artística nazarí.

Ronda, comienzo del arco del mihrâb en la actual catedral
Este tallado en estuco posiblemente proviene de finales del siglo XIII y podría tener influencia merini.

Consideración final

Al igual que Atenea, la arquitectura andaluza se presenta desde el primer momento en posesión de todos sus medios. La construcción original de la mezquita del viernes de Córdoba no muestra inseguridades, ninguna duda, no es ningún trabajo de principiantes. El desarrollo que condujo hasta ese punto no se realizó en tierra española, sino en el Cercano Oriente, donde el arte y la cultura omeya habían surgido, crecido y madurado, desde mediados del siglo VII hasta mediados del siglo VIII. Este hilo se rompe en el Cercano Oriente en el año 750, y vuelve a recogerse en España unos 30 años después. Entretanto, en el Cercano Oriente se inicia otro proceso, que conduce, en el contexto de una profunda orientalización, desde la herencia omeya hasta nuevos principios y formas de configuración. Por el contrario, en la Península Ibérica, a través de inevitables confrontaciones con el legado cultural romano y visigodo ya con anterioridad convertido en autóctono, dicha herencia se enriquece y logra hechar nuevas raíces.

Ahora bien, ¿es posible reconocer en la arquitectura hispano-islámica rasgos específicos que la caractericen desde principio a fin, y la hagan inconfundible en el campo de la arquitectura islámica? La pregunta se puede responder con certeza en forma afirmativa. La provincia artística de Andalucía posee definitivamente un estilo local propio, que permanece inalterable a través de todas las variaciones temporales. Es la resultante, de una parte, de las condiciones materiales dadas, y de otra, del impulso inicial. En el panorama artístico visigodo, con sus rasgos bizantinos y germánicos y su fuerte cuota del legado cultural provincial romano, se importaron las concepciones formales de los omeyas, en las cuales nuevamente encontramos elementos bizantinos, clásicos del Mediterráneo y sasanidas.

El aislamiento geográfico de Andalucía es probablemente la causa más importante de su desarrollo estilístico particular y determina su profundo conservadurismo. En la arquitectura profana rige de modo perseverante la casa con patio, con o sin pórtico, con o sin patio contiguo y jardín interior, lo cual es un legado romano inequívoco. La construcción basilical atraviesa como un hilo rojo la arquitectura sacra monumental; ni siquiera las innovaciones de la época de los almohades se apartan de esa dirección. Las mezquitas mayores de Andalucía permanecen fieles al modelo medinés, al cual le hacen modificaciones pero nunca abandonan realmente. Los debates en torno a las salas con cúpulas monumentales y el iwan, que a partir de los saldshukíes determinaron la problemática arquitectónica en el Oriente, no penetraron hasta Andalucía. Esta aserción apenas puede verse afectada por las breves experiencias de los

La Alhambra, detalle de un mosaico de loza fina
Desde la construcción de la Alhambra este patrón infinito de estrellas en mosaicos de loza fina, o también en técnicas de loza fina menos dispendiosas, cubre kilómetros cuadrados de zócalos de pared en el mundo morisco. No obstante, la calidad y la fineza de la decoración de la Alhambra sólo se alcanza en contadas ocasiones.

siglos X y XIV en Córdoba y Granada, ya que la primera fase no avanza tanto por el camino de las innovaciones constructivas, sino que se consume en el decorado, mientras que la segunda se restringe a las cúpulas de madera y estucos en los entramados del techo.

En la decoración se puede observar una evolución bastante homogénea y lineal, que desde un comienzo se aparta de la experiencia islámica oriental. Las formas y los motivos de procedencia romana clásica, oriental y visigoda,[202] sólo se pueden diferenciar entre sí hasta ya bastante entrado el siglo X. De hecho, es hasta en el período del arte taifa que se funden en un sólo lenguaje artístico, homogéneo y refinado, sin temor al efectismo. Sus elementos vegetalizados ya se habían liberado en gran parte de sus modelos naturalistas del pasado y habían decidido vincularse de manera cada vez más estrecha con la geometría. Es un lenguaje artístico que busca elegancia: las composiciones decorativas de las partecillas están fundamentadas en esquemas matemáticos calculados con precisión. La repetición se convierte en elemento del estilo. Motivos vivos y a menudo humorísticos se hallan ante todo en las artesanías: se encuentran como empotrados en el orden geométrico superior, al cual de ninguna manera rompen.

La prueba de fuerza con las dinastías beréberes norafricanas, que determi-

La Alhambra, Cuarto Dorado, detalle de la fachada, grabado del siglo XIX

Patio de la Acequia en el Generalife

nan de nuevo el gusto, la sensibilidad y la prioridad de las tareas de la creación artística, proporciona un nuevo impulso a partir del siglo XII. En un primer momento los conquistadores africanos aparecen, de manera unívoca, como receptores, pero pronto cambia la relación y los andaluces se transforman por corto tiempo de dadores en receptores. Por lo demás, la vinculación cultural con el Oriente islámico en realidad nunca se rompe. En el Occidente islámico siempre se estuvieron recibiendo y asimilando de una manera singular y ecléctica bienes artísticos orientales. En la época de la dominación beréber se hallaban al lado de otros más antiguos, como algunos motivos en estucos de la Samarra abasí (siglo IX). A decir verdad, el arte nazarí recoge muchos elementos de la época almohade, pero no conserva aquellas grandiosas concepciones globales que penetraban e integraban a cada una de las partes. La voluntad artística de los últimos tiempos de la dominación y de las grandes empresas arquitectónicas islámicas sobre suelo ibérico está determinada por la tendencia hacia la intimidad y la armonía, que no se pueden compaginar de ninguna forma con los ambiciosos programas almohades. La integración aislada de algunos motivos del mundo europeo en el repertorio de formas de esa época debe verse quizá de la misma manera como se ve la incorporación de motivos islámicos en la decoración arquitectónica de los palacios cristianos de Sevilla: como el preludio simbólico de una nueva época que, a pesar de la Inquisición y de los edictos de expulsión, no puede renegar de su legado islámico. Los versos imperecederos de Goethe, en el «Diván occidental-oriental», se le pueden aplicar:

«Maravilloso es el Oriente
que cruzó el Mediterráneo hasta nosotros;
Sólo quien ama y conoce a Hafis
entiende el canto de Calderón.»[203]

PAGINA 220:
Grabado romántico, vista hacia la fachada norte del Patio de los Arrayanes
El dibujante dejó discretamente fuera de escena al Palacio de Carlos V, que sobrepuja las edificaciones.

Notas

1 Un dinar que se conserva en el Museo Arqueológico Nacional de Madrid.

2 Halm, H.: Al-Andalus und Gothica Sors, en: Welt des Orients, 66, 1989, págs. 252–263.

3 Bonnassié, P.: Le temps des Wisigoths, en: Bennasser, B.: Histoire des Espagnols. VIe-XVIIe siècle, París 1985, pág. 50 s.

4 Claudio Sánchez-Albornoz habla de un culto fanático que los combatientes de la Reconquista tenían por la época visigoda. Sánchez-Albornoz, C.: L'Espagne Musulmane, Publisud, [4]1985; el mismo: Espagne préislamique et Espagne musulmane, en: Revue historique, 1967, págs. 295–338.

5 de Palol, P.: Regard sur l'art wisigoth, París 1979. Además el capítulo correspondiente en: Terrasse, H.: Islam d'Espagne. Une rencontre de l'Orient et de l'Occident, París 1958, págs. 15–25; consúltese sobre todo Fontaine, J.: L'art préroman hispanique, La Pierre-qui-vire, en: Zodiaque (ed.), La Nuit des Temps, 38, 1973.

6 Más exactamente Madînat al-nabî, la Ciudad del Profeta. Sobre el tema de la fundación de Madîna y el primer Estado islámico, cf.: Noth, A.: Früher Islam, en: Haarmann, M. (ed.): Geschichte der arabischen Welt, Munich 1987, págs. 11–100.

7 Ibn 'Idhârî al-Marrakûshî: Kitâb al-bayân al-mughrib, [2]II, 58–60, citado por Hoenerbach, W.: Islamische Geschichte Spaniens, Zurich y Stuttgart 1970, págs. 65, 525.

8 Esta anécdota surge a menudo, pero sólo en la literartura andaluza. Ibn al-Khatîb en el a'mâl al-a'lâm la toma del Akhbâr Majmû'a y el Bayan, [2]II, 59, 60, citado por Hoenerbach, W., op. cit. (nota 7), pág. 64.

9 Singer, H.R.: Der Maghreb und die Pyrenäenhalbinsel bis zum Ausgang des Mittelalters, en: Haarmann, M. (ed.), op. cit. (nota 6), pág. 275.

10 De acuerdo con Wasserstein, D.: The Rise and Fall of the Party-Kings. Politics and Society in Islamic Spain, 1002–1086, Princeton 1985, pág. 23, fue hasta mediados del siglo X que los cristianos se convirtieron en gran número al Islam.

11 Ibn al-Qûtiyya: Iftitâh al-Andalus, citado por Sánchez-Albornoz, C., op. cit. (nota 4), págs. 38–40.

12 Guichard, P.: Naissance de l'islam andalou, VIIIe-début Xe siècle, en: Bennasser, B., op. cit. (nota 3), págs. 79, 81.

13 Sourdel, D.: Wazîr et hâjib en Occident, en: Etudes d'orientalisme dédiées à la mémoire d'E. Lévi-Provençal, París 1962, págs. 749–755.

14 Op. cit. (nota 13).

15 Vernet, J.: Die spanisch-arabische Kultur in Orient und Okzident, Zurich y Munich 1984, pág. 37.

16 Lévi-Provençal, E.: Histoire de l'Espagne Musulmane, 3 vols., París 1950–67, vol. 1, págs. 193–278.

17 Si bien a más tardar desde la excavación de C. de Mergelina (Bobastro, Memoria de las excavaciones realizadas en las Mesas de Villaverde, El Chorro [Málaga], Madrid 1927) quedó clara la ubicación de Bobastro en la Serranía de Málaga, sobre una elevación del valle del Guadalhorce, la polémica en torno al tema prende nuevamente de cuando en vez: Vallve Bermejo, J.: De nuevo sobre Bobastro, en: Al-Andalus, 30, 1965, págs. 139–174. Este autor desplaza Bobastro hacia Marmuyas, que se ha probado es nazarí; cf. Fernández López, S.: Marmuyas (Montes de Málaga). Análisis de una investigación, en: Actas del Primer Congreso de Arqueología Medieval Española, vol. III, Zaragoza 1986, págs. 163–180.

18 Al parecer ambas fueron fundadas por un tal Hanash al-San'anî. Cf. Lévi-Provençal, E., op. cit. (nota 16), pág. 344; Ibn 'Idhârî al-Marrakûshî, op. cit. (nota 7), págs. 98, 156.

19 Torres Balbás, L.: Arte Hispanomusulmán. Hasta la caída del califato de Córdoba, en: Menéndez Pidal, R. (ed.): Historia de España, vol. V, Madrid 1957, pág. 341, quien cita a Ibn al-Qûtiyya, op. cit. (nota 11), pág. 11.

20 Op. cit. (nota 19), pág. 370, según: Ibn al-Athîr, K. al-Kâmil fî l-târîkh, edit. y traducc. por Fagnan, E.: Annales, pág. 379 y traducc. pág. 101, y Maqqarî, Nafh al-tîb, edit. y traducc. por Dozy, R.: Analectes, I, pág. 358.

21 Así informa en todo caso Ibn 'Idhârî al-Marrakûshî; no obstante, éste escribió su al-bayân al-mughrib a finales del siglo XIII y sus declaraciones a veces no son confiables. La prehistoria de la mezquita de Córdoba no está clara. Una síntesis excelente y precisa en: Ewert, Ch.: Spanisch-islamische Systeme sich kreuzender Bögen. I. Die senkrechten ebenen Systeme sich kreuzender Bögen als Stützkonstruktionen der vier Rippenkuppeln in der ehemaligen Haupmoschee von Córdoba, Berlín 1968 (Madrider Forschungen, 2), pág. 1. Cf. asimismo: Ocaña Jiménez, M.: Precisiones sobre la Historia de la Mezquita de Córdoba, en: Cuadernos de estudios medievales IV-V, Granada 1979, págs. 275–282.

22 Creswell, K. A. C.: Early Muslim Architecture, vol. 2, Nueva York [2]1979, pág. 157, se remite a Ibn al-Qûtiyya, Bibliothèque Nationale, París, Ms. arab., 1897, Fols 27, 31, traducc. de Cherbonneau, Journal Asiatique, 5e série, vol. VIII, pág. 475.

23 Como lo hace Creswell, op. cit. (nota 22), vol. I/1, págs. 198–201, vol. II, pág. 156.

24 Bloom, J.: Minaret. Symbol of Islam, Oxford 1989, pág. 33.

25 Cressier, P.: Les chapiteaux de la Grande Mosquée de Cordoue (oratoires d''Abd al-Rahmân I et d''Abd al-Rahmân II) et la sculpture de chapiteaux à l'époque émirale, en: Madrider Mitteilungen, 25, 1984, págs. 257–313, láms. 63–72, y 26, 1985, págs. 216–281, láms. 72–82.

26 Ewert, Ch. y Wisshak, J. P.: Forschungen zur almohadischen Moschee. I. Vorstufen. Hierarchische Gliederungen westislamischer Betsäle des 8. bis 11. Jahrhunderts: Die Hauptmoscheen von Kairouan und Córdoba und ihr Bannkreis, Maguncia 1981 (Madrider Beiträge, 9).

27 Schlumberger, D.: Qasr al-Heir el-Gharbi, París 1986, pág. 24.

28 Torres Balbás, L., op. cit. (nota 19), pág. 377.

29 Terrasse, H.: L'art hispano-mauresque des origines au XIIIe siècle, París 1932, pág. 153.

30 al-Idrîsî, Description de l'Afrique et de l'Espagne, edit. y traducc. por Dozy, R. y de Goeje, J., Leiden 1866, págs. 182, 220 s., según: Torres Balbás, L., op. cit. (nota 19), pág. 385.

31 El aislamiento y la desunión de los hijos de 'Umar ibn Hafsûn condujeron a que, finalmente, la fortaleza cayera en manos del emir como una fruta madura; Lévi-Provençal, E., op. cit. (nota 16), vol. 2, págs. 16–24.

32 Según Gómez-Moreno, M.: El arte árabe español hasta los Almohades – Arte mozárabe, en: Ars Hispaniae III, 'Abd al-Rahmân III había mandado a construir allí una nueva fortaleza. Así también Terrasse, H., op. cit. (nota 29) pág. 158, quien se remite a Ibn 'Idhârî al-Marrakûshî, op. cit. (nota 7), pág. 333. Véase también el informe de excavación de de Mergelina, C.: La iglesia rupestre de Bobastro, en: Arch. esp. de Arte y Arqueología, vol. II, Madrid 1925, y Torres Balbás, L.: Ciudades yermas hispanomusulmanas, Madrid 1957, págs. 182–195.

33 de Mergelina, C., op. cit. (nota 32); también Gómez-Moreno, M., op. cit. (nota 32), pág. 356.

34 Ibn al-Khatîb, op. cit. (nota 7), pág. 109.

35 Op. cit. (nota 7), pág. 130.

36 Guichard, P., op. cit. (nota 12), pág 75; consúltese también Wasserstein, D., op. cit. (nota 10), pág. 237. El «Calendario de Córdoba» del Rabî 'Ibn Zayd o Recesmundo está redactado en árabe; en esa época también surgieron traducciones árabes de la Biblia. Mientras se conoce textos latinos procedentes del siglo IX, no se tiene noticia de ninguno que date del siglo XI.

37 Glick, Th. F.: Islamic and Christian Spain in the Early Middle Ages, Princeton 1979, págs. 33–35, 282. También: Bulliet, R. W.: Conversion to Islam in the Medieval Period. An Essay in Quantive History, Cambridge, Mass. y Londres 1979.

38 Guichard, P., op. cit. (nota 12), pág. 76, quien en ese contexto cita un texto de Ibn Hawqal.

39 Ayalon, D.: On the Eunuchs in Islam, en: Jerusalem Studies in Arabic and Islam, 1, 1979, págs. 67–124.

40 Wasserstein, D., op. cit. (nota 10), pág. 25; también: Lévi-Provençal, E., op. cit. (nota 16), vol. 2, pág. 126 s.

41 Mameluco: no-libre («propiedad de otro»), usado mayormente para soldados. Ayalon, D.: Mamlûk, en: Encyclopédie de l'Islam, vol. VI, 1987, págs. 299–305.

42 Miles, G. C.: The Coinage of the Umayyads of Spain, 2 vols., Nueva York 1950.

43 Al-Maqqarî, Shihâb al-Dîn Abû l-'Abbâs Ahmad b. Muhammad Ahmad b. Yahyâ al-Qurashî al-Tilimsanî al-Fasî al-Mâlikî (aprox. 1577–1632), Nafh al-tîb, edit. en El Cairo 1949 (10 vols.), parcialmente traducido por de Gayangos, P.: The History of the Muhammadan Dynasties in Spain, Londres 1840, nueva edición Nueva York 1964, vol.I, pág. 232.

44 Varias fortalezas omeyas poseían sobre su entrada principal la estatua de un hombre, que posiblemente debía representar al gobernante. También Bagdad, la ciudad redonda, que fue fundada por al-Mansûr en 862, se dice que tenía sobre la cúpula del palacio central y sobre las cúpulas de las cuatro puertas de entrada a la ciudad principales, figuras de jinetes. El estatus que la mujer tiene en la sociedad islámica hace extraordinariamente dudoso que una amante haya podido enaltecerse mediante una figura en la puerta de la ciudad. No obstante, no se puede excluir totalmente que al-Hakam halla mandado colocar una estatua antigua sobre la puerta de la ciudad, ya que está comprobado que él coleccionaba esculturas antiguas, a las que rendía admiración.

45 Así Ibn al-Khatîb, op. cit. (nota 8), pág. 122; también al-Maqqarî, op. cit. (nota 43), vol. I, pág. 232 ss.

46 Hasta la fecha se han excavado, aunque no en su totalidad, los palacios de los califas y las edificaciones gubernamentales de la terraza superior, situadas en la parte norte de la ciudad. La zona inferior no se ha tocado en absoluto. Desde la publicación en 1965 por Klaus Brisch de un panorama global de la literatura existente, (Medinat az-Zahra in der modernen archäologischen Literatur Spaniens, en: Kunst des Orients, 4, 1965, págs. 5–41), han sido editadas algunas nuevas publicaciones al respecto, que aquí no podemos enumerar en su totalidad. Merecen mención especial: Pavón Maldonado, B.: Memoria de la excavación de la mezquita de Medinat al-Zahra, Excavaciones Arqueológicas en España, Nº 50, 1966; López-Cuervo, S., Medina az-Zahra. Ingeniería y forma, Madrid 1983; Hernández Giménez, F.: Madinat al-Zahra, Granada 1985; el primer número de la nueva revista Cuadernos de Madînat al-Zahrâ' (1987) es un comienzo que

promete mucho. Muy útil es el librito, pensado más para los turistas, de Castejón y Martínez de Arizala, R.: Medina Azahara, León ²1982.

47 De ello dan testimonio, por ejemplo, los coloquios llevados a cabo desde 1987 y la revista arqueológica ya mencionada, Cuadernos de Madînat al-Zahrâ'. El conservador es Antonio Vallejo Triano.

48 al-Idrîsî, op. cit. (nota 30), pág. 212, traducc. pág. 163.

49 Las denominaciones de las construcciones individuales son las usadas por los excavadores. En la literatura arqueológica no se usa una nomenclatura uniforme.

50 Ibn al-Khatîb, op. cit. (nota 8), pág. 123; no obstante, según Ibn 'Idhârî al-Marrakûshî, op. cit. (nota 7), pág. 231, sólo eran 800 panes.

51 Castejón y Martínez de Arizala. R., op. cit. (nota 46).

52 Este viaje también aparece en un texto latino: Juan, abad de San Arnulfo, en su biografía de Juan de Gorze, su predecesor como abad de San Arnulfo; Monumenta Germaniae Historica, Script. IV, pág. 335 ss.

53 Castejón y Martínez de Arizala, R., op. cit. (nota 46), pág. 42 s.

54 Lévi-Provençal, E., op. cit. (nota 16), vol. 2, pág. 163 ss.

55 Plancha de mármol a la derecha de la Puerta de las Palmas; Lévi-Provençal, E.: Inscriptions arabes d'Espagne, Leiden y París 1931, pág. 8 s.

56 Creswell, K. A. C., op. cit. (nota 22), pág. 141.

57 Hernández Giménez, F.: El Alminar de 'Abd al-Rahmân III en la Mezquita mayor de Córdoba. Génesis y repercusiones, Granada 1979.

58 Brisch, K.: Die Fenstergitter und verwandte Ornamente der Hauptmoschee von Córdoba. Eine Untersuchung zur spanisch-islamischen Ornamentik, Berlín 1966 (Madrider Forschungen, 4), pág. 28, nota 5; también Ewert, Ch., op. cit. (nota 21), pág.5.

59 Cf. el excelente análisis estilístico y técnico de Ewert, Ch., op. cit. (nota 21), págs. 7–11, 67–74.

60 Así por ejemplo en Haghbat en la Biblioteca y en otras tres salas del siglo XIII. Der Nersessian, S.: L'Art Arménien, París 1977, pág. 171; cf. también Thierry, J.M. y Donabédian, P.: Les Art Arméniens, París 1987, pág. 534 s. Además también en la iglesia armenia de San Jacobo en Jerusalén; Narkiss, B.: Armenian Art Treasures of Jerusalem, Jerusalén 1979, págs. 120–122.

61 Análisis buenos y claros de esta técnica se encuentran ya en: Reuther, O.: Ocheîdir, Leipzig 1912; véase también Godard, A.: Voûtes irraniennes, en: Athar-é Irân, 1949.

62 Ewert Ch., op. cit. (nota 21), pág. 74.

63 Op. cit. (nota 21), pág. 75.

64 Stern, H.: Les Mosaïques de la Grande Mosquée de Cordoue, Berlín 1976 (Madrider For-

schungen, 11), con un artículo de Duda, D.: Zur Technik des Keramiksimses in der Grossen Moschee von Córdoba, en: Madrider Forschungen, 11, 1976, pág. 53 s.

65 Una técnica que se sabe también dominaba el maestro de los mosaicos omeyas de la cúpula de roca. Véase van Berchem, M.: The Mosaics of the Dome of the Rock and the Great Mosque in Damascus, en: Creswell, K.A.C., op. cit. (nota 22), vol. 1, parte 1, págs. 223–372.

66 Stern, H., op. cit. (nota 64), págs. 36–38.

67 Ibn 'Idhârî proporciona este año, pero no queda claro si se trata del comienzo o de la terminación de la obra. Para Torres Balbás, L., op. cit. (nota 19), pág. 571, es el año en que comienzan los trabajos; para Creswell, K.A.C., op. cit. (nota 22), vol. 2, pág. 144, se trata de su conclusión.

68 A este respecto las convincentes observaciones de Bloom, J., op. cit. (nota 24).

69 Aun cuando el número sea topos de una gran cantidad, siempre era probablemente «la biblioteca más importante de Occidente», Vernet, J., op. cit. (nota 15), págs. 47, 386.

70 Ewert, Ch.: Die Moschee am Bâb Mardûm in Toledo – eine «Kopie» der Moschee von Córdoba, en: Madrider Mitteilungen, 18, 1977, págs. 278–354. Sobre el Toledo islámico: Delgado Valero, C.: Toledo islámico: ciudad, arte e historia, Toledo 1987, págs. 283–302: la mezquita de al-Bâb Mardûm.

71 Ewert, Ch., op. cit. (nota 70), págs. 339–349. Amador de los Ríos, J.: Toledo pintoresca o descripción de sus más célebres monumentos, Toledo 1845, pág. 307 s.; Gómez-Moreno, M.: Arte Mudéjar Toledano, Madrid 1916, pág. 5 s.; el mismo, op. cit. (nota 32), págs. 210–212. Varios autores opinan que la obra data del siglo XII y la consideran mudéjar. Cf. también el trabajo – excelente y bien documentado, y que yo sepa la obra más reciente sobre la materia – de Clara Delgado Valero, op. cit. (nota 70), págs. 303–317, que comprueba las fechas tempranas.

72 Delgado Valero, op. cit. (nota 70) sigue las huellas de otras construcciones sacras toledanas; un estudio más detallado de las mismas desborda el marco de este trabajo.

73 Ewert, Ch.: Der Mihrâb der Hauptmoschee von Almería, en: Madrider Mitteilungen, 13, 1972, págs. 287–336, considera probable una instalación de tres naves; Torres Balbás, L.: La Mezquita Mayor de Almería, en: Al-Andalus, 18, 1953, 412–443, concluye que se trata de una mezquita de cinco naves.

74 Cressier, P.: Le décor califal du mihrâb de la Grande Mosquée d'Almería, en: Madrider Mitteilungen, 31, 1990, en prensa. Agradezco al autor por el manuscrito de su artículo. La restauración que dejó al descubierto las arcadas fue realizada en 1987 por la Junta de Andalucía bajo la

dirección de L. Fernández Martínez y L. Pastor Rodríguez.

75 Abû'Ubayd al-Bakrî es un famoso geógrafo andaluz del siglo XI, que vivió la mayor parte de su vida en Sevilla, Almería y Córdoba. Tenía fuentes muy confiables en particular sobre el sudoeste de Andalucía, ya que su padre había sido gobernante de Huelva y Saltés, lugares donde él mismo vivió de joven. Una de sus principales obras geográficas es Kitâb al-mamâlik wa-l-masâlik, que sólo se ha editado y traducido en parte. Para Africa del Norte: Mac Guckin de Slane: Description de l'Afrique septentrionale, Algeria 1857, trad. en francés en: Journal Asiatique, 1857–58. Para Andalucía: Lévi-Provençal, E.: La Péninsule Iberique au Moyen-Age, Leiden 1938. Una nueva traducc. en español: Vidal Beltrán, E.: Abû'Ubayd al-Bakrî. Geografía de España (Kitâb al-masâlik wa-l-mamâlik), Zaragoza 1982, (Textos Medievales, 53).

76 Jiménez Martín, A.: La mezquita de Almonaster, Instituto de Estudios Onubenses «Padre Marchena», Diputación Provincial de Huelva, 1975; el argumento esencial para las fechas tempranas en esta interesante monografía es el carácter arcaico del mihrâb.

77 Op. cit. (nota 76), pág. 22.

78 Lévi-Provençal, E., op. cit. (nota 55), pág. 85 s., lám. 20; reproducido también en: Kühnel, E.: Maurische Kunst, Berlín 1924, lám. 18a.

79 Azuar Ruiz, R.: La Rábita Califal de las Dunas de Guardamar. Excavaciones Arqueológicas, Alicante 1989 (Museo Arqueológico); el mismo: Una rábita hispanomusulmana del siglo X, en: Archéologie Islamique 1, 1990, págs. 109–145.

80 Codera, F.: Inscripción árabe de Guardamar, en: Boletín de la Real Academia de la Historia, vol. XXXI, 1987, pág. 31 ss. También Lévi-Provençal, E., op. cit. (nota 55), pág. 93 s., lám. XXIId; y Torres Balbás, L.: Rábitas hispano-musulmanas, en: Al-Andalus, 13, 1948, págs. 475–491.

81 Las construcciones fortificadas de la España islámica han estimulado en los últimos años algunos interesantes trabajos de investigación, por ejemplo: Bazzana, A., Cressier, P. y Guichard, P.: Les châteaux ruraux d'Al-Andalus. Histoire et archéologie des husûn du sud-est de l'Espagne, Madrid 1988; Bazzana, A.: Eléments d'archéologie musulmane dans al-Andalus: caractères spécifiques de l'architecture militaire arabe de la région valencienne, en: al-Qantara, 1, 1980, págs. 339–363. Cressier, P.: Las fortalezas musulmanas de la Alpujarra (provincias de Granada y Almería) y la división política administrativa de la Andalucía oriental, en: Arqueología Espacial, Coloquio sobre distribución y relaciones entre los asentamientos, Teruel 1984, Ac-

tas, vol. 5, págs. 179–199; Zozaya, J.: Evolución de un yacimiento: el castillo de Gormaz (Soria), Castrum, 3, 1988; Acién Almanza, M.: Poblamiento y fortificación en el sur de Al-Andalus. La formación de un país de Husûn, en: III Congreso de Arqueología Medieval Española, Oviedo 1989, Actas, págs. 137–150; Zozaya, J. y Soler A.: Castillos Omeyas de planta cuadrangular: su relación funcional, en: III Congreso de Arqueología Medieval Española, Oviedo, 1989, Actas; Giralt i Balagueró, J.: Fortificacions andalusines a la Marca Superior: el cas de Balaguer, en: Setmana d'Arqueologia Medieval, Lleida, págs. 175–193.

82 Bonitos ejemplos en el libro de fotografías de Reinhard Wolf, Castillos, Munich 1982.

83 Bazzana, A.: Un fortin omayyade dans le Sharq al-Andalus, en: Archéologie Islamique I, 1990, págs. 87–108.

84 Terrasse, H., op. cit. (nota 29), pág. 158.

85 Terrasse, M.: La fortification oméiyade de Castille, en: Revista del Instituto de Estudios Islámicos en Madrid, 14, 1967–68, págs. 113–127.

86 Delgado Valero, C., op. cit. (nota 70), págs. 184–195.

87 La Puerta del Puente o Bâb al-Qantara, Delgado Valero, C., op. cit. (nota 70), págs. 140–148.

88 Torres Balbás, L., op. cit. (nota 19), págs. 638–642; el mismo, op. cit. (nota 32), págs. 52–60. Al Sr. Ricardo Izquierdo Benito, director de las excavaciones, quisiera agradecerle el haberme proporcionado las dos fotografías de Vascos (pág. 121) que publicamos; véase Izquierdo Benito, R.: La cerámica hispano-musulmana decorada de Vascos (Toledo), en: Homenaje al Prof. Martín Almagro Basch IV, Madrid 1983, págs. 107–115; el mismo: Tipología de la cerámica hispano-musulmana de Vascos (Toledo), en: II Coloquio Internacinal de Cerámica Medieval en el Mediterráneo Occidental, Toledo 1981, public. 1986, págs. 113–125; el mismo: Los Baños Arabes de Vascos (Navalmoralejo, Toledo), en: Noticiario Arqueológico Hispánico, 28, 1986, págs. 195–242; el mismo: Una ciudad de Fundación musulmana: Vascos, en: Castrum, 3, 1988, págs. 163–172.

89 Berges Roldan, L.: Baños árabes del Palacio de Villardompardo Jaén, Jaén 1989.

90 Marçais, G.: L'architecture musulmane d'occident. Tunisie, Algérie, Maroc, Espagne, Sicile, París 1954, pág. 228, presupone equivocadamente que el estuco apareció en España cierto tiempo después.

91 Cf. Brisch, K., op. cit. (nota 58).

92 Respecto al tema: Ewert, Ch.: Elementos decorativos en los tableros parietales del Salón Rico de Madînat al-Zahrá', en: Cuadernos de Madînat al-Zahrá', 1, 1987, págs. 27–60; también, Golvin, L.: Note sur un décor en marbre trouvé

a Madînat al-Zaharâ', en: Annales de l'Institut d'Etudes Orientales, XVIII-XIX, 1960–61, págs. 277–299. Terrasse, H.: Les tendances de l'art hispano-mauresque à la fin du Xe et au début XI siècle, en: al-Mulk, 3, 1963, págs. 19–24; el mismo: La formation de l'art musulman d'Espagne, en: Cahiers de Civilization Médiévale, 8, 1965, págs. 141–158. Acerca de los capiteles: Marinetto Sánchez, P.: Capiteles califales del Museo Nacional de Arte Hispanomusulmán, en: Cuadernos de Arte, XVIII, Granada 1987, págs. 175–204.

93 Véase González, V.: Origine, développement et diffusion de l'émaillerie sur métal en occident islamique, Doctorat, Université de Provence I (Aix-Marseille), 1982, 2 vols, vol 1, pág. 104 ss.

94 Beckwith, J.: Caskets from Córdoba, Londres 1960; Kühnel, E.: Die Islamischen Elfenbeinskulpturen, VIII bis XIII. Jahrhundert, Berlín 1971.

95 Torres Balbás, L., op. cit. (nota 19), pág. 745 ss.

96 Op. cit. (nota 19), pág. 722 ss.; Retuerce, M. y Zozaya, J.: Variantes geográficos de la cerámica omeya andalusí: los temas decorativos, en: La ceramica medievale nel Mediterraneo occidentale, Congresso Internazionale della Università degli Studi di Siena, 1984, Actas, Florencia 1986, págs. 69–128.

97 Torres Balbás, L., op. cit. (nota 19), pág. 782 ss.; Serjeant, R.B.: Islamic Textiles (Material for a History up to the Mongol Conquest), Beirut 1972, Cap. XVII: Textiles and the Tirâz in Spain, págs. 165–176.

98 Kubisch, N.: Das kalifale Becken des Museo Arqueológico Nacional von Madrid (con una extensa bibliografía), en: Madrider Mitteilungen, 33, 1992, en preparación. Agradezco a la autora por el manuscrito. A ese respecto Gómez-Moreno, M.: Mármoles califales, en: Ars Hispaniae III, 1951, págs. 180–191; Kühnel, E.: Antike und Orient als Quellen spanisch-islamischer Kunst, en: Madrider Mitteilungen, 1, 1960, págs. 174–181, lám. 55.

99 Véase la nota 94. También Ettinghausen, R. y Grabar, O.: The Art and Architecture of Islam 650–1250, 1987, págs. 145–155.

100 Lévi-Provençal, E.: Un manuscrit de la bibliothèque du Calife al-Hakam II, en: Hespéris 18, 1934, pág. 198 ss.

101 Wasserstein, D., op. cit. (nota 10), pág. 57.

102 Idris, H.R.: Les Zîrîdes d'Espagne, en: al-Andalus, XXIX, 1964/1, pág. 42; también Wasserstein, D., op. cit. (nota 10), pág. 99.

103 Op. cit. (nota 10), pág. 113.

104 Op. cit. (nota 10), pág. 137.

105 Op. cit. (nota 10), pág. 198; el poder de los judíos en Granada teminó con el pogrom de 1066, en el cual no sólo murió el hijo de Samuel, Yehosef ben Naghrîla, asimismo visir y recolector

de impuesto de los príncipes beréberes, sino también unos 4000 judíos.

106 La muwashshahât, una forma poética por estrofas, en la cual la rimas pueden cambiar de una estrofa a otra. Stern, S.M.: Les Chansons Mozarabes. Les Vers Finaux (Kharjas) en espagnol dans les Muwashshas arabes et hébreux. Palermo 1953. También Pérès, H.: La poésie andalouse en arabe classique au XIe siècle, París 1953.

107 Guichard, P., op. cit. (nota 12), pág. 110.

108 de Epalza, M. y Guellouz, S.: Le Cid, personnage historique et littéraire (Antologie de textes arabes, espagnols, français et latins avec traductions), París 1983.

109 Wasserstein, D., op. cit. (nota 10), pág. 265 s.; Menéndez Pidal, R.: La España del Cid, 2 vols., Madrid 1969, vol. I, págs. 234–8, vol. II, págs. 727–733; MacKay, A. y Benaboud, M.: Alfonso VI of Leon and Castile, 'al-Imbratûr dhû'l-Millatayn', en: Bulletin of Hispanic Studies, 56, 1979, págs. 95–102.

110 Hay buenas razones para creer que a la altura de 1081–1082 los príncipes taifa ya habían solicitado la ayuda de Yûsuf b. Tâshufin; Huici Miranda, A.: Al-Hulal al-Mawshiyya, crónica árabe de las dinastías almorávide, almohade y benimerín. Tetuán, Colección de crónicas árabes de la Reconquista, 1952. Wasserstein, D., op. cit. (nota 10), pág. 284. Probablemente por aquel entonces Yûsuf no estaba preparado todavía para una empresa de esa envergadura.

111 Idris, H.R., op. cit. (nota 102), pág. 73.

112 Lévi-Provençal, E.: La fondation de Marrakech (462–1070), en: Mélanges d'Art et d'Archéologie de l'Occident Musulman, vol. 2, Argel 1957, págs. 117–120.

113 En Ibn al-Khatîb, op. cit. (nota 8), pág. 336.

114 Véase Bazzana, A., Cressier, P. y Guichard P., op. cit. (nota 81), pág. 130 ss., con respecto a la relación existente entre las fortalezas y la división administrativa del país. Véase también nota 81.

115 Con frecuencia se ha puesto como ejemplo a la Puerta Antigua de Bisagra toledana, para documentar la supervivencia del esquema lineal también en la época taifa. Sin embargo, Delgado Valero tiene buenas razones para considerar que esa Puerta es más antigua, op. cit. (nota 70), págs. 172–181.

116 No obstante los cuidadosos análisis de testimonios literarios y la prospección sobre el terreno, han producido algunos resultados; véase Delgado Valero, C., op. cit. (nota 70), págs. 195–229, en particular pág. 211 ss. Véase también: Materiales para el estudio morfológico y ornamental del arte islámico en Toledo, Toledo 1987.

117 Cressier, P. y Lerma, J.V.: Un chapiteau inédit d'époque Taifa à Valence, en: Madrider Mitteilungen, 30. 1989, págs. 427–431.

118 Ewert, Ch.: Spanisch-islamische Systeme sich kreuzender Bögen. III. Die Aljafería von Zaragoza, 3 vols., Berlín 1978 (Madrider Forschungen, 12), ofrece un análisis ejemplar de la arquitectura hispano-islámica. El material de las excavaciones ha sido publicado en gran parte en: Martín-Bueno, M., Erice Lacabe, R. y Saénz Preciado, M.P.: La Aljafería. Investigación arqueológica. Zaragoza 1987.

119 Fueron dirigidas por el arquitecto Francisco Iniguez Almech, y su publicación se encuentra en: Ewert Ch., op. cit. (nota 118).

120 Ewert Ch.: Hallazgos islámicos en Balaguer y la Aljafería de Zaragoza, con contrib. de Duda, D. y Kirchner, G., Madrid 1979. También Esco, C., Giralt J. y Senac, Ph.: Arqueología islámica en la Marca Superior de al-Andalus, Huesca 1988. Para la historia de la ciudad de Balaguer: Sanahuja, F.P. OFM: Historia de la ciudad de Balaguer, Balaguer 1984.

121 Pérès, H., op. cit. (nota 106), pág. 142 ss.; Seco de Lucena Paredes, L.: Los palacios del taifa almeriense al-Mu'tasim, en: Cuadernos de la Alhambra, 3, 1967; Lazoro, R. y Villanueva, E.: Homenaje al Padre Tapia. Almería en la Historia, Almería 1988, pág. 173 ss.; Cara Barrionuevo, L.: La Almería islámica y su alcazaba, Almería 1990.

122 Ibn al-Khatîb, op. cit. (nota 8), pág. 366.

123 Torres Balbás, L.: Hallazgos arqueológicos en la Alcazaba de Málaga, en: Al-Andalus, 2, 1934, págs. 344–357; el mismo: Excavaciones y obras en la Alcazaba de Málaga, en: Al-Andalus, 9, 1944, págs. 173–190; Gómez-Moreno, M., op. cit. (nota 32), págs. 244–253; Ewert, Ch.: Spanisch-islamische Systeme sich kreuzender Bögen II. Die Arkaturen eines offenen Pavillons auf der Alcazaba von Málaga, en: Madrider Mitteilungen, 7, 1966, págs. 232–253.

124 Gómez-Moreno, M., op. cit. (nota 32), pág. 225 ss.; Seco de Lucena Paredes, L.: El barrio del Cenete, las alcazabas y las mezquitas de Granada, en: Cuadernos de la Alhambra, 2, 1966, pág. 46 ss.; Huici Miranda, A. y Terrassse, H.: Gharnâta, en: Encyclopédie de l'Islam, vol. II, ²1977, págs. 1035–1043. Sobre la historia de Granada: Peinado Santaella, R.G. y López de Coca Castañer, J.E.: Historia de Granada II: La Epoca Medieval. Siglos VIII-XV, Granada 1987. Véase también nota 179.

125 Esta tesis ha sido defendida con energía por Bargebuhr, F.P.: The Alhambra Palace. A Cycle of Studies on the Eleventh Century in Moorish Spain, Berlín 1968, pág. 90 ss. También Pavón Maldonado, B.: La Alcazaba de la Alhambra, en: Cuadernos de la Alhambra, 7, 1971, págs. 3 ss., 29.

126 Gómez-Moreno, M.: El Baño de la Judería en Baza, en: Al-Andalus, XII, 1947, págs. 151–155. Sobre las primeras construcciones ziríes: Torres Balbás, L.: El alminar de la iglesia de San José y las primeras construcciones de los ziríes granadinos, en: Al-Andalus, VI, 1941, págs. 427–446. Sobre Bañuelo también Pavón Maldonado, B.: Tratado de Arquitectura Hispano-Musulmana. I. Agua, Madrid 1990.

127 Torres Balbás, L.: Ciudades hispano-musulmanas, 2 vols., Madrid, s.f., vol. 2: pág. 490. La disertación de Guerrero Lovillo, J.: Al-Qasr al-Mubârak, el Alcázar de la bendición, Discurso de recepción en la Real Academia de Bellas Artes de Santa Isabel de Hungría, 19 de noviembre de 1970, Sevilla 1974, págs. 83–109, presenta nuevos resultados interesantes.

128 Al-Qasr al-Zâhir, al otro lado del río, y al-Qasr al-Zâhî, directamente en la ribera este del río; y al-Qasr al-Mukarram, un palacio en la ciudad al norte de al-Mubârak. Véase Guerrero Lovillo, J., op. cit. (nota 127).

129 Op. cit. (nota 127), pág. 98 ss.

130 Dickie, J.: The Islamic Garden in Spain, en: The Islamic Garden, Dumbarton Oaks, Washington D.C. 1976, págs. 87–106, 97 ss.

131 En todo caso, no es tan sencillo determinar en este jardín lo que proviene de al-Mu'tamid y lo que pertenece a los almohades.

132 Baer, E.: The «Pila» of Játiva. A Document of Secular Urban Art in Western Islam, en: Kunst des Orients, 7, 1970–71, págs. 142–166. Sobre Játiva: Torres Balbás, L.: Játiva y los restos del Palacio de Pinohermoso, en Al-Andalus, XXII, 1958, págs. 143–171.

133 En Bayâd wa Riyâd y también en el manuscrito de al-Sûfi en el Vaticano; Bibl. Apost., Ms. Ar. 368 y Ms. Siriaco 559.

134 Lagardère, V.: Le Vendredi de Zallâqa. 23 Octobre 1086, París 1989, también el ya viejo trabajo panorámico de Bosch-Vilá, J.: Los Almorávides (Historia de Marruecos, V), Tetuán 1956.

135 La famosa historia de la bella Zaynab no se puede descifrar tan fácilmente: Zaynab bint Ishaq al-Nafzawiya, además de poseer una belleza deslumbrante y una inteligencia superior, era inmensamente rica y de origen noble. Entre sus múltiples admiradores escogió primero al señor de Aghmât, un príncipe de la tribu de los maghrâwa. Abû Bakr ibn'Umar, jefe del ejército almorávide, capturó la fortaleza de montaña y de esa manera se ganó el corazón de Zaynab. La boda se efectuó hacia finales del año de 1068. En los años siguientes los ejércitos almorávides conquistaron una gran parte de Marruecos. Sin embargo, Abû Bakr pronto fue llamado de regreso al Sahara y en consecuencia se tuvo que separar de su esposa. Entonces – no se sabe si de inmediato o más tarde, si de manera voluntaria

o no –, se la entregó a su sobrino Yûsuf ibn Tâs-hufîn, quien cada día se volvía más poderoso y terminó siendo el gobernante absoluto.

136 Sobre el posible matriarcado de las estructuras sociales almorávides, véase Lagadère, V., op. cit. (nota 134), pág. 28. También Guichard, P.: Structures Sociales «Occidentales» et «Orientales» dans l'Espagne Musulmane, París-La Haya 1977.

137 Wasserstein, D., op. cit. (nota 10), pág. 282; véase también Singer, H. R., op. cit. (nota 9), pág. 297.

138 El Ash'arismo; al respecto Watt, M.W.: «al-Ash'ari» y «Ash'a-riyya», en: Encyclopédie de l'Islam, vol I, ²1975, págs. 715–718; sobre los almohades: Huici Miranda, A., op. cit. (nota 10); el mismo: Historia política del Imperio Almohade, 2 vols., Tetuán 1956/57; Le Tourneau, R.: The Almohad Movement in Nord Africa in the 12th and 13th Centuries, Princeton, 1969.

139 Watt, M.W. y Cachia, P.: A History of Islamic Spain, Edinburgh 1977 (Islamic Surveys, 4), pág. 108.

140 Guichard, P.: Les Musulmans de Valence et la reconquête (XIe-XIIIe siècles), Damas 1990, págs. 139–145.

141 Terrasse, H., op. cit. (nota 29), pág. 225 ss.

142 Véase nota 112.

143 Primera publicación de Berthier, P.: Campagne de fouilles à Chichaoua, de 1965 à 1968, en: Bulletin de la Société d'Histoire du Maroc, 2, 1969, págs. 7–26; además los últimos resultados de Ewert, Ch.: Der almoravidische Stuckdekor von Shûshâwa (Südmarokko). Ein Vorbericht, en: Madrider Mitteilungen, 28, 1987, págs. 141–178.

144 Le agradezco al Sr. Abderrahman Khelifa, Director de la Agence Nationale d'Archéologie et du Patrimoine de Argel, su amable ayuda en la visita de Nedroma.

145 Ewert, Ch.: Die Moschee von Mertola, en: Madrider Mitteilungen, 14, 1973, págs. 217–246.

146 Gómez-Moreno, M., op. cit. (nota 32), pág. 279.

147 Navarro Palazón, J. y García Avilés, A.: Aproximación a la cultura material de Madînat Mursiya, en: Murcia Musulmana, Murcia 1989, págs. 253–356, 298; Navarro Palazón, J.: Arquitectura y artesanía en la cora de Tudmir, en: Historia de Cartagena, vol. V, 1986, págs. 411–485, pág. 416 ss.; Torres Balbás, L.: Monteagudo y «El Castillejo» en la Vega de Murcia, en: Al-Andalus, II, 1934, págs. 366–370; y Marçais, G., op. cit. (nota 90), pág. 214, ya había propuesto esta adjudicación, si bien Marçais trata al complejo en conexión con la arquitectura palatina almohade.

148 Ibn al-Khatîb, op. cit. (nota 8), pág. 463. El texto continúa: «solía convidar a su mesa a muchos héroes reconocidos, a caballeros y valentones famosos, siendo muy generoso con el vino que escanciaba en sus copas. Algunas veces le agarraba una alegría loca y entonces regalaba las copas y todo el mobiliario. Se abandonaba a los placeres sensuales, ¡compartía en su tienda con más de doscientas esclavas bajo el mismo techo! Se inclinaba a adoptar las costumbres cristianas. . . . también se aprovechaba de los cristianos para fines estatales . . . , para quienes hizo instalar en Murcia albergues con tabernas e iglesias. Su precaria condición económica lo obligó a explotar de manera inmisericorde a sus subalternos . . . » La crueldad de este gobernante con su propia familia (por ejemplo, después de la traición de su suegro repudió a su hija y ordenó que mataran a los hijos que tenía de ese matrimonio; a su propia hermana la mandó matar porque la había abandonado su marido) se lo han atribuido muchos historiadores a «estructuras de comportamiento occidentales». Guichard, P., op. cit. (nota 136), pág. 111 s. Sobre Muhammad ibn Sa'd ibn Mardanîsh, cf. el mismo, op. cit. (nota 140), págs. 116–124, y sobre su sucesor, Zayyân ibn Mardanîsh, págs. 146–149.

149 Bazzana, A., Cressier, P. y Guichard, P., op. cit. (nota 81), pág. 139 ss.

150 Por ejemplo en: Kühnel, E., op. cit. (nota 94).

151 Ilustración en: The Arts of Islam, Catálogo de la Exposición de Londres de 1976, The Arts Council of Great Britain, Londres 1976.

152 Basset, H. y Terrasse, H.: Sanctuaires et forteresses almohades, París 1932; Terrasse, H.: Minbars anciens du Maroc, en: Mélanges d'histoire et d'archéologie de l'occident musulman, Hommage à Georges Marçais, vol. 2, Argel 1957, págs. 159–167; el mismo: La mosquée al-Qaraouiyin à Fès, París 1968.

153 Véase Duda, D.: Spanisch-islamische Keramik aus Almería vom 12. bis 15. Jahrhundert, Heidelberg 1970; también Flores Escobosa, I., Muñoz Martín, M. y Domínguez Bedmar, M.: Cerámica hispanomusulmana en Almería, Almería 1989. Sobre el tema de la cerámica de esta época también Bazzana, A.: La cerámica islámica en la ciudad de Valencia. I. Catálogo, Valencia 1983; Puertas Tricas, R.: La Cerámica Islámica de cuerda seca en la Alcazaba de Málaga, Málaga 1989. En el Museo de Málaga se guardan interesantes inscripciones de las épocas de los almorávides y almohades: Acién Almanza, M. y Martínez Núñez, M.A.: Museo de Málaga. Inscripciones árabes, Málaga 1982.

154 Navarro Palazón, J.: Excavaciones arqueológicas en la ciudad de Murcia durante 1984, en: Excavaciones y Prospecciones Arqueológicas, Servicio Regional de Patrimonio Histórico, Murcia 1989, fig. 13 y pág. 264 s.

155 Soustiel, J.: La céramique islamique, Friburgo 1985; Llubia, L.M.: Cerámica medieval española, Barcelona 1968.

156 No se conocen la razones que existieron para que se demoliera la primera mezquita del viernes almohade y se construyera en su lugar otra casi idéntica, con la sola diferencia de un ligero desplazamiento de su eje. La explicación más usual – que los gobernantes decidieron construirla de nuevo porque la primera mezquita estaba mal orientada – no es satisfactoria, ya que la última se encuentra más desviada de la verdadera qibla que la primera. Cf. Ewert, Ch. y Wisshak, J.P., op. cit. (nota 26), pág. 3 (nota 28).

157 Los mismos: Forschungen zur almohadischen Moschee II: Die Moschee von Tinmal, Maguncia 1984 (Madrider Beiträge, 10).

158 Wirth, E.: Regelhaftigkeit in Grundrißgestaltung, Straßennetz und Bausubstanz merinidischer Städte: das Beispiel Fes Djedid (1276 n. Chr.), en: Madrider Mitteilungen, 32, 1991, en prensa. Le agradezco al autor el envío del manuscrito.

159 Véase Ewert, Ch. y Wisshak, J.P., op. cit. (nota 157), pág. 80 ss.

160 Véase al respecto Valor Piechotta, M.: Algunos ejemplos de cerámica vidriada aplicada a la arquitectura almohade, en: II Congreso de Arqueología Medieval Española, Madrid 1987, vol. III, págs. 194–202.

161 Véase también el aprovechameinto de capiteles hispano-omeyas en la Kutubiyya y en la mezquita Qasaba de Marrakesh. Basset, H. y Terrasse, H., op. cit. (nota 152); Terrasse, H.: Chapiteaux oméiyades d'Espagne à la mosquée d'al-Qarawiyyîn de Fès, en: Al-Andalus, 28, 1963, págs. 211–220.

162 El mismo: La Grande mosquée almohade de Séville, en: Mémorial Henri Basset, París 1928, págs. 249–266.

163 Según mi opinión, todavía no se tiene una investigación exhaustiva de estas dos instalaciones; cf. Marín Fidalgo, A.: Arquitectura Gótica del Sur de la Provincia de Huelva, Huelva 1982, Santa María de la Granada: págs. 60–64, San Martín: págs. 64–65. En el Puerto de Santa María (provincia de Cádiz) se conserva todavía otra mezquita, que tiene el plan usual de varias naves (en este caso también tres), y cuya historia arquitectónica no está clara; se supone que es una fundación del siglo XI o eventualmente del siglo XII. Torres Balbás, L.: La mezquita de al-Qanatir y el Sanctuario de Alfonso el Sabio en el Puerto de Santa María, en: Al-Andalus, 7, 1942, pág. 149 ss.

164 Jiménez, A.: Arquitectura Gaditana de Epoca Alfonsí, en: Cádiz en el siglo XIII, Acta de las Jornadas Conmemorativas del VII Centenario de la Muerte de Alfonso x el Sabio, Cádiz 1983, págs. 135–158; véase también Pavón Maldona-

do, B.: Jerez de la Frontera: Ciudad Medieval. Arte Islámico y Mudéjar, Asociación Española de Orientalistas, Madrid 1981, págs. 15–18; Menéndez Pidal, J.: La Mezquita-Iglesia de Santa María la Real (Alcázar de Jerez), en: Bellas Artes, 73, núm. 19, pág. 8 s.; Alcocer, M. y Sancho H.: Notas y Documentos referentes al Alcázar de Jerez de la Frontera en los siglos XIII a XVI. Publicaciones de la Sociedad de Estudios Históricos Jerezanos, núm. 7, 1940, págs. 9–29.

165 Torres Balbás, L.: Arte Almohade. Arte Nazarí. Arte Mudéjar. (Ars Hispaniae, IV), Madrid 1949, pág. 30 s.

166 Op. cit. (nota 165), pág. 31, fig. 20.

167 Investigaciones de polen de Rafael Manzano Martos han dado esos resultados. Véase Dickie, J., op. cit. (nota 130), pág. 98.

168 Op. cit. (nota 130), pág. 97.

169 Véase nota 161.

170 En Córdoba, en el agua sobre la ribera derecha del Guadalquivir, se encuentran las ruinas de lo que probablemente fue un palacio almohade; pero se hallan en tan mal estado que es imposible decir nada acerca de su mobiliario. Véase Torres Balbás, L., op. cit. (nota 165), pág. 30 y fig. 16.

171 Sobre los alrededores de Valencia véase Bazzana, A., Cressier, P. y Guichard P., op. cit. (nota 81), pág. 157 ss.; sobre Alicante: Azuar Ruiz, R.: Castellología medieval alicantina: Area meridional, Alicante 1981; sobre Murcia: Navarro Palazón, J.: Aspectos arqueológicos, Historia de la región murciana, vol. II, 1980, págs. 64–107.

172 Además de la Torre del Oro en Sevilla son poligonales en Cáceres la Torre Redondada y la Torre Desmochada; una torre en la esquina noroccidental de la muralla de Reina (entre Sevilla y Badajoz); en Badajoz la Torre Espantaperros; en Ecija y en Jerez de la Frontera hay varias torres poligonales. Sobre el Badajoz islámico: Valdés Fernández, F.: La Alcazaba de Badajoz. Síntesis de la historia de la ciudad, Badajoz 1979; el mismo: Ciudadela y fortificación urbana: el caso de Badajoz, en: Castrum, 3, 1988, págs. 143–152.

173 Por ejemplo en Velefique; en Senés no se puede determinar el tiempo de construcción, la investigación del material y la técnica de construcción no permite sacar conclusiones definitivas. Le agradezco a Patrice Cressier el haberme mostrado esta excavación. Véase Bazzana, A., Cressier, P. y Guichard, P., op. cit. (nota 81), pág. 281; Angelé, S. y Cressier, P.: Velefiqe (Almería): un exemple de mosquée rurale en al-Andalus, en: Mélanges de la Casa de Velázquez, 26, 1990, págs. 113–130.

174 Sing. burdj, hisn, qal'a, qulay'a, qarya, qasaba; estas palabras árabes para designar diferentes tipos de asentamientos más o menos fortificados con o sin centros administrativos, se vuelven a encontrar en la actualidad en la toponimia española, con más frecuencia al-qal'a y su diminutivo al-qulay'a: Alcalá de Henares, Alcalá la Real, Calahorra, Alcolea del Cinca. Véase también Lautensach, H.: Maurische Züge im geographischen Bild der Iberischen Halbinsel, Bonn 1960, págs. 11–33.

175 Cf. el volumen Murcia Musulmana, Murcia 1989. Ante todo: Navarro Palazón, J. y García Avilés, A., op. cit. (nota 147), y Barnabé Guillamón, M., Fernández González, F.V., Manzano Martínez, J. et al.: Arquitectura doméstica islámica en la ciudad de Murcia, págs. 233–252. Véase también Navarro Palazón, J.: Arquitectura y artesanía de la cora de Tudmir, en: Mas García, J. (ed.): Historia de Cartagena, vol. V, 1986; el mismo: El cementerio islámico de San Nicolás de Murcia. Memoria preliminar, en: Actas del I Congreso de Arqueología Medieval Española, Zaragoza 1986, vol. IV, págs. 7–37; el mismo: op. cit. (nota 154), págs. 307–320; el mismo: Hacia una sistematización de la cerámica esgrafiada, en: II Coloquio Internacional de Cerámica Medieval en: el Mediterráneo Occidental, Toledo (1981) 1986, págs. 165–178; el mismo: Murcia como centro productor de loza dorada; Navarro Palazón, J. y Picón M.: La loza de la Province de Murcie, étude en laboratoire en: Congresso Internazionalle delle Università degli Studi die Siena, 1986, págs. 129–143, 144–146; Navarro Palazón, L.: Nuevas aportaciones al estudio de la loza dorada andalusí: el ataifor de Zavellá, en: Les Illes Orientals d'al-Andalus, Palma de Mallorca 1987 (V Jornades d'estudis histórics locals, págs. 225–238; el mismo: Formas arquitectónicas en el mobiliario cerámico andalusí, en: Cuadernos de la Alhambra, 23, 1987, págs. 21–65.

176 La excavación de la ciudad está dirigida por Navarro Palazón, J.; el mismo: Siyâsa: una madîna de la cora de Tudmir, en: Areas, 5, Murcia, 1985, págs. 171–189; el mismo: La conquista castellana y sus consecuencias: la despoblación de Siyâsa, en: Castrum, 3, 1988, págs. 208–214. Al Sr. Julio Navarro Palazón, director del Centro de Estudios Arabes y Arqueológicos «Ibn Arabi», que alberga los hallazgos más importantes de la región, le agradezco su amable acogida y la visita de estas excavaciones.

177 Véase Kubisch, N.: Die Ornamentik von Santa María la Blanca in Toledo, tesis, Munich 1991 (manusc.)

178 Torres Balbás, L.: Las Yeserías des cubiertas recientemente en las Huelgas de Burgos, en: Al-Andalus, 8, 1943, págs. 209–254; véase también Iñiguez, F.: Las yeserías descubiertas recientemente en Las Huelgas de Burgos, en: Archivo Español de Arte, 14, 1940, págs. 306–308, con 12 ilustr.

179 Acerca de la historia del sultanato nazarí, véase el extenso trabajo de Arié, R.: L'Espagne musulmane au temps des Nazrides (1232–1492), París 1973, nueva edic.: París 1990; también las publicaciones mencionadas en la nota 4, así como Torres Delgado, C.: El antiguo reino nazarí de Granada (1232–1340), Granada 1974. La capital del valle del alto Genil fue en un principio Elvira, y hasta el siglo XI se habla en las fuentes de la kûra de Elvira. Granada era en ese entonces un pequeño asentamiento sin importancia política habitado principalmente por judíos, hasta que los ziríes la fortificaron. Después de su derrocamiento, Granada se volvió primero almorávide y luego almohade. Fue ocupada brevemente durante las expediciones de Ibn Mardanîsh y, posteriormente, durante las de Ibn Hûd. Ibn al-Ahmar era enemigo de este último y, poco después de su asesinato, tomó el poder en Granada (1237). Peinado Santaella, R.G. y López de Coca Castañer, op. cit. (nota 124), pág. 32, presentan una discusión sobre las diferentes hipótesis que se han formulado sobre el surgimiento de Granada y su relación con Iliberis, el Municipium Iliberritanum y Madînat Ilbîra.

180 Hoenerbach, W., op. cit. (nota 7); también Arié, R., op. cit. (nota 179), pág. 303.

181 Arié, R., op. cit. (nota 179), pág. 336.

182 Según Hoenerbach, W., op. cit. (nota 7), pág. 413.

183 La Alhambra es uno de los lugares más visitados del mundo. Existen muchas publicaciones y guías turísticas de excelente calidad, destacándose entre ellas la más reciente por su precisión y riqueza de información: Bermúdez López, J.: Die Alhambra und der Generalife, Granada s.f. Una excelente documentación se encuentra en: Plan especial de protección y reforma interior de la Alhambra y Alíjares, Granada 1986. Al Sr. Jesús Bermúdez López quisiera agradecerle la liberalidad con que nos permitió trabajar en la Alhambra y el Generalife.

184 Bemúdez Pareja, J.: El baño del Palacio de Comares en la Alhambra de Granada. Disposición primitiva y alteraciones, en: Cuadernos de la Alhambra, 10–11, 1974–1975, págs. 99–116.

185 El origen de este nombre no está del todo claro: García Gómez, E.: Foco de antigua luz sobre la Alhambra. Desde un texto de Ibn al-Jatîb en 1362, Madrid 1988, pág. 187, lo explica aduciendo la participación de artesanos del pueblo de Comares en la construcción del mobiliario de las salas. La explicación que hace derivar Comares de qamariyya, lumbrera (del árabe al-qamar, luna), es más corriente y más factible.

186 La pila tiene una inscripción con un poema de Ibn Zamraq, poeta cortesano nazarí (1333–

1393); expresa poéticamente los temas del agua configurada como obra de arte, el poder real representado sensiblemente por los leones y la Guerra Santa, que se aplican muy bien a esta fuente. Frederick Bargebuhr descubrió el poema de un poeta judío del siglo XI, Salomo ben Gabirol, en el cual se citan el «mar de bronce» del Templo de Jerusalén y Salomo en relación a una fuente de leones en un palacio. Salomo ben Gabirol era el protegido del ministro judío de los nazarí, Yehosef ben Naghrîla, lo cual lleva a suponer que éste poseía un palacio en el lugar donde actualmente se encuentra la alcazaba. Bargebuhr infiere que por lo menos la base de la fuente de los leones, proviene de ese palacio judío. Oleg Grabar sigue estos argumentos de Bargebuhr, que parecen muy atractivos pero poco convincentes, debido a que les faltan muchos eslabones intermedios. Lo más probable es que los leones hayan sido producidos en el siglo XIV y no en el XI. Véase Bargebuhr, F.P., op. cit. (nota 125); el mismo: Salomo ibn Gabirol. Ostwestliches Dichtertum, Wiesbaden 1976; Grabar, O.: The Alhambra, Londres 1978.

187 Torres Balbás, L.: Paseos por la Alhambra: la Rauda, en: Archivo Español de Arte y Arqueología, 6, 1926, págs. 261–285.

188 Andrea Navagiero, embajador italiano que visitó la Alhambra, Granada y Sevilla en 1526, dejó un informe de viaje completo: Navagiero, A.: Il viaggio fatto in Spagna et in Francia . . . , Venecia, Domenico Fani 1563; también Barrucand, M.: Gärten und gestaltete Landschaft als irdisches Paradies: Gärten im westlichem Islam, en: Der Islam, 65, 1988, págs. 244–267.

189 Bermúdez Pareja, J.: El Generalife después del incendio de 1958, en: Cuadernos de la Alhambra, 1, 1965, págs. 9–39.

190 Véase Golvin, L.: Les influences artistiques entre l'Espagne musulmane et le Maghrib. La Torre de la vela de l'Alhambra à Grenade et le donjon du Manâr de la Qal'a des Banû Hammad (Algérie), en: Cuadernos de la Alhambra, 10–11, 1974–75, págs. 85–90.

191 Véase Fernández-Puertas, A.: La Fachada del Palacio de Comares I. Situación, Fundación y Génesis, Granada 1980, sobre todo fig. 2, pág. 5 y ss. Emilio García Gómez planteó hace poco una nueva hipótesis sobre la fachada del Palacio de Comares: dicha fachada había adornado en un principio la entrada principal a la Alhambra, habiéndose encontrado en el lugar que en la actualidad ocupa el Palacio de Carlos V; fue hasta el año de 1538 que se desmontó de ese lugar y se trasladó al Cuarto Dorado. La tesis fue refutada convincentemente por Darío Cabanelas Rodríguez, durante los «Encuentros de la Alhambra» en abril de 1991. García Gómez, E., op. cit. (nota 185), y Cabanelas Rodríguez, D. OFM: La Fachada de Comares y la llamada «Puerta de la Casa Real», conferencia, Alhambra, 26 de abril de 1991.

192 Barrucand, M.: L'urbanisme princier en islam. Meknès et les villes royales islamiques postmédiévales, París 1985 (Bibliothèque d'Estudes Islamiques, 13).

193 Véase al respecto la serie de Cabanelas Rodríguez, D. OFM y Fernández-Puertas, A.: Inscripciones poéticas de la Alhambra, en: Cuadernos de la Alhambra: Partal y Fachada de Comares, núm. 10–11, 1974–75, págs. 117–200; Generalife: núm. 14, págs. 3–86; Fuente de los Leones: núm. 15–17, 1981, págs. 3–88; Tacas en el acceso a la Sala de la Barca, núm. 19–20, 1983–84, págs. 61–149; Rubiera, M.J.: De nuevo sobre los poemas epigráficos de la Alhambra, en: Al-Andalus, 41, 1976, págs. 453–473; y García Gómez, E.: Poemas árabes en los muros y fuentes de la Alhambra, Madrid 1985; además, aunque ya más antiguo, Nykl, A.R.: Inscripciones árabes de la Alhambra y del Generalife, en: Al-Andalus, 4, 1936–1939, págs. 174–194.

194 Bargebuhr, F.P., op. cit. (nota 125) y Grabar, O., op. cit. (nota 186), intentan penetrar más profundamente en la comprensión de la «iconología» de la Alhambra, mediante el establecimiento de relaciones simbólicas.

195 Aguilar Gutiérrez, J.: Restauración de pinturas murales en la Alhambra. Patio del Harén y Retrete de la Sala de la Barca, en: Cuadernos de la Alhambra, 25, 1989, págs. 204–211.

196 Bermúdez Pareja, J.: Pinturas sobre piel en la Alhambra de Granada, Granada 1987.

197 Manzano Martos, R.: Darabenaz: una alquería nazarí en la Vega de Granada, en: Al-Andalus, 26, 1961, págs. 201–218; el mismo: De nuevo sobre Darabenaz, en: Al-Andalus, 26, 1961, págs. 448–449.

198 Torres Balbás, L.: La acrópolis musulmana de Ronda, en: Al-Andalus, 9, 1944, págs. 469–474; y Miró, A.: Ronda. Arquitectura y Urbanismo, Málaga 1987 (época islámica: págs. 73–106).

199 Arié, R., op. cit. (nota 179), pág. 398 ss.; Torres Balbás, L.: El Maristán de Granada, en: Al-Andalus, 9, 1944, págs. 198–481; García Granados, J.A., Girón Irueste, F. y Salvatierra Cuenca, V.: El Maristán de Granada. Un Hospital Islámico, Granada 1989.

200 A Patrice Cressier le agradezco el haberme llamado la atención sobre este edificio todavía inédito.

201 Marçais, G., op. cit. (nota 90), pág. 359.

202 Kühnel, E., op. cit. (nota 98), págs. 174–181.

Glosario

Este glosario no persigue otra finalidad que la de facilitar al lector no especializado la lectura del libro; ni es exhaustivo, ni pretende ofrecer un tratamiento sistemático de los términos considerados. El «index documentaire» en Sourdel, D. y J.: La civilization de l'islam classique, Arthaud éd., París 1968, págs. 157–621, está redactado en un estilo extraordinariamente conciso, aunque toma también en cuenta temas de Historia del Arte. El libro recientemente publicado de Glassé, C.: Dictionaire encyclopédique de l'Islam, Bordas éd., París 1991, trata sobre todo cuestiones relacionadas con la religión. Más especializada a la vez que más amplia, es la Enciclopedia del Islam; sin embargo, su primera edición (Leiden 1913 y 1936) es anticuada, y la segunda edición (Leiden, a partir de 1954) sólo ha llegado hasta la voz «Mu».

Abasí: dinastía árabe-islámica, que le arrebató en 750 el califato a la dinastía omeya y pudo mantenerse en el poder hasta 1258. Los abasíes convirtieron a Irak en el centro del Imperio Islámico y residieron la mayor parte del tiempo en Bagdad, ciudad que fundaron en el año 762.

Acanto: variedad del cardo («garra de oso») difundida en particular por la región del Mar Mediterráneo, cuyas hojas anchas y dentadas fueron muy apreciadas como adorno en el arte clásico desde el siglo V a.d.C. El arte islámico adoptó este elemento decorativo y lo modificó a su manera.

Aghlabí: dinastía islámica en gran parte independiente, que gobernó Ifrîqiya en el siglo IX en nombre de los abasíes.

Alcazaba: del árabe al-qasaba, fortaleza, ciudad fortificada, también sede administrativa.

Alcázar: del árabe al-qasr, casa, palacio, recinto fortificado. La palabra árabe se deriva del latín *castrum*.

Alfiz: recuadro de un arco, derivado posiblemente del árabe al-hayyiz, vasija, recipiente (H. Halm).

Alminar: torre desde la cual se llama a oración. No están todavía definitivamente aclarados el origen, el desarrollo y la función de estas torres; se cree que proceden de las antiguas atalayas o torres de señales pre-islámicas (árabe: manâr, manâra: lugar con luz, o sea, faro).

Almuecín: del árabe mu'azzin, el que llama a la oración; encargado de convocar en voz alta a los creyentes para las cinco oraciones rituales del día.

Apsis: pequeño cuarto semicircular, casi siempre abovedado, construido dentro o a continuación de un recinto principal al cual se encuentra subordinado; p. ej., remate en forma de nicho de la nave central de un recinto con varias naves.

Arco festoneado: arco lobulado vegetalizado, particularmente característico de la arquitectura almohade. Se desarrolló a partir del arco compuesto; se alternan los pasos anchos y angostos, adornado al pie de los pasos con volutas o terminales estrechas y sueltas.

Baldiyyûn: árabe; descendientes del primer conquistador islámico de la Península Ibérica; a menudo se usa por contraposición a shâmiyyûn.

Barbacana: obra avanzada y aislada para defender fortificaciones; tronera.

Califa: del árabe khalifa, representante, sucesor. Designación para el sucesor del profeta en cuyo carácter es el dirigente mundano y espiritual de la comunidad islámica. El califa no tiene ninguna pretensión de ser también sucesor en cuanto al don de la profecía.

Capitel: parte superior de una columna o pilastra, que sirve de intermediario entre ésta y el peso que descansa sobre ella. Ensancha la superficie de apoyo de la columna o pilastra y la fija con la parte que se debe sostener.

Corán: del árabe al-qur'ân, la recitación; el libro sagrado del islam. Contiene las revelaciones que el profeta Mahoma recibió de Dios a través del Arcángel Gabriel.

Chiíta: perteneciente al chía, partido de Alí, yerno y primo del profeta. Los chiítas se negaron a reconocer a los tres primeros sucesores del profeta y luego a los califas omeyas, por considerar que sólo los sucesores y descendientes de Alí eran legítimos. Esto los llevó a la oposición y fueron perseguidos. Esta división de la comunidad originaria, en un comienzo de carácter eminentemente político, condujo a un desarrollo religioso particular de los chiítas, en el cual surgieron diversas sectas. No obstante, todos los grupos chiítas tienen en común «una relación especial con sus propias autoridades, los imanes, una tradición jurídica propia, un culto peculiar, lugares propios para fiestas y peregrinaciones, un clima religioso específico caracterizado por un jubiloso apasionamiento y, finalmente, incluso algo así como su propio clero» (H. Halm).

Dâr al-Imâra: árabe; palacio del príncipe o gobernador.

Dhimmî: árabe; grupos de población no islámica. Obtenían un contrato de sus conquistadores musulmanes por medio del cual éstos les daban protección (dhimma) a cambio de tributos. La protección abarcaba la vida, la propiedad, los lugares sagrados y el ejercicio religioso; en todo caso, sólo comprendía a los que habían recibido con anterioridad «la revelación del Libro», es decir, a los cristianos y judíos. Los «paganos» quedaban excluidos de esos contratos.

Diseño T: concepto perteneciente a la historia del arte islámico. Designa la planta de un tipo de mezquita en la cual la nave orientada longitudinalmente no choca directamente con la pared de la qibla, sino con los soportes de una nave paralela a dicha pared.

Emir: del árabe amîr, caudillo, gobernador, príncipe.

Emir al Mu'minîn: jefe de los creyentes; desde Omar (el segundo califa), título honorífico que sólo le corresponde al califa.

Expolios: del latín *spolia*, partes de la construcción aprovechadas de nuevo, tomadas de antiguas edificaciones. A semejanza del arte cristiano primitivo, el arte islámico primitivo utilizaba de modo preferente expolios de la antigüedad clásica y tardía. Sin embargo, también en el arte hispano-islámico tardío se aprovecharon como expolios elementos islámicos antiguos.

Estrías: ranuras verticales, cóncavas, sobre todo en el fuste de una columna; elemento de la decoración antigua que fue tomado y desarrollado posteriormente.

Frigidarium: del latín *frigidus*, frío; cuarto para baños fríos en las antiguas termas.

Funduq: árabe; construcción que servía como hospedería, depósito y almacén, situado en la ciudad; del griego πανδοχεῖον, hospedería. La palabra se utiliza sobre todo en el Maghreb y en Andalucía, en el Oriente se usan más khân y caravasar.

Galería enana: arcada en serie con un espacio posterior que ahueca y da vida al muro, colocada en una parte elevada e incrustada en dicho muro. Se trata de una forma ornamental sin ninguna propiedad constructiva, que no obstante aligera la mampostería.

Hadj: del árabe hajj; peregrinaje ritual a la Meca que pertenece a los deberes religiosos de todos los musulmanes.

Hâjib: árabe, administrador de rentas. En la España omeya este título gozaba de funciones y prerrogativas que lo colocaban muy por encima del de un visir.

Hammâm: árabe; baño caliente islámico. Hasta la fecha es un elemento indispensable de la cultura islámica, que proviene de una herencia muy antigua.

Hisn: árabe, fortificación, fortaleza, también centro administrativo.

Hudí: dinastía de Banû Hûd, una de las más impor-

tantes dinastías taifa; su centro de gobierno lo tuvo en Zaragoza. Un tal Muhammad ibn Yûsuf ibn Hûd al-Judhâmî al-Mutavakkil, quien en el siglo XII trató de derrocar a los almohades, ocupó por breve tiempo Granada y se hizo pasar por descendiente de los hudíes.

Hipocausto: calefacción por medio de hornillos y conductos en el subsuelo de las antiguas termas, que también se usó en los baños hispano-islámicos.

Ifrîqiya: nombre árabe para la parte este del Maghreb; las fronteras geográficas del concepto son bastante indefinidas. Originalmente designaba la región entre Trípolis y Tánger. La palabra se deriva del latín *Africa*.

Imán: del árabe imâm, el que dirige, el conductor. El concepto se usa para designar al encargado de presidir la oración colectiva, el jefe espiritual de una feligresía o escuela y, sobre todo, al dirigente de toda la comunidad islámica.

Iwân: árabe; habitación cuadrada casi siempre abovedada, uno de cuyos lados se abre en toda su extensión al patio o salón delantero. Este motivo arquitectónico fue trasladado de la arquitectura parta y sasanida a la oriental-islámica; no está ligado a determinadas funciones, de modo que se le encuentra en construcciones islámicas tanto religiosas como profanas.

Jihâd: árabe, Guerra Santa. En el Islam pasa por ser una obra muy meritoria, ya que garantiza la entrada al paraíso. La raíz de la palabra es jâhada, esforzarse por algo.

Jund: palabra árabe de origen iraní, que en el Corán sencillamente designa a una tropa armada; en la época de los omeyas fue usada para las circunscripciones militares en las que habían acampado los guerreros árabes en pie de lucha, los cuales además de participar del botín tenían una paga fija.

Kutubiyya: nombre de la mezquita del viernes almohade en Marrakesh. Debe su nombre al mercado de libros que se encontraba cerca de ella.

Lamtûna: poderosa tribu beréber nómada, perteneciente al pueblo de los sanhâja, que habitan el Sahara occidental. Se convirtieron al Islam sólo en el siglo IX. En el siglo VIII pudieron fundar un reino constituido por una confederación de tribus beréberes que gobernaron hasta principios del siglo X. Como portadores del movimiento almorávide en el siglo XI alcanzaron gran importancia histórica.

Laqab: nombre honorífico que en un principio sólo se le adjudicó al soberano, pero que posteriormente también se le dio a elevados dignatarios. Estos nombres honoríficos eran en un principio bastante sencillos, pero con el tiempo fueron volviéndose ampulosos.

Madrasa: «lugar donde uno estudia», derivado de la raíz árabe darasa, estudiar, leer. Se trata de escuelas superiores públicas en las cuales en primera línea (aunque no exclusivamente) se enseñaba derecho islámico. Funcionaban sobre la base de donaciones piadosas, que aseguraban la manutención de profesores y estudiantes y le garantizaban al donante cierto control. A menudo se encontraban física y administrativamente en estrecha relación con la mezquita. A pesar de que a partir del siglo XI la institución de la madrasa se extendió por todo el mundo islámico, las distintas regiones desarrollaron sus propios tipos arquitectónicos para albergarla.

Mahdî: árabe, «el bien encaminado». En un principio a menudo sólo era un calificativo honorífico; sin embargo, sobre todo entre los chiítas y bajo su influencia, la palabra se convirtió en el concepto para designar al dirigente religioso que se espera al final de los tiempos, el cual -libre de error y pecado - erigirá un reino de fe y justicia y gobernará sobre el mundo islámico unificado. A través de toda la historia islámica han aparecido una y otra vez personalidades que han pretendido ser el Mahdî. Uno de ellos fue Ibn Tûmart, fundador del credo almohade.

Malikismo: una de las cuatro escuelas de derecho reconocidas como ortodoxas por los sunnitas, surgidas en los siglos VIII y IX. La escuela de derecho malikista fue fundada en el siglo VIII en Medina por Mâlic y se caracteriza por ser extremadamente conservadora. Su influencia se extendió desde Medina en particular hacia Africa noroccidental y España.

Mameluco: del árabe mamlûk, «hombre que es propiedad de otro», es decir, esclavo de origen no-musulmán; el concepto se usa básicamente para soldados. Durante el sultanato mameluco en Egipto y Siria, de 1250 a 1517, la institución de esta esclavitud militar condujo a la centenaria dominación de una «aristocracia militar de una generación» (D. Ayalon). En España no alcanzó un desarrollo comparable.

Maqsûra: lugar reservado al califa en la sala de oración de la mezquita del viernes en la cercanía del mihrâb.

Mâristân: hospital, del persa bîmâr, enfermo, y el sufijo istân, que designa el lugar. Los hospitales, mantenidos con donaciones piadosas, surgieron en el mundo islámico a fines del siglo VIII. El más antiguo mâristân conocido en el Maghreb fue fundado en Marrakesh por el almohade Ya'qûb al-Mansûr.

Masmûda: tribu beréber sedentaria del Alto Atlas, que adquirió importancia histórica a través del movimiento almohade, ya que su dirigente espiritual, el Mahdî ibn Tûmart, provenía de esa tribu.

Mawlâ (pl. mawâlî): palabra árabe con múltiples significados. En la mayoría de los casos designa a no-árabes, los que siendo libres o habiendo sido liberados se convierten al Islam y, en consecuencia, se incorporan formalmente a una tribu árabe, convirtiéndose en sus «clientes». En nuestro contexto le daremos exclusivamente este significado.

Mexuar: del árabe mashuar, sala de conferencias. En el Maghreb la palabra mashuar también se usa para designar la amplia plaza frente a la entrada principal del complejo palaciego y se llega a utilizar para nombrar éste mismo (p. ej. en Rabat).

Mezquita: del árabe masjid, lugar en el cual uno se postra a rezar (tomado del español, mezquita ha pasado al francés, inglés y alemán). Construcción religiosa islámica en la cual los creyentes se reúnen para efectuar oraciones rituales. Se diferencian salas de oración (masjid) pequeñas y privadas o públicas. En la mezquita del viernes, también conocida como la mezquita mayor (masjid jâmi' o jâmi'), se lleva a cabo la prédica y la oración colectiva del viernes por la tarde, el más importante culto divino de la semana, que de esa manera adquiere una función política.

Mihrâb: árabe; nicho de una sala de oración orientado hacia la Meca.

Minbar: púlpito monumental de forma escalonada que se utiliza para la prédica del viernes en las mezquitas mayores.

Moro: del griego μαυροσ, oscuro; fue usado por los griegos para designar a los aborígenes de la parte occidental del Africa blanca.

Mozárabe: del árabe Must'aribûn; cristianos «arabizados» que vivían como dhimmîs entre los árabes dominantes. La palabra se usa sobre todo para las comunidades cristianas existentes en la España islámica.

Mudéjar: del árabe mudajjan, en el sentido de «domesticado»; el concepto se utiliza para designar a los musulmanes que permanecieron en España bajo dominación cristiana después de la Reconquista y que pagaban tributo a los señores cristianos.

Munya: árabe, quinta, mansión rural, villa.

Muqarnas: elemento decorativo semejante a un panal conformado a partir de muchos nichos y fragmentos de nichos, que apareció en el siglo XI en el mundo islámico y se extendió con rapidez. Se utiliza fundamentalmente para la cobertura de partes arquitectónicas encorvadas: en cúpulas y sobre todo en zonas intermedias entre la base y la cúpula, en nichos de mihrâb y coronaciones de portales y ventanas, en capiteles en lugar del cesto y en cornisas.

Musâlimûn: árabe; cristiano convertido al Islam.

Musta'ribûn: árabe, el «arabizado», es decir, los cristianos que viven bajo dominio islámico.

Muwalladûn: árabe, «criado» (entre árabes), musulmán nuevo, muladí; usado sobre todo para designar a los descendientes de los cristianos convertidos al Islam en España.

Omeyas: primera dinastía de califas islámicos, que reinaron de 660 a 750. Los omeyas eran árabes, que pertenecían como Mahoma a la tribu de los quraiyshíes en la Meca, pero por contraposición al Profeta provenían de una de sus familias más poderosas. En 750 la dinastía omeya fue casi totalmente aniquilada por los abasíes; sin embargo, algunos de sus descendientes pudieron huir y se asentaron en España. Los omeyas españoles permanecieron en el poder de 756 a 1031.

Palestra: del griego, sitio donde se compite o se lucha, con frecuencia en conexión con las termas. Si bien el hammâm árabe se deriva en principio de la tradición de las antiguas termas, no retoma estas instalaciones deportivas.

Pechina: pequeña superficie de enlace limitada por tres lados, como la que se da entre un arco y su enmarcación rectangular, el alfiz.

Qâdî: árabe, juez. En principio lo nombra el gobernante o su representante, quien siempre se puede reservar la última decisión. Su principal deber es el mantenimiento del orden en la comunidad mediante la aplicación del derecho coránico.

Qaysâriyya: árabe, complejo de edificios públicos centrales en el centro comercial e industrial de la ciudad (árabe sûq o persa bâzâr) en el cual se encuentran reunidos tiendas, pequeñas bodegas y talleres, en los cuales se comercian mercancías de lujo. La qaysâriyya permanece cerrada por las noches y los días feriados.

Qibla: árabe, dirección de la oración; originalmente hacia Jerusalén, desde 624 hacia la Kaaba en la Meca. En las mezquitas el mihrâb señala la dirección de la Meca, que debe ser adoptada por los creyentes durante la oración.

Pared de la qibla: la pared que se encuentra en dirección a la Meca y frente a la cual se colocan los creyentes mientras oran.

Quraishíes: tribu norárabe, que gobernaba en la Meca a principios del siglo VII y que comprendía a un conjunto de familias con diferentes grados de riqueza. Mahoma y sus descendientes, los cuatro primeros califas, los omeyas y los abasíes pertenecieron a esa tribu.

Ramadân: árabe, noveno mes del año lunar islámico, en el cual todos los musulmanes adultos están obligados a guardar ayuno. En el Islam el ayuno significa total abstinencia de comidas y bebidas, así como de relaciones sexuales, en el período que va desde la salida hasta la puesta del sol.

Reconquista: concepto utilizado comúnmente para designar la recuperación por parte de los cristianos del territorio islámico en España.

Ribât: árabe, construcción fortificada, semejante a un convento, que se erigía a menudo en las regiones fronterizas del Islam, para que sirviera como base para extender la Guerra Santa o proporcionar en los tiempos del recogimiento religioso un marco adecuado.

Salât: árabe; oración ritual, el más alto deber islámico, rigurosamente normada y ligada a determinadas horas, actitudes corporales y otras condiciones.

Sanhâja: uno de los pueblos de montaña más importantes. Los sanhâja vivieron, a menudo como nómadas, desperdigados por toda la parte occidental de Africa del Norte, desde la Kabylia hasta la costa atlántica marroquí y mauritana. Se les conocía desde tiempos preislámicos. La familia de los almorávides pertenecía a la tribu de los lamtuna, que a su vez pertenecía al grupo mayor de los sanhâja.

Saqâliba: (sing. siqlabî o saqlabî): palabra árabe de la Edad Media que designaba a las poblaciones de Europa Oriental, los «eslavos». En la España islámica eran saquâliba («esclavos») europeos capturados en campañas militares (no sólo de Europa del Este), los cuales servían en el ejército o en la corte y a menudo llegaban a ocupar puestos importantes. No deben confundirse con los esclavos negros, denominados 'abîd.

Shâmiyyûn: árabe; sirios traídos para formar parte del ejército árabe, que llegaron a España hasta después de la primera conquista de Andalucía y se diferencian de los árabes «nacidos en el país» (baldiyyûn).

Sudatorium: latín, cuarto de vapor en las termas; copiado y desarrollado en el hammâm árabe.

Sûq: árabe, mercado. El concepto designa ante todo el centro comercial tradicional de la ciudad islámica-oriental; sin embargo, también se le usa para designar todos los otros lugares de comercio e industria, así como los mercados que cada cierto tiempo tienen lugar fuera de al ciudad.

Taifa: del árabe tâ'ifa, plural tawâ'if, grupo especial. Mulûk al-tawâ'if, «reyes de pequeños grupos», reyezuelos, reyes de taifa. Después de la caída de los omeyas españoles y hasta la llegada al poder de los almorávides, la España islámica fue gobernada por un considerable número de pequeñas dinastías; la historiografía ha recogido ese período como el de los reyes de Taifa.

Tímpano: superficie sobre un portal dentro del campo del arco (originalmente, tímpano de un templo antiguo).

Transepto: del francés, casa transversal; parte de la construcción transversal al cuerpo principal de la casa. Concepto existente en la historia de la arquitectura cristiana, que también ha encontrado aplicación en la tradición arquitectónica islámica; por ejemplo, para la nave de la qibla, que en el diseño T se ubica transversalmente a las naves principales.

Trompa: porción de bóveda, la mayor parte de las veces en forma de un medio cono elevado con la apertura vuelta hacia abajo, que se coloca en las esquinas de un espacio cuadrado o rectangular, para mediar entre éste y el círculo de base de una cúpula abovedada. Uno de los principales problemas abordado por la arquitectura islámica es el de la transformación de las esquinas de los espacios cuadrados y rectangulares abovedados.

Zakât: árabe, ofrenda religiosa, uno de los cinco principales deberes del musulmán. También se le designa como impuesto de caridad.

Bibliografía

Acién Almanza, M.: La formación y destrucción de Al-Andalus y Reino de Granada, en: Historia de los Pueblos de España, Barceló, M. (ed.), Tierras fronterizas (I), Barcelona 1984, págs. 21–56.

– Madînat al-Zahrâ' en el urbanismo musulmán, en: Cuadernos de Madînat al-Zahrâ', 1, 1987, págs. 11–26.

– Poblamiento y fortificación en el sur de Al-Andalus. La formación de un país de Husûn, en: III Congreso de Arqueología medieval Española, Oviedo 1989, Actas, págs. 137–150.

Acién Almanza, M. y Martínez Núñez, M.A.: Museo de Málaga. Inscripciones árabes, Málaga 1982.

Aguilar Gutiérrez, J.: Restauración de pinturas murales en la Alhambra. Patio del Harén y Retrete de la Sala de la Barca, en: Cuadernos de la Alhambra, 25, 1989, págs. 204–211.

Alcocer, M. y Sancho, H.: Notas y Documentos referentes al Alcázar de Jerez de la Frontera, en los siglos XIII a XVI, Publicaciones de la Sociedad de Estudios Históricos Jerezanos, núm. 7, 1940, págs. 9–29.

Amador de los Ríos, J.: Toledo pintoresca o descripción de sus más célebres monumentos, Toledo 1845.

Angelé, S. y Cressier, P.: Velefiqe (Almería): Un exemple de mosquée rurale en al-Andalus, en: Mélanges de la Casa de Velázquez, 26, 1990, págs. 113–130.

Arié, R.: L'Espagne musulmane au temps des Nasrides, París 1973; nueva edic. París 1990.

Ayalon, D.: On the Eunuchs in Islam, en: Jerusalem Studies in Arabic and Islam, 1, 1979, págs. 67–124.

– Mamlûk, en: Encyclopédie de l'Islam, vol. VI, 1987, págs. 299–305.

Azuar Ruiz, R.: Castellogía medieval alicantina: área meridional, Alicante 1981.

– La Rábita Califal de las Dunas de Guardamar. Excavaciones Arqueológicas, Alicante 1989 (Museo Arqueológico).

– Una rábita hispanomusulmana del siglo X, en: Archéologie Islamique, 1, 1990, págs. 109–145.

Baer, E.: The «Pila» of Játiva. A Document of Secular Urban Art in Western Islam, en: Kunst des Orients, 7, 1970–71, págs. 142–166.

al-Bakrî, Abû'Ubayd, Kitâb al-mamâlik wa-l-masâlik. Para Andalucía: Lévi-Provençal, E.: La Péninsule Iberique au Moyen-Age, Leiden 1938. Una nueva traducción en español: Vidal Beltrán, E.: Abû'Ubayd al-Bakrî. Geografía de España (Kitâb al-masâlik wa-l-mamâlik), Zaragoza 1982 (Textos Medievales, 53).

Bargebuhr, F.P.: The Alhambra Palace. A Cycle of Studies on the Eleventh Century in Moorish Spain, Berlín 1968.

– Salomo Ibn Gabirol. Ostwestliches Dichtertum, Wiesbaden 1976.

Barnabé Guillamón, M., Fernández González, F.V., Manzano Martínez, J. et al.: Arquitectura doméstica islámica en la ciudad de Murcia, en: Murcia Musulmana, Murcia 1989, págs. 233–252.

Barrucand, M.: L'urbanisme princier en islam. Meknès et les villes royales islamiques postmédiévales, París 1985 (Bibliothèque d'Etudes Islamiques, 13)

– Gärten und gestaltete Landschaft als irdisches Paradies: Gärten im westlichen Islam, en: Der Islam, 65, 1988, págs. 244–267.

Basset, H. y Terrasse H.: Sanctuaires et forteresses almohades, París 1932 (collection Hesperis V).

Bazzana, A.: Eléments d'archéologie musulmane dans Al-Andalus: caractères spécifiques de l'architecture militaire arabe de la région valencienne, en: al-Qantara, 1, 1980, págs. 339–363.

– La cerámica islámica en la ciudad de Valencia, I. Catálogo, Valencia 1983.

– Un fortin omayyade dans le «Sharq al-Andalus», en: Archéologie Islamique, I, 1990, págs. 87–108.

Bazzana, A., Cressier, P. y Guichard, P.: Les châteaux ruraux d'Al-Andalus. Histoire et archéologie des husûn du sud-est de l'Espagne, Madrid 1988.

Bazzana, A. y Creesier, P.: Shaltish/Saltés (Huelva). Une ville médiévale d'al-Andalus, Madrid 1989 (Publications de la Casa de Velázquez, Etudes et Documents 5).

Beckwith, J.: Caskets from Córdoba, Londres 1960.

Berges Roldan, L.: Baños árabes del Palacio de Villardomprado Jaén, Jaén 1989.

Bermúdez López, J.: Die Alhambra und der Generalife, Granada s.f.

– Contribución al estudio de las construcciones domésticas de la Alhambra: nuevas perspectivas, en: La casa hispano-musulmana. Aportaciones de la arqueología, Granada 1990, págs. 341–353.

Bermúdez Pareja, J.: El Generalife después del incendio de 1958, en: Cuadernos de la Alhambra, 1, 1965, págs. 9–39.

– El baño del Palacio de Comares en la Alhambra de Granada. Disposición primitiva y alteraciones, en: Cuadernos de la Alhambra, 10–11, 1974–75, págs. 99–116.

– Pinturas sobre piel en la Alhambra de Granada, Granada 1987.

Berthier, P.: Campagne de fouilles à Chichaoua, de 1965 à 1968, en: Bulletin de la Société d'Histoire du Maroc, 2, 1969, págs. 7–26.

Bloom, J.: Minaret. Symbol of Islam, Oxford 1989.

Bonnassié, P.: Le temps des Wisigoths, en: Bennasser, B.: Histoire des Espagnols. VIe-XVIIe siècle, París 1985, págs. 50–51.

Bosch-Vilà, J.: Los almorávides (Historia de Marruecos, V), Tetuán 1956.

Brisch, K.: Madinat az-Zahra in der modernen archäologischen Literatur Spaniens, en: Kunst des Orients, 4, 1965, págs. 5–41.

– Die Fenstergitter und verwandte Ornamente der Hauptmoschee von Córdoba. Eine Untersuchung zur spanisch-islamischen Ornamentik, 1966 (Madrider Forschungen, 4).

Bulliet, R.W.: Conversion to Islam in the Medieval Period. An Essay in Quantitative History, Cambridge, Mass. y Londres 1979.

Cabanelas Rodríguez, D. OFM. y Fernández-Puertas, A.: Inscripciones poéticas de la Alhambra, en: Cuadernos de la Alhambra: Partal y Fachada de Comares, núm. 10–11, 1974- 75, págs. 117–200; Generalife: pág. 14 y págs. 3–86; Fuente de los Leones: 15–17, 1981, págs. 3–88; Tacas en el acceso a la Sala de la Barca: núm. 19–20, 1983–84, págs. 61–149.

Cabanelas Rodríguez, D. OFM: La Fachada de Comares y la llamada Puerta de la Casa Real, conferencia, Alhambra, 26 de abril de 1991.

Cara Barrionuevo, L.: La Almería islámica y su alcazaba, Almería 1990.

Castejón y Martínez de Arizala, R.: Medina Azahara, León [2]1982.

Catálogo: The Arts of Islam, exposición londinense de 1976, The Arts Council of Great Britain, Londres 1976.

Codera, F.: Inscripción árabe de Guardamar, en: Boletín de la Real Academia de la Historia, vol. XXXI, 1897, págs. 31–35.

Chalmeta, P.: Al-Andalus: Musulmanes y cristianos (siglos VIII-XIII), en: Domínguez Ortiz, A. (ed.): Historia de España, vol. 3, Barcelona 1989, págs. 9–114.

Colin, G.S.: véase Ibn 'Idhârî.

Cressier, P.: Las fortalezas musulmanas de la Alpujarra (Provincias de Granada y Almería) y la división político-administrativa de la Andalucía oriental, en: Arqueología Espacial, Coloquio sobre distribución y relaciones entre los asentamientos, Teruel 1984, Actas, vol. 5, págs. 179–199.

– Le château et la division territoriale dans l'Alpujarra médiévale: du hisn à la tâ'a, en: Mélanges de la Casa de Velázquez, 20, 1984, págs. 115–144.

– Les chapiteaux de la Grande Mosquée de Cordoue (oratoires d"Abd al-Rahmân I et d"Abd al-Rahmân II) et la sculpture de chapiteaux à l'époque émirale, en: Madrider Mitteilungen, 25, 1984, págs. 257–313, láms. 63–72 y 26, 1985, págs. 216–281, láms. 72–82.

– Le décor califal du mihrâb de la Grande Mosquée d'Almería, en: Madrider Mitteilungen, 31, 1990, en prensa.

Cressier, P. y Lerma, J.V.: Un chapiteau inédit d'époque Tâ'ifa à Valence, en: Madrider Mitteilungen, 30, 1989, págs. 427–431.

Cressier, P., Gómez Becera, A. y Martínez-Fernández, G.: Quelques données sur la maison rurale nasride et morisque en Andalousie Orientale. Le cas de Shanash/Senés et celui de Macael Viejo (Almería), en: La casa hispano-musulmana. Aportaciones de la Arqueología, Granada 1990, págs. 229–246.

Creswell, K.A.C.: Early Muslim Architecture, 2 vols. (vol. 1 en 2 partes), Nueva York [2]1979.

Der Nersessian, S.: L'Art Arménien, París 1977.

Delgado Valero, C.: Toledo islámico: ciudad, arte e historia, Toledo 1987.

– Materiales para el estudio morfológico y ornamental del arte islámico en Toledo, Toledo 1987.

Dickie, J.: The Islamic Garden in Spain, en: The Islamic Garden, Dumbarton Oaks, Washington D.C. 1976, págs. 87–106.

Dozy, R.: véase al-Idrîsî.

Duda, D.: Spanisch-islamische Keramik aus Almería vom 12. bis 15. Jahrhundert, Heidelberg 1970.

– Zur Technik des Keramiksimses in der Großen Moschee von Córdoba, en: Madrider Forschungen, 11, 1976, págs. 53–55.

de Epalza, M. y Guellouz, S.: Le Cid, personnage historique et littéraire (Anthologie de textes arabes, espagnols, français et latins avec traductions), París 1983.

Esco, C., Giralt, J. y Senac Ph.: Arqueología islámica en la Marca Superior de al-Andalus, Huesca 1988.

Ettinghausen, R. y Grabar, O.: The Art and Architecture of Islam 650–1250, Penguin, 1987.

Ewert, Ch.: Spanisch-islamische Systeme sich kreuzender Bögen II. Die Arkaturen eines offenen Pavillons auf der Alcazaba von Málaga, en: Madrider Mitteilungen, 7, 1966, págs. 232–253.

– Spanisch-islamische Systeme sich kreuzender Bögen I. Die senkrechtebenen Systeme sich kreuzender Bögen als Stützkonstruktionen der vier Rippenkuppeln in der ehemaligen Hauptmoschee von Córdoba, Berlín 1968 (Madrider Forschungen, 2).

– Die Moschee von Mertola, en: Madrider Mitteilungen, 14, 1973, págs. 217–246.

– Der Mihrâb der Hauptmoschee von Almería, en: Madrider Mitteilungen, 13, 1972, págs. 287–336.

– Die Moschee am Bâb Mardûm in Toledo – eine «Kopie» der Moschee von Córdoba, en: Madrider Mitteilungen, 18, 1977, págs. 278–354.

– Spanisch-islamische Systeme sich kreuzender Bögen III. Die Aljafería von Zaragoza, 3 vols., Berlín 1978 (Madrider Forschungen, 12).

– Hallazgos islámicos en Balaguer y la Aljafería de Zaragoza, con contrib. de Duda, D. y Kircher, G., Madrid 1979.

– Elementos decorativos en los taberos parietales del Salón Rico de Madînat al-Zahrâ’, en: Cuadernos de Madînat al-Zahrâ’, 1, 1987, págs. 27–60.

– Der almoravidische Stuckdekor von Shûshâwa (Südmarokko). Ein Vorbericht, en: Madrider Mitteilungen, 28, 1987, págs. 141–178.

Ewert, Ch. y Wisshak, J.P.: Forschungen zur almohadischen Moschee I. Vorstufen. Hierarchische Gliederungen westislamischer Betsäle des 8. bis 11. Jahrhunderts: Die Haupmoscheen von Kairouan und Córdoba und ihre Bannkreis, Maguncia 1981 (Madrider Beiträge, 9).

– Forschungen zur almohadischen Moschee II. Die Moschee von Tinmal, Maguncia 1984 (Madrider Beiträge, 10).

Fagnan, E.: véase Ibn al-Athîr y Ibn’Idhârî.

Fernández López, S.: Marmuyas (Montes de Málaga). Análisis de una investigación, en: Actas del I Congreso de Arqueología Medieval Española, vol. III, Zaragoza 1986, págs. 163–180.

Fernández-Puertas, A.: La Fachada del Palacio de Comares I. Situación, Función y Génesis, Granada 1980.

Flores Escobosa, I.: Estudio Preliminar sobre Loza Azul y Dorada Nazarí de la Alhambra, Madrid 1988 (Cuadernos de Arte y Arqueología, 4).

Flores Escobosa, I., Muñoz Martín, M. y Domínguez Bedmar, M.: Cerámica Hispanomusulmana en Almería, Almería 1989.

Fontaine, J.: L'art préroman hispanique, La Pierre-qui-vire, en: Zodiaque (ed.), La Nuit des Temps, 38, 1973.

Fontaine, J.: L'art mozarabe. La Pierre-qui-vire, en: Zodiaque (ed.), La Nuit des Temps, 47, 1977.

Gabrieli, F.: Omayyades d'Espagne et Abbasides, en: Studia Islamica, 31, 1970, págs. 93–100.

Gamir Sandoval, A.: Reliquias de las defensas fronterizas de Granada y Castilla en los siglos XIV y XV, en: Miscelánea de Estudios Arabes y Hebraicos, 5, 1956, págs. 43–72.

García Gómez, E.: Poemas árabes en los muros y fuentes de la Alhambra, Madrid 1985.

– Foco de antigua luz sobre la Alhambra. Desde un texto de Ibn al-Jatîb en 1362, Madrid 1988.

García Granados, J.A.: Girón Irueste, F. y Salvatierra Cuenca, V.: El Maristán de Granada. Un Hospital Islámico, Granada 1989.

Gayangos, P. de: véase al-Maqqarî.

Giralt i Balagueró, J.: Fortificaciones andalusines a la Marca Superior; el cas de Balaguer, en: Setmana d'Arqueología Medieval, Lleida, págs. 175–193.

Glick, Th. F.: Islamic and Christian Spain in the Early Middle Ages, Princeton N.J., 1979.

Godard, A.: Voûtes iraniennes, en: Athar-é Irân, 1949.

Golvin, L.: Note sur un décor de marbre trouvé a Madînat al-Zahrâ’, en: Annales de l'Institut d'Etudes Orientales, XVIII-XIX, 1960–61, págs. 277–299.

– Les influences artistiques entre l'Espagne musulmane et le Maghrib. La Torre de la Vela de l'Alhambra à Grenade et le donjon du Manâr de la Qal'a des Banû Hammad (Algérie), en: Cuadernos de la Alhambra, 10–11, 1974–75, págs. 85–90.

Gómez-Moreno, M.: Arte Mudéjar Toledano, Madrid 1916.

– El Baño de la Judería en Baza, en: Al-Andalus, 12, 1947, págs. 151–155.

– El arte árabe español hasta los almohades – Arte mozárabe, Madrid 1951 (Ars Hispaniae, 3).

González, V.: Origine, développement et diffusion de l'émaillerie sur métal en occident islamique, tesis doctoral, 2 vols. Université de Provence I (Aix-Marseille), 1982.

Grabar, O.: The Alhambra, Londres 1978.

Guerrero Lovillo, J.: Al-Qasr al-Mubârak, El Alcázar de la bendición, Discurso de recepción en la Real Academia de Bellas Artes de Santa Isabel de Hungría, 19 de nov. de 1970, Sevilla 1974, págs. 83–109.

– Sevilla musulmana, en: Historia del urbanismo sevillano, Sevilla 1977.

Guichard P.: Structures Sociales «Occidentales» et «Orientales» dans l'Espagne Musulmane, París-La Haya 1977.

– Naissance de l'islam andalou, Apogée de l'islam andalou y Paysans d'Al-Andalus, en: Bennasser, B.: Histoire des Espagnols, París 1985, págs. 53–158.

– Les Musulmans de Valence et la reconquête (XIe-XIIIe siècles), Damas 1990.

Halm, H.: Al-Andalus und Gothica Sors, en: Welt des Orients, 66, 1989, págs. 252–263.

Hernández Giménez, F.: El Alminar de 'Abd al-Rahmân III en la Mezquita mayor de Córdoba. Génesis y repercusiones, Granada 1979.

– Madinat al-Zahra, Granada 1985.

Hoenerbach, W.: Islamische Geschichte Spaniens, Zurich y Stuttgart 1970.

Huici Miranda, A.: Al-Hulal al-Mawshiyya, crónica árabe de las dinastías almorávide, almohade y benimerín, Tetuán, Colección de crónicas árabes de la Reconquista, 1952.

– Historia política del Imperio Almohade, 2 vols., Tetuán 1956/57.

Huici Miranda, A. y Terrasse, H.: Gharnâta, en: Encyclopédie de l'Islam, vol. II, ²1977, págs. 1035–1043.

Ibn al-Athîr, Kitâb al-Kâmil fî l-târîkh, edit. y traducido por Fagnan, E.: Annales du Maghreb et de l'Espagne, Argel 1901.

Ibn 'Idhârî al-Marrakûshî: Kitâb al-bayân al-mughrib, 1ª Parte, edit. por Colin, G.S. y Lévi-Provençal, E., Histoire de l'Afrique du Nord et de l'Espagne musulmane intitulée . . . , 2 vols., Leiden ²1948–1951; 2ª Parte: Lévi-Provençal, E., Al-Bayân al-mughrib. Tome troisième. Histoire de l'Espagne musulmane au XIe siècle, París 1930. Traduc. por Fagnan, E.: Histoire de l'Afrique et de l'Espagne intitulée . . . , 2 vols., Argel 1901–1904.

Ibn al-Khatib, Muhammad, Kitâb a'mâl al-a'lâm, Parte II, edit. por Levi-Provençal, E.: Histoire de l'Espagne musulmane, Beirut ²1956; traducc. de la II Parte de Hoenerbach, W.: Islamische Geschichte Spaniens, Zurich-Stuttgart 1970.

Idris, H.R.: Les Zirídes d'Espagne, en: Al-Andalus, XXIX, 1964 /1, págs. 39–145.

al-Idrîsî, Abû 'Abd Allâh Muhammad, Kitâb Nuzhat al-mushtâq; edit. y traducido parcialmente por Dozy, R. y Goeje, J., Description de l'Afrique et de l'Espagne, Leiden 1866.

Iñiguez, F.: Las yeserías descubiertas recientemente en Las Huelgas de Burgos, en: Archivo Español de Arte, 14, 1940, págs. 306–308.

Izquierdo Benito, R.: La cerámica hispano-musulmana decorada de Vascos (Toledo), en: Homenaje al Prof. Martín Almagro Basch IV, Madrid 1983, págs. 107–115.

– Tipología de la cerámica hispanomusulmana de Vascos (Toledo), en: II Coloquio Internacional de Cerámica Medieval en el Mediterráneo Occidental, Toledo 1981, publ. en 1986, págs. 113–125.

– Los Baños Arabes de Vascos (Navalmoralejo, Toledo), en: Noticiario Arqueológico Hispánico, 28, 1986, págs. 195–242.

– Una ciudad de fundación musulmana: Vascos, en: Castrum, 3, 1988, págs. 163–172.

Jiménez, A.: Arquitectura Gaditana de Epoca Alfonsí, en: Cádiz en el siglo XIII, Acta de las Jornadas Conmemorativas del VII Centenario de la Muerte de Alfonso X el Sabio, Cádiz 1983, págs. 135–158.

Jiménez Martín, A.: La mezquita de Almonaster, Instituto de Estudios Onubenses «Padre Marchena», Diputación Provincial de Huelva, 1975.

– Giralda (Exposición «La Giralda en Madrid»), Madrid 1982.

– Los jardines de Madînat al-Zahrâ', en: Cuadernos de Madînat al-Zahrâ', 1, 1987, págs. 81–92.

Jiménez Martín, A., Falcón, T., Morales, A.J. et al.: La arquitectura de nuestra ciudad, Sevilla 1981.

Jones, O.: Plans, Elevations, Sections and Details of the Alhambra, Londres 1842; Details and Ornaments from the Alhambra, Londres 1845.

Kubisch, N.: Die Ornamentik de Santa María la Blanca in Toledo, tesis, Munich 1991 (manusc.).

– Das kalifale Becken des Museo Arqueológico Nacional de Madrid (con amplia bibliografía), en: Madrider Mitteilungen, 33, 1992, en preparación.

Kühnel, E.: Maurische Kunst, Berlín 1924.

– Antike und Orient als Quellen spanisch-islamischer Kunst, en: Madrider Mitteilungen, 1, 1960, págs. 174–181.

– Die Islamischen Elfenbeinskulpturen, VIII. bis XIII. Jahrhundert, Berlín 1971.

Labarta, A. y Barceló, C.: Las fuentes árabes sobre al-Zahrâ': estado de la cuestión, en: Cuadernos de Madînat al-Zahrâ', 1, 1987, págs. 93–106.

Lagardère, V.: Le Vendredi de Zallâqa. 23 Octobre 1086, París 1989.

Lautensach, H.: Maurische Züge im geographischen Bild der Iberischen Halbinsel, Bonn 1960.

Lazoro, R. y Villanueva, E.: Homenaje al Padre Tapia. Almería en la Historia, Almería 1988.

Le Tourneau, R.: The Almohad Movement in North Africa in the 12th and 13th Centuries, Princeton 1969.

Lévi-Provençal, E.: véase también al-Bakrî, Ibn 'Idhârî, Ibn al-Khatîb.

– Inscriptions arabes d'Espagne, 2 vols., Leiden y París 1931.

– Un manuscrit de la bibliothèque du Calife al-Hakam II, en: Hespéris 18, 1934, pág. 198.

– Histoire de l'Espagne Musulmane, 3 vols., París 1950–67.

– La fondation de Marrakech (462–1070), en: Mélanges d'Art et d'Archéologie de l'Occident Musulman. Hommage à Georges Marçais, vol. 2, Argel 1957, págs. 117–120.

López-Cuervo, S.: Medina az-Zahra. Ingeniería y forma, Madrid 1983.

Llubia, L.M.: Cerámica medieval española, Barcelona 1968.

MacKay, A. y Benaboud, M.: Alfonso VI of Leon and Castille, «al-Imbratûr dhû'l-Millatayn», en: Bulletin of Hispanic Studies, 56, 1979, págs. 95–102.

Manzano Martos, R.: Darabenaz: una alquería nazarí en la Vega de Granada, en: Al-Andalus, 26, 1961, págs. 201–218 y 448–449.

– Poetas y vida literaria en los Reales Alcázares de la ciudad de Sevilla, Sevilla 1983.

al-Maqqarî, Shihâb al-Dîn, Nafh al-tîb min ghusn al-Andalus, publ. en El Cairo, 1949 (10 vols.), traduc. parcialmente por Gayangos, P.: The History of the Muhammadan Dynasties in Spain, 2 vols., Londres 1840–1843, nueva edic. Nueva York 1964.

Marçais, G.: L'architecture musulmane d'occident. Tunisie, Algérie, Maroc, Espagne, Sicile, París 1954.

Marín Fidalgo, A.: Arquitectura Gótica del Sur de la provincia de Huelva, Huelva 1982.

Marinetto Sánchez, P.: Capiteles califales del Museo Nacional de Arte hispanomusulmán, en: Cuadernos de Arte, XVIII, Granada 1987, págs. 175/204.

– El capitel almorávide y almohade en la península ibérica, en: Estudios dedicados a Don Jesús Bermúdez Pareja, Granada 1988, págs. 55–70.

Martín-Bueno, M., Erice Lacabe, R. y Sáenz Preciado, M.P.: La Aljafería. Investigación arqueológica, Zaragoza 1987.

Menéndez Pidal, R.: La España del Cid, 2 vols., Madrid ⁷1969.

Menéndez Pidal, J.: La Mezquita-Iglesia de Santa María la Real (Alcázar de Jerez), en: Bellas Artes, 73, núm. 19, 1973, pág. 8 s.

de Mergelina, C.: La iglesia rupestre de Bobastro, en: Archivo Español de Arte y Arqueología, 1925, pág. 2.

– Bobastro, Memoria de las excavaciones realizadas en las Mesas de Villaverde, El Chorro (Málaga), Madrid 1927.

Miles, G.C.: The Coinage of the Umayyads of Spain, 2 vols., Nueva York 1950.

Miró, A.: Ronda. Arquitectura y Urbanismo, Málaga 1987.

Navagiero, A.: Il viaggio fatto in Spagna et in Francia . . . , Venecia, Domenico Fani 1563.

Navarro Palazón, J.: Aspectos arqueológicos, Historia de la región Murciana, vol. II, 1980, págs. 64–107.

– Siyâsa: una madîna de la cora de Tudmîr, en: Areas, 5, Murcia 1985, págs. 171–189.

– Hacia una sistematización de la cerámica esgrafiada, en: 2º Coloquio Internacional de Cerámica Medieval en el Mediterráneo Occidental, Toledo (1981), 1986, págs. 165–178.

– Arquitectura y artesanía en la cora de Tudmir, en: Mas García, J. (ed.): Historia de Cartagena, vol. V, 1986, págs. 411–485.

– El cementerio islámico de San Nicolás de Murcia. Memoria preliminar, en: Actas del 1 Congreso de Arqueología Medieval Española, Zaragoza 1986, vol. IV, págs. 7–37.

– Nuevas aportaciones al estudio de la loza dorada andalusí: el ataifor de Zavellá, en: Les Illes Orientals d'al-Andalus, Palma de Mallorca 1987 (V Jornades d'estudis històrics locals), págs. 225–238.

– Excavaciones arqueológicas en la ciudad de Murcia durante 1984, en: Excavaciones y Prospecciones Arqueológicas, Servicio Regional de Patrimonio Histórico, Murcia 1987, págs. 307–320.

– Formas arquitectónicas en el mobiliario cerámico andalusí, en: Cuadernos de la Alhambra, 23, 1987, págs. 21–65.

– La conquista castellana y sus consecuencias: la despoblación de Siyâsa, en: Castrum, 3, 1988, págs. 208–214.

– Una Casa Islámica en Murcia. Estudio de su ajuar (siglo XIII), Murcia 1991.

– Murcia como centro productor de loza dorada, y junto con y Picón, M.: La loza de la Province de Murcie, étude en laboratoire, en: Congresso Internazionale delle Università degli Studi di Siena, 1986, págs. 129–143 y 144–146.

Navarro Palazón, J. y García Avilés, A.: Aproximación a la cultura material de Madînat Mursiya, en: Murcia musulmana, Murcia 1989, págs. 253–356.

Noth, A.: Früher Islam, en: Haarmann, U. (ed.): Geschichte der arabischen Welt, Munich 1987, págs. 11–100.

Nykl, A.R.: Inscripciones árabes de la Alhambra y del Generalife, en: Al-Andalus, 4, 1936-1939, págs. 174–194.

Ocaña Jiménez, M.: Consideraciones en torno al prólogo de la obra Madînat al-Zahrâ'. Arquitectura y decoración de don Félix Hernández Giménez, en: Cuadernos de Madînat al-Zahrâ', 1, 1987, págs. 107–124.

– Precisiones sobre la Historia de la Mezquita de Córdoba, en: Cuadernos de estudios medievales IV-V, Granada 1979, págs. 275–282.

de Palol, P.: Regard sur l'art wisigoth, París 1979.

Pavón Maldonado, B.: Memoria de la excavación de la mezquita de Madinat al-Zahra, Excavaciones Arqueológicas en España, núm. 50, 1966.

– La alcazaba de la Alhambra, en: Cuadernos de la Alhambra, 7, 1971.

– Jerez de la Frontera: Ciudad Medieval. Arte Islámico y Mudéjar, Asociación Española de Orientalistas, Madrid 1981.

– Tratado de arquitectura Hispano-Musulmana. I. Agua, Madrid 1990.

Peinado Santaella, R.G. y López de Coca Castañer, J.E.: Historia de Granada 2: La Epoca Medieval. Siglos VIII-XV, Granada 1987.

Pérès, H.: La poésie andalouse en arabe classique au XIe siècle, París ²1953.

Plan especial de protección y reforma interior de la Alhambra y Alíjares, Granada 1986.

Puertas Tricas, R.: La Cerámica islámica de cuerda seca en La Alcazaba de Málaga, Málaga 1989.

Retuerce, M. y Zozaya, J.: Variantes geográficos de la cerámica omeya andalusí: los temas decorativos, en: La Ceramica medievale nel Mediterraneo Occidentale, Congresso Internazionale della Università degli Studi die Siena, 1984, Actas: Florencia 1986, págs. 69–128.

Reuther, O.: Ocheîdir, Leipzig 1912.

Rosselló-Bordoy, G.: Algunas observaciones sobre la

decoración cerámica en verde y manganeso, en: Cuadernos de Madînat al-Zahrâ', 1, 1987.

– El nombre de las cosas en al-Andalus: una propuesta de terminología cerámica, Palma de Mallorca 1991.

Rubiera, M.J.: De nuevo sobre los poemas epigráficos de la Alhambra, en: Al-Andalus, 41, 1976.

Sanahuja, F.P. OFM: Història de la ciutat de Balaguer, Balaguer [2]1984.

Sánchez-Albornoz, C.: L'Espagne Musulmane, Publisud, [4]1985.

– Espagne préislamique et Espagne musulmane, en: Revue Historique, 1967, págs. 295–338.

Schlumberger, D.: Qasr al-Heir el-Gharbi, París 1986.

Seco de Lucena Paredes, L.: El barrio del Cenete, las alcazabas y las mezquitas de Granada, en: Cuadernos de la Alhambra, 2, 1966, pág. 46.

– Los palacios del taifa almeriense al-Mu'tasim, en: Cuadernos de la Alhambra, 3, 1967.

Serjeant, R.B.: Islamic Textiles (Material for a History up to the mongol Conquest), Beirut 1972.

Singer, H.R.: Der Maghreb und die Pyrenäenhalbinsel bis zum Ausgang des Mittelalters, in: Haarmann, U. (ed.): Geschichte der arabischen Welt, Munich 1987, págs. 264–322.

Sourdel, D.: Wazîr et hâjib en occident, en: Etudes d'orientalisme dédiées à la mémoire d'E. Levi-Provençal, París 1962, págs. 749–755.

Soustiel, J.: La céramique islamique, Friburgo 1985.

Stern, H.: Les Mosaïques de la Grande Mosquée de Cordoue, Berlín 1976 (Madrider Forschungen, 11).

Stern, S.M.: Les Chansons Mozarabes. Les Vers Finaux (Kharjas) en espagnol dans les Muwashshas arabes et hébreux, Palermo 1953.

Terrasse, H.: La Grande mosquée almohade de Séville, en: Mémorial Henri Basset, París 1928, págs. 249–266.

– L'art hispano-mauresque des origines au XIIIe siècle, París 1932.

– Minbars anciens du Maroc, en: Mélanges d'histoire et d'archéologie de l'occident musulman, Hommage à Georges Marçais, vol. 2, Argel 1957, págs. 159–167.

– Islam d'Espagne. Une rencontre de l'Orient et de l'Occident, París 1958.

– Les tendances de l'art hispano-mauresque à la fin de Xe et au début du XIe siècle, en: al-Mulk, 3, 1963, págs. 19–24.

– Chapiteaux oméiyades d'Espagne à la Mosquée d'al-Qarawiyyîn de Fès, en: Al-Andalus, 28, págs. 211–220.

– La formation de l'art musulman d'Espagne, en: Cahiers de Civilisation Médiévale, 8, 1965, págs. 141–158.

– La mosquée al-Qaraouiyin à Fès, París 1968.

– La sculpture monumentale à Cordoue au IXe siècle, en: Al-Andalus, 34, 1969, págs. 409–417.

Terrasse, M.: La fortification oméiyade de Castille, en: Revista del Instituto de Estudios Islámicos en Madrid, 14, 1967–68, págs. 113–127.

Thierry, J.-M. y Donabédian, P.: Les Arts Arméniens, París 1987.

Torres Balbás, L.: Paseos por la Alhambra: la Rauda,

en: Archivo Español de Arte y Arqueología, 6, 1926, págs. 261–285.

– Hallazgos arqueológicos en la Alcazaba de Málaga, en: Al-Andalus, 2, 1934, págs. 344–357.

– Monteagudo y «El Castillejo» en la Vega de Murcia, en: Al-Andalus, 2, 1934, págs. 366–370.

– El alminar de la iglesia de San José y las primeras construcciones de los ziríes granadinos, en: Al-Andalus, 6, 1941, págs. 427–446.

– La mezquita de al-Qanatir y el Sanctuario de Alfonso el Sabio en el Puerto de Santa María, en: Al-Andalus, 7, 1942, pág. 149.

– Las Yeserías descubiertas recientemente en las Huelgas de Burgos, en: Al-Andalus, 8, 1943, págs. 209–254.

– Excavaciones y obras en la alcazaba de Málaga, en: Al-Andalus, 9, 1944, págs. 173-190.

– La acrópolis musulmana de Ronda, en: Al-Andalus, 9, 1944, págs. 469–474.

– El Maristán de Granada, en: Al-Andalus, 9, 1944, págs. 481–498.

– Rábitas hispano-musulmanas, en: Al-Andalus, 13, 1948, págs. 475–491.

– Arte Almohade. Arte Nazarí. Arte Mudéjar, Madrid 1949 (Ars Hispaniae, 4).

– La Mezquita Mayor de Almería, en: Al-Andalus, 18, 1953, págs. 412–43.

– Arte Hispanomusulmán. Hasta la caída del califato de Córdoba, en: Menéndez Pidal, R.: Historia de España, vol. V, Madrid 1957.

– Ciudades yermas hispano-musulmanas, Madrid 1957.

– Játiva y los restos del Palacio de Pinohermoso, en: Al-Andalus, 22, 1958, págs. 143-171.

– Ciudades hispano-musulmanas, 2 vols., editado por Terrasse, H., Madrid, s.f.

Torres Delgado, C.: El antiguo reino nazarí de Granada (1232–1340), Granada 1974.

Uhde, C. (ed.): Baudenkmäler in Spanien und Portugal, Berlín 1892.

Valdés Fernández, F.: La Alcazaba de Badajoz. Síntesis de la historia de la ciudad, Badajoz 1979.

– La Alcazaba de Badajoz. I. Hallazgos islámicos (1977–1982) y testar de la Puerta del Pilar, Madrid 1985.

– Ciudadela y fortificación urbana: el caso de Badajoz, en: Castrum, 3, 1988, págs. 143–152.

Vallejo Triano, A.: El baño próximo al salón de «Abd al-Rahmân III», en: Cuadernos de Madînat al-Zahrâ', 1, 1987, págs. 141–168.

– La vivienda de servicios y la llamada casa de Ya'far, en: La casa hispano-musulmana. Aportaciones de la arqueología, Granada 1990, págs. 129–146.

Vallve Bermejo, J.: De nuevo sobre Bobastro, en: Al-Andalus, 30, 1965, págs. 139–174.

Valor Piechotta, M.: Algunos ejemplos de cerámica vidriada aplicada a la arquitectura almohade, en: II Congreso de Arqueología Medieval Española, Madrid 1987, vol. III, págs. 194- 202.

Vernet, J.: Die spanisch-arabische Kultur in Orient und Okzident, Zurich y Munich 1984.

Vidal Beltrán, E.: véase al-Bakrî.

Wasserstein, D.: The Rise and Fall of the Party-Kings. Politics and Society in Islamic Spain, 1002–1086, Princeton 1985.

Watt, M.W. y Cachia, P.: A History of Islamic Spain, Edimburgh [4]1977 (Islamic Surveys, 4).

Wirth, E.: Regelhaftigkeit in Grundrißgestaltung, Straßennetz und Bausubstanz merinidischer Städte: das Beispiel Fes Djedid (1276 n. Chr.), en: Madrider Mitteilungen, 32, 1991, en prensa.

Wolf, R.: Castillos, Munich 1982.

Zanón, J.: Topografía de Córdoba almohade a través de las fuentes árabes, Madrid 1989.

Zozaya, J.: Aproximación a la cronología de algunas formas cerámicas de época de Taifas, en: Actas de las Jornadas de Cultura Arabe e Islámica (1978), Madrid 1981, págs. 277–286.

– Evolución de un yacimiento: el castillo de Gormaz (Soria), en: Castrum, 3, 1988.

Zozaya, J. y Soler, A.: Castillos Omeyas de planta cuadrangular: su relación funcional, en: III Congreso de Arqueología Medieval Española, Oviedo 1989, Actas.

Ilustraciones

Se mencionan fotógrafos y archivos de los cuales la editorial ha obtenido material adicional. La mayor parte de las fotografías fueron tomadas Achim Bednorz. Las plantas, proyecciones verticales y planos – con la excepción de algunos diseños tomados de las publicaciones de Christian Ewert – fueron dibujados por RZ-Studio für Werbung und Grafik Design, Hanóver. La literatura usada sólo se menciona aquí en forma abreviada, ya que la información bibliográfica detallada se encuentra en la bibliografía.

Manuel Armengol, Barcelona: ilustr. págs. 18, 19, 65 derecha, 66 abajo, 70, 116, 120
Erwin Böhm, Maguncia: ilustr. págs. 34, 44 abajo
R. Izquierdo Benito: ilustr. pág. 101
Foto Mas, Barcelona: ilustr. págs. 41, 69 arriba, 100, 101 abajo, 187
Collection Viollet, París: ilustr. págs. 13, 23, 43, 136, 142 arriba y abajo, 143, 144, 148 izq. y abajo, 150, 151, 162.
R. Arié, L'Espagne musulmane, ilustr. pág. 180 arriba
R. Azuar Ruiz, La Rábita: ilustr. pág. 97
K. Brisch, Fenstergitter: ilustr. págs. 44 izq., 45
R. Castejón y Martínez de Arizala, Medina: ilustr. pág. 65 abajo
Encyclopédie de l'Islam: ilustr. pág. 27
Ch. Ewert, Islamische Funde in Balaguer: ilustr. págs. 122 abajo, 123 arriba y abajo
– Der Mihrâb del Hauptmoschee von Almería: ilustr. pág. 93 abajo
– Die Moschee an Bâb Mardûm in Toledo: ilustr. pág. 73
– Spanisch-islamische Systeme I (Córdoba): ilustr. págs. 41 abajo, 74 abajo, 75, 86
– Spanisch-islamische Systeme II (Zaragoza): ilustr. págs. 117, 118
M. Gómez-Moreno, Ars Hispaniae III: ilustr. págs. 69 abajo, 125, 146
A. Jiménez Martin, La arquitectura: ilustr. págs. 98, 154 abajo
O. Jones, Alhambra, 2 vols.: ilustr. págs. 10, 12, 15, 84, 184/185, 186, 207, 218, 220
S. López-Cuervo, Medina: ilustr. pág. 64
A. Marín Fidalgo, Arquitectura: ilustr. pág. 157 abajo derecha
C. de Mergelina, La iglesia: ilustr. pág. 49
J. Navarro Palazón, Siyâsa: ilustr. pág. 172
H. Terrasse, La Grande Mosquée: ilustr. pág. 157 arriba derecha
L. Torres Balbás, Arte hispanomusulmán: ilustr. págs. 25, 46, 92, 170
– Ciudades: ilustr. pág. 158
C. Uhde, Baudenkmäler: ilustr. págs. 85, 89

Mapa

Madînat al-Zahrâ', Salón Rico

Mérida, acueducto

Córdoba, mezquita mayor

Almonaster la Real

Sevilla, Torre del Oro

Ronda, Puente San Miguel

Jerez de la Frontera, Alcázar

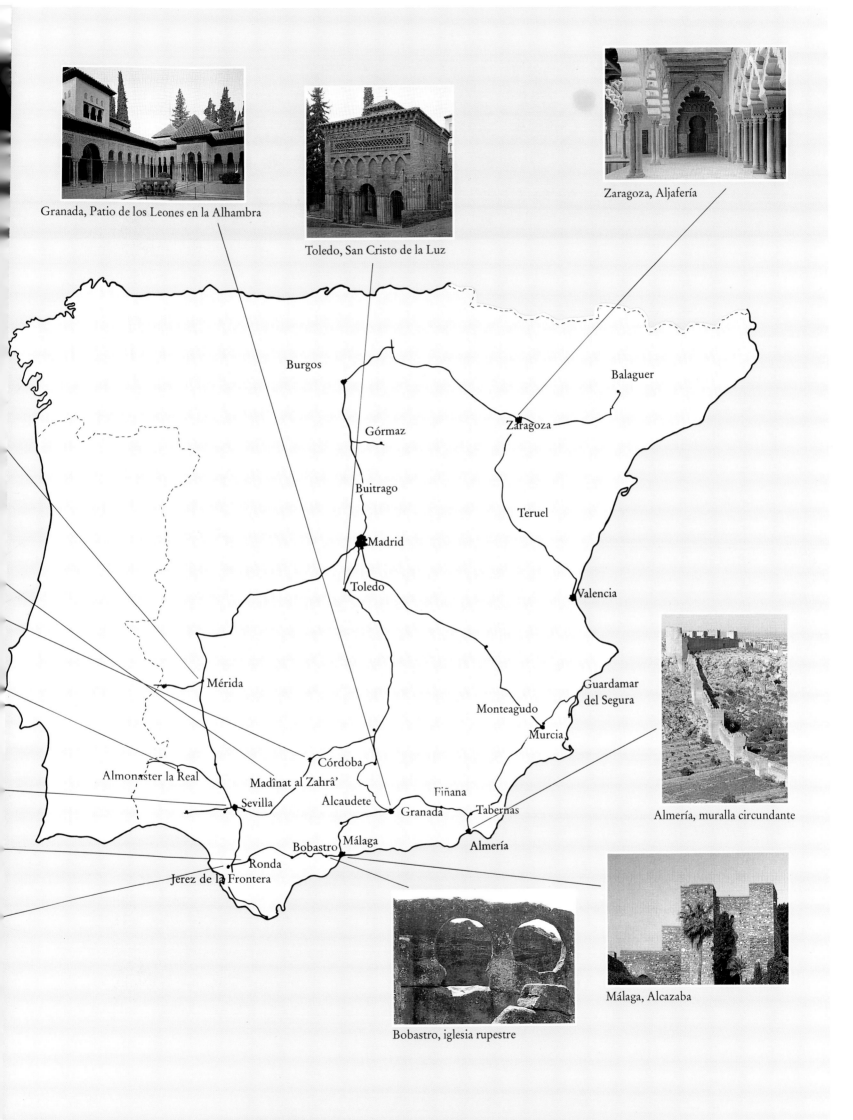

Granada, Patio de los Leones en la Alhambra

Toledo, San Cristo de la Luz

Zaragoza, Aljafería

Almería, muralla circundante

Málaga, Alcazaba

Bobastro, iglesia rupestre

Burgos

Balaguer

Górmaz

Zaragoza

Buitrago

Teruel

Madrid

Toledo

Valencia

Mérida

Guardamar
del Segura

Monteagudo

Murcia

Almonaster la Real

Córdoba

Madînat al Zahrâ'

Fiñana

Alcaudete

Sevilla

Granada

Tabernas

Bobastro

Málaga

Almería

Ronda

Jerez de la Frontera